Leur jeunesse et la nôtre

Du même auteur

Apprendre à vivre enfin, entretien avec Jacques Derrida, Paris, Galilée/Le Monde, 2005.

Jean Birnbaum

Leur jeunesse et la nôtre

L'espérance révolutionnaire au fil des générations

Stock

Un ordre d'idées
Collection dirigée
par Nicole Lapierre

À Christine, ma mère

Il en va souvent ainsi dans les scènes que le fils fait au père.
La parole revient au grand-père mort.

Jacques Derrida, *Mal d'archive*, 1995.

Introduction
Le désert en héritage

Jusqu'à ces derniers temps, les enfants prodigues disaient merde à leurs pères et passaient à la gauche, avec armes et bagages ; le révolté, c'était classique, se changeait en militant. Mais si les pères sont à gauche ? Que faire ?

Jean-Paul Sartre, préface à *Aden Arabie*, 1960.

Nous n'avons pas vingt ans, nous n'avons pas trente ans, mais déjà dans la bouche comme un goût de terre brûlée. Car voici bien longtemps que nous sommes partis en quête. En quête de nos aînés. Tendant les bras vers eux, nous avions attendu un signe, guetté un geste. En vain. Nous avions rêvé d'un dialogue, et qu'ils montrent le chemin ; d'une solidarité, et qu'ils nous communiquent le feu qui embrasa leur jeunesse. Au lieu de quoi, ils nous tournèrent le dos, préférant se claquemurer dans une nostalgie butée. Si bien que le sempiternel récit de leur épopée semblait n'avoir d'autre objet que d'annuler l'avenir commun : d'une seule et même parole, ils retraçaient leur itinéraire et brouillaient les pistes, racontaient leur traversée et détruisaient méthodiquement, une à une, les précieuses balises. À ceux qui les écoutaient, ils ne daignaient confier qu'une mélancolie voluptueuse, à peine un souvenir, interdisant à jamais qu'une autre saga puisse se dire. Ni témoignage ni fidélité. Zéro transmission. Voilà pour la terre brûlée.

Aussi écrivons-nous ces lignes en pensant à Marie, personnage de roman et proie d'un *Tigre en papier*[1]. Pour rendre hommage à cette jeune femme, à peine sortie de l'adolescence et qu'on a déjà mise à la place du mort. Rendre grâce à sa patience, à sa généreuse endurance. Combien d'heures l'aura-t-elle écouté, cet ancien gauchiste qui a désormais « l'âge des clubs de gym et des examens du côlon » ? Il s'appelle Martin, et bien sûr il est seul maître à bord ; c'est lui qui décide, lui qui conduit – la voiture comme la conversation. Au volant de sa vieille DS, en orbite sur le périphérique, il la balade « à travers les ombres d'un Paris qui n'existe plus », et ressasse le « roman-feuilleton de la Cause » : Peugeot-Sochaux, prolos et julots, faux papiers et ronéo, immeubles à double issue, enfin, pour petite guérilla mao. Discrètement, le « vieil ange » lorgne les jambes de la jeune femme. Confie son dégoût du passé, sa phobie du futur et, surtout, ceci : « On a été la dernière génération à rêver d'héroïsme. Maintenant ça paraît ridicule, ça vous paraît bon pour les cloches, et à vrai dire vous ne voyez même plus ce que ça veut dire, je sais. »

Nous avons donc lu *Tigre en papier*, le roman d'Olivier Rolin, ancien dirigeant de la très maoïste Gauche prolétarienne. Là s'énonce clairement, et sans doute comme nulle part ailleurs, le fantasme inouï de la cohorte soixante-huitarde : avoir été non pas *une* génération, même glorieuse, même flamboyante, mais l'ultime génération. Celle qui peut s'écrire avec une majuscule de majesté, jusqu'à se passer d'article défini : l'autobiographie autorisée de ce collectif tapageur ne s'est-elle pas intitulée, naguère, *Génération*[2] ? Autrement dit : après nous, le désert.

---

1. Olivier Rolin, *Tigre en papier*, Paris, Le Seuil, 2002.

2. Hervé Hamon et Patrick Rotman, *Génération*, t. 1 et 2, Paris, Le Seuil, 1987 et 1988.

D'où cette jouissance particulière que l'on devine chez Martin, trop heureux de pouvoir la ramener, encore et encore, devant l'ignorance présupposée de Marie, naïve « fraîcheur » à laquelle il a l'« impression de faire passer un exam ». Elle n'a pas lu *L'Orchestre rouge* ? Qu'elle aille donc consulter une encyclopédie ! Jan Valtin, Victor Serge, ça ne lui dit rien ? « Tu trouveras ça sur Internet... » Il pourrait bien lui expliquer, mais ça prendrait du temps. Et puis cela lui ôterait le plaisir du cuistre. Aussi s'en tient-il au monologue, évoquant tracts et affiches, « diff » et « collages », histoire de signifier à sa jeune interlocutrice, une fois de plus, qu'elle n'y entend rien. Qu'elle ne peut comprendre ces temps bénis mais révolus : « Maintenant, adieu les grandes vagues, c'est marée basse pour tout le monde. » Circulez, mes enfants, il n'y a plus rien à voir. Allez jouer sur le sable : l'Histoire nous appartient, l'avenir est derrière vous.

Cette posture narcissique, arrogante, prodigieusement stérile, c'est bien sûr celle d'un courant politique sans lendemain, le maoïsme. Mais c'est aussi, plus généralement, celle de toute une génération qui se sera refusée à passer le témoin et à générer quoi que ce soit, la « gauchiste ». Des femmes, des hommes qui n'en finissent pas de narguer leurs cadets, en ruminant *ad nauseam* « ce que fut leur jeunesse à l'époque presque fabuleuse – la fin des années 1960 – où l'on croyait dur comme fer à la révolution ».

Voilà pourquoi j'écris ces lignes en pensant non seulement à Marie, mais à ses sœurs, à ses frères d'ombre – les miens aussi. Pour qu'ils ne tombent pas dans le panneau, et qu'ils considèrent Martin, ce « vieil ange », avec une douce lucidité inspirée de Walter Benjamin : « C'est à cela que doit ressembler l'Ange de l'Histoire. Son visage est tourné vers le passé [1]. » Oui, les anges

1. Walter Benjamin, « Sur le concept d'histoire », repris in *Œuvres*, III, Gallimard, coll. « Folio/Essais », Paris, 2000, p. 434.

regardent en arrière. Fatalement, ils contemplent le chemin parcouru. Mais tandis que certains y puisent une disponibilité à l'événement, une tendresse à l'égard du présent, d'autres ne s'y complaisent que pour assécher les lendemains.

Car les anges du joli Mai ne se sont pas contentés de regarder en arrière. Très vite, ils ont fui dans le désert. Qu'on en juge : à l'époque où nous venions au monde, Martin et les siens avaient déjà enterré tout espoir. Loin de bouleverser le siècle, ils s'en étaient promptement retirés. Ainsi de Christian Jambet et de Guy Lardreau, cofondateurs de la Gauche prolétarienne, dont l'itinéraire a en partie inspiré le roman de Rolin. Dans un livre en forme d'adieu militant et intitulé, précisément, *L'Ange*, ces deux philosophes avaient proposé un magistral « guide des égarés » où le congé donné au Grand Soir s'épelait comme suit : « Nous avions fait l'épreuve d'une conversion, d'une révolution culturelle dont la morale n'a pas encore été tirée [...]. Nous en sortions brisés d'un échec qu'au vrai, tentant encore de le penser dans les pensées qui nous avaient perdus, nous ne comprenions pas. Nous croyions avoir touché le fond : savez-vous ces temps où tout vient à faire défaut, les nuits entières passées à pleurer à petit bruit, à petit flot, sur le passé sans remède. On ne sait jamais, avant, ce qu'il en coûte de ne point garder par-devers soi poire pour la soif, que d'être de tout abandonné à soi. Tout en bas quand il ne reste rien. Rien que ce bonheur pervers que nous trouvions à philosopher. Nous nous retirâmes au désert[1]. » C'était en 1976, et, moins d'une décennie après sa naissance, le gauchisme à la française battait déjà de l'aile, pauvre cher vieil ange très tôt ensablé.

Près de trente ans plus tard, certains de ces anachorètes persistent à nous faire tourner en bourrique. Et

1. Guy Lardreau et Christian Jambet, *L'Ange*, Paris, Grasset, 1976, p. 10.

nous aurons été nombreux à étouffer sous la charge de leurs illusions perdues, notre asphyxie faisant apparemment la consolation de leurs vieux jours. Nous, les compagnons de Marie, nés encore plus tard que ceux qui étaient nés trop tard, bien après l'Histoire ; nous qui n'avons rien vu, rien vécu, et qui avançons sans maîtres ni boussoles. Telle est l'injonction contradictoire où nous nous débattons : d'un côté, recueillir l'héritage des aînés, qui montèrent jadis à l'assaut du ciel ; de l'autre, acquiescer à leur présente conviction, selon laquelle « l'utopie, c'est fini ».

Émancipation, piège à cons : voilà l'un de nos repères obligés, qui nous précipitent toutes et tous dans une même solitude. Et, jusqu'à présent, on n'a sans doute pas encore pris toute la mesure de cet interminable deuil, par nous reçu en partage. Il convient d'en attester, pourtant : l'exténuation a priori de toute espérance collective n'est pas pour rien dans ce qu'on pourrait nommer, avec Mirabeau, notre commune « dégénération ». Plutôt que tel ou tel événement fondateur (guerre, révolution...), c'est ce vide politique qui nous rassemble. C'est le désert qui nous met en mouvement.

Au départ, donc, le sentiment d'une destinée enchaînée. Génération spectrale, à jamais en puissance, d'emblée empêchée. Comment pourrait-il en être autrement, dès lors qu'en France, depuis la césure de 1789, l'idée même de génération marche avec celles de rupture, de révolte, voire de révolution [1] ? Or le principe même d'une rupture avec l'état de choses présent paraît désormais inconcevable : « L'idée d'une *autre* société est devenue presque impossible à penser, et d'ailleurs personne n'avance sur le sujet, dans le

1. « C'est la radicalité historique de la Révolution qui fait de la génération un phénomène initialement national et français », écrit Pierre Nora (« La génération », in *Les Lieux de mémoire*, sous la direction de Pierre Nora, III, 1, « Les France », Paris, Gallimard, 1992, p. 948).

monde d'aujourd'hui, même l'esquisse d'un concept neuf. Nous voici condamnés à vivre dans le monde où nous vivons[1]. » Combien d'entre nous ont lu et relu ces lignes ? Combien se cognent encore la tête, jour après jour, contre ces mots ? Ancien militant du Parti communiste, l'historien François Furet croyait pouvoir siffler la fin de la récréation, et dessiner pour ses cadets, nous autres jeunes-gens-de-la-nouvelle-génération-réaliste, de larges perspectives d'indifférence et de léthargie.

Nous voici livrés à nous-mêmes. Privés de mémoire, surtout. Là est le lieu même de notre tâche, l'espace où ce livre rencontre sa nécessité : se réapproprier un passé, sans violence ni sarcasme, et en tirer nous-mêmes les leçons, en notre nom. Quant aux anciennes espérances, donc, exercer un droit d'inventaire. Mais pour hériter de cette histoire, pour la regarder en face, on l'aura compris, il faut passer par-dessus la tête de ceux qui l'ont vitrifiée. Face aux aînés, ne pas s'en laisser conter, et retrouver, avec eux mais aussi malgré eux, quelque chose comme une généalogie.

Cette enquête en filiation, j'ai voulu la mener à l'épreuve d'une tradition singulière : le trotskisme. Un tel choix peut se justifier de deux façons. Par l'actualité, en premier lieu. Au seuil du XXIe siècle, plusieurs éléments ont propulsé ce courant sur le devant de la scène : les non-dits d'un Premier ministre au passé mal assumé (Jospin), la progression significative de candidats rouges (Laguiller, Besancenot) aux élections, ou encore le rôle joué par les militants révolutionnaires dans l'émergence de nouvelles radicalités sans frontières (dites « altermondialistes »).

Par une raison de fond, ensuite : si ces femmes et ces hommes sont ici nos interlocuteurs privilégiés, c'est

1. François Furet, *Le Passé d'une illusion*, Paris, Robert Laffont, 1995, p. 572. C'est Furet qui souligne.

surtout parce qu'ils ont ancré leur rébellion dans un souci constant de transmission. Parmi eux s'est bâtie une école hantée par le souvenir des vaincus, où l'on enseigne que toute quête d'émancipation exige d'abord une fidélité au passé, une reconnaissance de dette à l'égard des aînés, bref, un certain art d'hériter. Pour l'avoir fréquentée un temps au début des années 1990, j'ai appris à repérer ces spécificités : depuis le combat antistalinien jusqu'à la solidarité avec les peuples colonisés, en passant par la résistance aux fascismes, s'ils n'ont pas toujours évité les dérives autoritaires, les trotskistes n'en ont pas moins fait vivre une pédagogie marginale et opiniâtre, qui a porté la flamme révolutionnaire et donc l'énergie générationnelle à leur plus vive incandescence.

Il n'y a nul hasard, dès lors, à ce que la France apparaisse comme le sanctuaire d'un « spectre » qui ne semble pas hanter de la même manière le reste de l'Europe. À telle enseigne que cette exception constituerait aujourd'hui, pour certains, « *le principal mystère français*[1] ». L'énigme se trouve élucidée, pourtant, si l'on se souvient qu'en France l'espérance politique noue entre elles les générations au long d'une chaîne inséparablement pédagogique et révolutionnaire[2]. Et c'est justement de se situer au centre de ce triptyque fondateur (Révolution-Éducation-Génération) que les trotskismes français tiennent leur pérennité. Né quelque part au milieu des années 1920 et encore vivace de nos jours, ce courant s'est voué à la préservation d'une sacro-sainte continuité, au passage du flambeau, coûte

1. L'expression est de Philippe Raynaud, lors d'une table ronde consacrée à « *L'énigme trotskiste* » et organisée par la revue *Le Débat* (n° 123, janvier-février 2003).

2. Sur les liens fondateurs qui unissent révolution et projet éducatif, voir l'entrée « Régénération » du *Dictionnaire critique de la Révolution française*, de François Furet et Mona Ozouf, Paris, Flammarion, 1988. Et Antoine de Baecque, « L'homme nouveau est arrivé. La "régénération" du Français en 1789 », *Dix-huitième Siècle*, n° 20, 1988.

que coûte, et en cela il excède amplement la geste soixante-huitarde[1].

Au regard de ce que fut la flambée gauchiste des années 1960-1970, en effet, le contraste est éclatant. Car il y a plus d'une façon de « se retirer dans le désert », pour reprendre l'expression de Jambet et Lardreau, comme il y en a plus d'une d'entrer en rébellion. En 1976, par exemple, au moment même où Olivier Rolin et ses camarades renonçaient à changer le monde, une autre figure d'extrême gauche, plus discrète, bien plus ancienne aussi, confiait son désarroi et tirait le bilan de son expérience passée, mais sans tourner pour autant le dos, lui, aux générations futures. Il s'agit de David Korner, surnommé « Barta », révolutionnaire d'origine roumaine et père fondateur de l'Union communiste, ce petit groupe né durant la Seconde Guerre mondiale, dont se réclame aujourd'hui Lutte ouvrière (LO), l'organisation d'Arlette Laguiller. Dans une correspondance parue plus tard sous le titre très significatif *Lettres à un jeune camarade*, Barta s'adresse à un jeune sympathisant qui étudie l'histoire de Lutte ouvrière, et lui explique patiemment pourquoi il a cessé toute activité politique depuis le début des années 1950[2].

Ce texte largement méconnu, je veux y lire la version vécue et symétrique du face-à-face fictif entre Martin et Marie dans *Tigre en papier*. Là où l'ancien maoïste jouait les mentors satisfaits et condescendants, Barta instaure un échange authentique et généreux avec son jeune camarade. Lettre après lettre, avec respect mais fermement, il lui fait part de ses remarques,

1. Selon une chronologie et avec des enjeux différents, la même enquête pourrait être menée au miroir du mouvement libertaire et/ou anarchiste. Celui-ci a également tenté de maintenir un programme radical d'émancipation, pour l'enseigner, jusqu'à aujourd'hui, de génération en génération.

2. Barta, *Lettres à un jeune camarade*, Fontenay-aux-Roses, publications du GET, 1997.

complète ses références, corrige ses travaux, pointant telle « erreur profonde », telle « naïveté », et l'appelant à garder la tête sur les épaules : « Il faut que tu réalises la distance astronomique qu'il y a entre les intentions et les actions réelles au niveau historique, encore une fois. L'histoire se fait, elle ne se proclame pas ! » écrit Barta en février 1976. On est loin, ici, des coups d'éclat et de l'épate en col Mao : « Le plus grand courage, assure-t-il dans une autre lettre, ce n'est pas comme on l'imagine celui des barricades ou des prisons. C'est celui d'aller contre le courant, dans la vie de tous les jours. »

Tout en approuvant la révolte de son cadet, et son désir de justice, l'ancien meneur révolutionnaire l'exhorte à tirer profit des erreurs passées et le met en garde contre la tentation de statufier les grands ancêtres. « Ne fais pas de nous des héros à part ! » adjure Barta, qui a pris depuis longtemps ses distances avec les dirigeants de Lutte ouvrière : « Pourquoi cette obstination de ta part à fermer les yeux, à "glorifier" Barta sans faire de peine à LO ? [...] Tu ne trouves rien d'autre que LO qui réponde à tes aspirations et tu inclines vers eux (ce que je trouve très bien). Mais écrire l'histoire, c'est tout autre chose que ce que tu tentes de faire ! Songe aux milliers de militants ou sympathisants PC qui, encore maintenant, ne peuvent admettre qu'ils ont risqué leur vie pour un Staline sanguinaire ! »

Sentant peut-être la mort approcher (il devait s'éteindre quelques mois plus tard), et de peur que la chaîne ne se trouvât rompue, Barta conseille à son destinataire de se tourner vers sa compagne de toujours, Claire Faget, dite « Louise », celle sans laquelle « l'organisation n'aurait pas existé ». La meilleure façon, selon lui, d'assurer la transmission : « Louise peut t'aider », « Fais-toi expliquer par Louise le vrai déroulement de l'action »..., ces formules rythment l'ensemble des *Lettres à un jeune camarade* : « Pour toute une série d'inexactitudes (mais tu ne peux pas les éviter), il vaut mieux t'adresser à Louise, qui seule est en mesure de t'aider directement et qui seule (en dehors de moi) a une idée d'ensemble de ce que nous avons fait... »

C'est à Louise qu'à mon tour je me suis adressé, presque trente ans plus tard. Difficile, plus d'une fois ajourné, ce rendez-vous fut de ceux que je n'oublierai pas. J'ai encore dans l'oreille son petit rire ironique, qu'un fort accent roumain rendait presque narquois, mais qui laissait filtrer une bonté malicieuse et servait avant tout une immense modestie. À plusieurs reprises, j'essayai de la convaincre au téléphone. À chaque fois, elle m'expliqua qu'elle n'avait *« joué aucun rôle particulier »* dans le groupe Barta, sinon celui d'une *« petite sténo-dactylo »*, et qui plus est, s'empressait-elle de préciser, *« sur une période très limitée »*. Lorsque enfin elle accepta de me voir, à Paris, elle ne se confia d'abord que chichement. Méfiante et discrète, elle me raconta néanmoins sa trajectoire politique, laquelle a commencé au milieu des années 1930, dans la cour d'un lycée de Bucarest. C'est là qu'elle croisa le chemin d'un dénommé David Korner, qu'on n'appelait pas encore Barta. Première rencontre avec un jeune militant, dont les regards étaient tournés à la fois vers l'Espagne, où la guerre civile faisait rage, et vers Moscou, où Staline mettait en scène de gigantesques mascarades judiciaires afin d'éliminer un à un les grands témoins de la révolution d'Octobre. Premier déclic, donc, pour une vocation à venir que Louise, en 2002, évoque en ces termes :

> *« Je suis venue en France à l'époque où des jeunes de tous les coins de la planète partaient de chez eux pour aller en Espagne. Il fallait soutenir la révolution espagnole,*

c'était vraiment le tremblement de terre universel sur la planète. Barta, je l'ai connu par hasard. Avec un autre camarade, ils m'ont dit : "Nous, on part en Espagne." J'ai répondu : "Bah, comme tous les jeunes, j'y vais aussi." Barta, c'était un jeune militant, sérieux, cultivé, qui répondait à mes questions... J'étais encore à l'école, on discutait politique avec une camarade de classe, il y avait les procès de Moscou, qui nous ont beaucoup secoués : comment ! C'était abominable, tous les dirigeants du parti bolchevik assassinés ! Il n'y a que Staline qui avait raison ! Et tout le monde était abasourdi. Nous, jeunes, on disait : "Mais non, ce n'est pas possible, on ne comprend rien à cette histoire-là." C'était une imposture criminelle de Staline, je ne connaissais pas autre chose sur l'histoire. Après, évidemment, je me suis mise à la lecture de Trotski, à fond... Vous savez, à l'époque, on s'intéressait, on n'était plus des enfants à seize ans... »

La jeunesse comme insoumission, l'engagement comme coup de foudre, la lecture comme planche de salut... voilà déjà quelques invariants d'une pédagogie fraternelle dont je voudrais tenter de repérer l'empreinte, ici, au fil des générations. Au printemps et à l'été 2002, à l'occasion d'une série d'émissions radiophoniques réalisées pour France Culture, j'ai sillonné la France afin de recueillir par dizaines les témoignages de militantes et de militants, passés ou présents, de différentes mouvances, de tous âges et de toutes conditions, célèbres parfois mais le plus souvent anonymes[1]. Il s'agit maintenant de restituer une parole, de faire entendre leur discours en ses diverses figures, en son actualité aussi. Histoire de cerner ce que nous pouvons retenir de leurs enthousiasmes, de leurs combats... et de leurs fourvoiements.

1. *Fragments d'un discours révolutionnaire. À l'école des trotskismes français*, France Culture, 2002. Le présent ouvrage s'appuie largement sur des entretiens réalisés en vue de cette série d'émissions. Certains des extraits utilisés dans ce livre ont été diffusés à l'antenne, d'autres non. Mais tous ont dû être remis en forme pour les nécessités du passage à l'écrit. Au fil des pages, chacun de ces propos recueillis sera signalé par le double recours à l'italique et aux guillemets.

La méthode est simple. La vieille démagogie « jeuniste » lui tient lieu de repoussoir : pas d'avenir sans une fréquentation intime des aînés, pas de futur sans remémoration – même et surtout critique – de leurs expériences passées. Aussi les témoignages qui suivent ne sont-ils pas à envisager comme une parole qui fait signe vers le passé, mais comme une archive vivante, perpétuellement ouverte au présent, où se cherchent à chaque instant, pour le meilleur et pour le pire, les conditions d'une justice à venir. Au seuil du désert, l'urgence obstinée d'un désir de mémoire.

PREMIÈRE PARTIE

L'esprit de jeunesse

Pour être à même de créer, il faut reconnaître sa propre nostalgie d'une belle enfance et d'une digne jeunesse. Sans la déploration d'une grandeur manquée, on ne peut attendre aucun renouvellement de sa vie.

Walter Benjamin, « La vie des étudiants », 1915.

Ouverture

Changer le monde... à quatorze ans

C'est bien connu : la jeunesse n'est qu'un mot. En tant que tel, cet âge de la vie n'a ni valeur ni dignité propres. Ce qui est en cause, ce n'est donc pas la jeunesse comme concept marketing, ni même comme catégorie sociologique, mais un certain « esprit de jeunesse » comme accueil et vérité de l'insoumission : « Ce que disent la morale ou la physiologie sur ce point important n'a pour nous aucun intérêt, parce que nous donnons aux mots de jeunesse et de vieillesse un autre sens [...]. L'expérience des hommes, et non de l'homme, nous apprend vite que jeunesse et vieillesse sont affaire de tempérament ou, si l'on veut, d'âme. [...] Le plus obtus des observateurs sait parfaitement qu'un avare est vieux à vingt ans. Il y a un peuple de la jeunesse[1]. »

Il arrive pourtant que l'esprit de jeunesse coïncide singulièrement avec ce que le sens commun conçoit comme la « jeunesse », au sens physio-biographique du terme. Car enfin, les femmes et les hommes que nous avons rencontrés se sont pour la plupart engagés corps et âme, pour de bon et souvent sans retour, entre

1. Georges Bernanos, *Les Grands Cimetières sous la lune*, Paris, Plon, 1938 ; rééd., Paris, Le Seuil, coll. « Points », 1995, p. 231. Voir aussi Pierre Bourdieu, « La jeunesse n'est qu'un mot », repris in *Questions de sociologie*, Paris, Éditions de Minuit, 1984.

leur seizième et leur vingtième année. Et même, dans bien des cas, dès l'âge de quatorze ans, cette « année de l'éveil »...

Tout au long du XXe siècle, il se sera donc trouvé des adolescents pour se fâcher tout rouge contre les misères du présent. Des gavroches de quatorze ans pour penser que la liberté individuelle n'est qu'imposture lorsqu'elle côtoie chaque jour l'aliénation universelle ; et pour décider que si la vie vaut d'être vécue, c'est seulement dans le souci intime de l'entière humanité.

Bien sûr, à la lecture de tels témoignages, certains hausseront les épaules, et accueilleront d'un sourire condescendant ce que l'époque tient désormais pour des rêveries archaïques, de doux radotages d'enfants mal vieillis. Mais on peut aussi choisir de se laisser surprendre, et se mettre à l'écoute de cette expérience singulière : à quatorze ans, cerner spontanément sa vocation – « changer les choses » – et se sentir responsable du monde jusque dans ses moindres recoins. À quatorze ans, se mouiller pour ses idées, les défendre, les diffuser, à grand renfort de références et de citations. À quatorze ans, goûter la chaleur d'une fraternité, la ferveur de l'exaltation collective. Prendre des coups, aussi, au propre et au figuré : endurer l'angoisse du militant, l'absolu du choix dont tout procède, les doutes de qui ose se jeter en avant.

L'élan inaugural, dès quatorze ans ? Jadis et naguère, à coup sûr. Hier encore, sans aucun doute. Et maintenant ?

1

Jadis et naguère

Génération antifasciste

Et d'abord les années 1930, fondatrices et décisives, dont le tableau ne sera ici qu'esquissé à grands traits. Une période marquée par la crise mondiale (économique, politique), le spectre de la guerre (passée et à venir, omniprésente) et, de-ci, de-là, ces bruits de bottes qui entraînent peu à peu l'Europe dans la pénombre. Accélération de l'histoire ou décadence, course à l'abîme et ruine de la civilisation, choc salutaire et nécessaire révolution (oui, mais laquelle ?), le vocabulaire de la tourmente est alors dans toutes les bouches, comme si l'évidence s'imposait désormais à chacune, à chacun : l'ère des masses répugne aux compromis ; que les tièdes, les « juste milieu » passent donc leur chemin, voici venu l'âge des extrêmes. Nombreux sont ceux, depuis lors, qui ont souligné le poids de la Grande Guerre sur les consciences de l'époque. Car c'est bien avec le premier carnage mondial que prit naissance le grand incendie révolutionnaire dont Octobre 1917 fut le foyer initial, et le fascisme l'étouffoir sanglant. Au-delà, c'est l'expérience cruciale de la « génération du feu » qui éclaire la violence singulière propre à ce moment : brutalisation des mots, disqualification des mous.

« Les années 1930 commencent en août 1914[1] » : osé par un des meilleurs spécialistes du XXe siècle, cet anachronisme provocateur dit bien qu'on ne peut rôder dans ces années-là sans avoir à l'esprit les tranchées, la boue, et la masse des jeunes qui ont crevé dedans. Les millions de morts, mais aussi de mutilés, de gazés et de traumatisés à vie d'une hécatombe industrielle qui faucha toute une classe d'âge, provoquant la maturation précoce des garçons et des filles du temps.

« Vous savez, à cette époque-là, on n'était plus des enfants, à seize ans... », nous avait averti Louise, dès les premiers jours de notre enquête. Seize ans ? Elle aurait pu descendre jusqu'à quatorze, puisque c'est à cet âge précoce que s'engagèrent beaucoup des militants d'alors, à commencer par les pères fondateurs des trois principales organisations trotskistes qui ont perduré en France jusqu'à nos jours : David Korner, dit Barta (1914-1976), ancien compagnon de Louise et ancêtre revendiqué de l'actuelle Lutte ouvrière (LO). Mais aussi Pierre Frank (1905-1984), figure incontournable dans la mémoire collective de l'actuelle Ligue communiste révolutionnaire (LCR), le parti d'Olivier Besancenot ; enfin Pierre Boussel, dit « Lambert », né en 1920, aujourd'hui encore chef incontesté du Parti des travailleurs (PT), troisième groupe trotskiste présent à l'élection présidentielle de 2002.

Du premier, nous avons déjà brièvement évoqué l'itinéraire politique, qui a commencé à la fin des années 1920 dans un lycée de Bucarest. À propos du deuxième, également disparu, contentons-nous pour l'instant de citer le témoignage d'un ami d'enfance, Maurice Braguinsky, comme lui fils de petits artisans juifs d'Europe de l'Est récemment émigrés à Paris :

1. Eugen Weber, *La France des années 30. Tourments et perplexités*, Paris, Fayard, 1994, p. 21.

pendant la Première Guerre mondiale, expliquait-il dans un livre d'hommage à Pierre Frank, « je me suis trouvé en contact plus étroit avec Pierre. En effet, nos parents étaient influencés par les idées socialistes. La photo de Jaurès, découpée dans *L'Humanité*, était épinglée dans l'atelier de mon père. Nous parlions des événements. Et je m'étonne aujourd'hui qu'à l'âge de treize ou quatorze ans pour Pierre, et de dix pour moi, nous avons eu des discussions politiques[1]. »

Quant à Pierre Lambert, qui est non seulement le plus secret, le plus énigmatique de ces dirigeants révolutionnaires, mais aussi le seul qui soit toujours vivant, nous lui avons rendu visite dans son « bunker » de la rue du Faubourg-Saint-Denis, à Paris, où siège le Parti des travailleurs. Moustachu râblé de quatre-vingt-deux ans, Lambert manie le verbe comme un titi parisien, et jamais n'articule ses mots ni ne cligne des yeux, ce qui donne un flou étrange à son regard immobile, mi-fauve, mi-chien battu, grossi par des lunettes à verres épais. Comme un leitmotiv, une formule revenait invariablement sur ses lèvres, presque à chaque début de phrase, pour rythmer l'ensemble de son discours : *« Vous savez, cette génération qui est la mienne... »*

Oui, cette génération qui est la sienne, maigre cohorte de révolutionnaires qui entra en politique alors qu'il était bientôt « minuit dans le siècle », dans un mouvement de révolte ultra-minoritaire et quasi désespéré contre les deux visages de l'hydre totalitaire : d'un côté, la terreur stalinienne, désormais triomphante en Union soviétique, relayée par les partis communistes du monde entier. De l'autre, la barbarie fasciste, dont Mussolini en Italie, mais surtout Hitler en Allemagne ne sont alors que les représentants les plus en vue, et qui gagne chaque jour du

1. *Pour un portrait politique de Pierre Frank. Écrits et témoignages*, Paris, La Brèche, 1985, p. 19.

terrain à travers l'Europe, pour s'attaquer partout, politiquement et physiquement, aux militants du mouvement ouvrier, socialiste, communiste ou libertaire.

De Rome à Berlin et de Berlin à Paris, la propagation de la peste brune déplace d'année en année le centre du front antifasciste, qui représente pour beaucoup de jeunes gens, et plus particulièrement pour ceux dont le cœur penche à gauche, le premier théâtre de la prise de parti. Ainsi de Pierre Boussel/Lambert, fils de Russes juifs, émigrés et installés vers 1900 en banlieue parisienne. Celui-ci s'éveille alors aux périls du temps, tandis que la France s'enfonce dans la crise politique et les scandales politico-financiers, et que les ligues d'extrême droite (Croix-de-Feu, Jeunesses patriotes ou encore Camelots du Roi) descendent dans la rue pour conspuer la République. Ce sont les violentes émeutes du 6 février 1934 qui voient militants nationalistes, nostalgiques de la monarchie et fascistes convaincus, mais aussi anciens combattants et petits contribuables aux abois, marcher sur la Chambre des députés et affronter violemment les forces de police toute la nuit durant, sur le pont et sur la place de la Concorde. Ici, un groupe de miliciens incendiait un autobus, en plaçant un exemplaire du *National* (le journal des Jeunesses patriotes), en flammes, sous le siège du conducteur. Là, troupes de choc et milices paramilitaires, armées de revolvers et de matraques, lançaient pétards et billes d'acier sous les sabots des chevaux de la garde républicaine, et tranchaient leurs jarrets à coups de lame de rasoir.

Le choc fut brutal (dix-sept morts, deux mille blessés) ; et cette journée représenta à coup sûr le « grand tournant de l'histoire française de l'entre-deux-guerres [1] ». Dans l'itinéraire de Lambert comme dans celui d'autres jeunes qui s'engagèrent durant ces

1. Serge Berstein, *Le 6 février 1934*, Paris, Gallimard/Julliard, 1975, p. 11.

années-là, le souvenir du 6 février joua le rôle d'un trauma originel : celui d'une nuit de cauchemar au matin de laquelle la République avait failli être renversée et la France se réveiller fasciste.

> *« En février 1934, personne dormait. Mon vieux frère était un ancien combattant de la guerre 14-18, il faisait partie de l'Union nationale des combattants. C'était une organisation réactionnaire, pas fasciste, mais réactionnaire, et le 6 février, il avait été se battre devant l'Assemblée, au Palais-Bourbon. Il était très content, parce qu'il aimait bien la bagarre, et je lui ai dit : "Qu'est-ce que t'as été foutre là-dedans, à manifester avec les fascistes ?" Il m'a regardé et il m'a dit : "Tu crois ?" Je lui ai répondu : "Ben évidemment, je crois !" Résultat : par la suite, mon frère venait toujours me voir pour me demander ce qu'il fallait faire. C'était mon premier acte politique, et j'avais treize ans et demi. »*

Pour bien des militants ouvriers, comme pour la quasi-totalité du peuple de gauche, la situation apparaissait si périlleuse qu'elle exigeait de passer outre les vieilles querelles pour refaire d'urgence l'unité d'un mouvement ouvrier handicapé par de multiples clivages. En 1920, en effet, la rupture historique du congrès de Tours avait entraîné une scission entre socialistes (SFIO) et communistes (PCF) ; cette division politique s'était traduite sur la scène syndicale par le face-à-face de l'ancienne CGT et de la nouvelle CGT-U (« unitaire »), proche de la IIIe Internationale. Au lendemain des émeutes ligueuses de 1934, pourtant, l'ensemble des organisations ouvrières ne tardèrent pas à réagir, d'abord en ordre dispersé, puis au coude à coude. Le 7 février, la CGT lançait un mot d'ordre de grève générale en ces termes : « Au peuple, aux travailleurs : le sang a coulé. Aujourd'hui, les factieux, fauteurs d'émeute, sont démasqués. [...] Comptant sur la misère, sur le chômage, sur l'affreuse angoisse des jeunes, les forces fascistes militantes, dressées contre le régime, ont agi. » De même, la Fédération socialiste de la Seine, qui faisait partie de l'aile gauche de la SFIO, lança un appel à toutes les « organisations du prolétariat afin qu'elles se tendent la main pour former une barricade infranchissable au péril fasciste [1] ». Mais, ce jour-là, les socialistes défilèrent une fois de plus tout seuls, les communistes ayant décliné leur invitation à une marche commune. Les troupes du PCF préférèrent occuper le terrain de leur côté, le surlendemain, pour une manifestation place de la République, à la fin de laquelle on dénombra encore neuf morts et des dizaines de blessés. Et c'est seulement le 12 février, jour de la grève générale décidée par la CGT, que la jonction s'opéra entre les cortèges des deux partis, dans les grandes villes de province comme à Paris, où la foule immense envahit la place de la Nation au cri d'« Unité ! Unité ! ».

Or, ce jour-là, l'effervescence unitaire n'était pas le fruit d'une initiative au sommet ou d'un quelconque accord entre les appareils dirigeants de la SFIO et du PCF. Elle naissait avant tout de la formidable pression d'une base militante dont les franges les plus vigilantes et souvent les plus jeunes étaient bien décidées à bloquer la résistible ascension du fascisme. Ceux-là jetaient un regard angoissé non seulement vers l'Allemagne et l'Italie, mais aussi vers le reste de l'Europe, où les libertés démocratiques étaient chaque jour un peu plus piétinées. Partout la mode était aux chemises brunes, partout les dictatures triomphaient, les escouades armées pavoisaient, et dans les pays Baltes comme dans l'aire balkanique, de la Hongrie à la Lituanie en passant par la Pologne et la Roumanie, l'ensemble du continent semblait se hérisser d'une

1. Cité in Louis Bodin et Jean Touchard, *Front populaire : 1936*, Paris, Armand Colin, 1972, p. 19.

forêt de bras tendus. Si bien que les émeutes parisiennes du 6 février apparaissaient à beaucoup comme la retombée française d'une lame de fond qui ignorait les frontières. Et de fait, au lendemain de cette nuit glaciale du 6 février, et, alors que le journal d'extrême droite *Gringoire* voyait « l'aube du fascisme se lever sur la France », les différents groupes paramilitaires de l'Action française, des Jeunesses patriotes et de Solidarité française ne formaient-ils pas une nébuleuse décidée à en finir, une fois pour toutes, avec la république parlementaire ? Dès lors, le « front unique » regroupant toutes les forces de gauche représentait bien plus qu'une manœuvre politique ou une simple opportunité électorale : une question de vie ou de mort à l'échelle internationale.

Méditant l'angoisse et les espoirs de cette gauche traditionnelle, qui avait spontanément reconnu les enjeux planétaires des batailles en cours, Léon Trotski analysait ainsi les événements depuis son exil français de Barbizon, en mars 1934[1] : « La grève générale du 12 février en France a été un avertissement impressionnant, mais rien de plus. Ayant senti le danger, l'ennemi a doublé, triplé, décuplé ses efforts. [...] La défense révolutionnaire doit devenir la grande école de l'offensive. Les ouvriers de France ont montré que brûle encore dans leur sang la flamme des révolutions que couronna la Commune de Paris. Mais il ne suffit pas d'être seulement prêt à se battre, comme le montre l'exemple de l'Allemagne. Il faut de la technique,

1. Militant révolutionnaire russe, président du soviet de Petrograd au lendemain de la révolution d'Octobre 1917, et fondateur de l'Armée rouge, Lev Davidovitch Bronstein, alias « Trotski » (1879-1940) est exilé par Staline en 1929. Il se fixe d'abord en Turquie, sur l'île de Prinkipo, avant de gagner la France en 1933, s'installant notamment à Barbizon puis à Domène (près de Grenoble), sous la menace constante d'une expulsion que l'extrême droite ne tarda pas à exiger. En 1935, il trouve un asile précaire en Norvège, et ce n'est qu'à la toute fin de 1936 que le président Cardenas lui accorde un visa pour le Mexique. Trotski y restera jusqu'à son assassinat, en août 1940.

il faut de l'organisation. [...] En France se décide de nouveau le sort non seulement de la France mais aussi de l'Europe, et en fin de compte du monde entier. Si le fascisme réussissait à abattre le prolétariat français, toute l'Europe se teindrait en noir. Et au contraire, la victoire du prolétariat français dans les conditions actuelles laisserait loin derrière elle, par son importance historique, même la victoire d'Octobre remportée par le prolétariat en Russie[1]. »

On comprend qu'en ces semaines critiques de février les femmes et les hommes d'engagement aient eu quelque difficulté à fermer l'œil. Non seulement dans les couches ouvrières, qui constituaient le gros des troupes socialistes, communistes ou libertaires, mais aussi dans le reste de la société, et notamment parmi les élèves des lycées. Et, quels que soient leur âge et leur milieu, les jeunes gens étaient très tôt sollicités par l'actualité du moment, contraints de s'intéresser aux conflits qui traversaient la société, acculés à se prononcer sur les valeurs propres aux uns et aux autres.

Encore adolescent, et deux ans plus âgé que son futur camarade Lambert, André Essel fut lui aussi effrayé par les menées fascisantes de cette période. Il est mort en janvier 2005, à quatre-vingt-six ans, mais nous avions pu le rencontrer auparavant dans son appartement de Courbevoie, en banlieue parisienne. Regardant rêveusement couler la Seine, il semblait heureux d'évoquer les conférences qu'il venait de donner en province, à l'occasion de la parution de ses mémoires[2]. Là, devant des jeunes gens de toute la France, il avait pu retracer ses années premières d'engagement. Et comment, fils de petits boutiquiers

1. Léon Trotski, *Le mouvement communiste en France (1919-1939)*, textes choisis et présentés par Pierre Broué, Paris, Éditions de Minuit, 1967, p. 431.

2. André Essel, *Je voulais changer le monde*, Paris, Mémoire du Livre, 2001.

(ses parents tenaient un magasin de lingerie), élève au lycée Rollin (rebaptisé Jacques-Decour depuis la Libération), dans le IXe arrondissement de Paris, il avait été plus d'une fois amené à faire les « quatre cents coups » dans la cour de récréation, et même en pleine salle de classe. Car contrairement à ce que prétendent aujourd'hui les contempteurs de l'école « sauvageonne », toujours comparée aux mythiques institutions d'antan, les « incivilités » scolaires ne datent pas d'hier. Simplement, l'agitation était peut-être plus politique que celle dont se plaignent de nos jours les enseignants, ainsi que nous l'a relaté André Essel :

> *« Il ne faut pas oublier que le recrutement des lycées n'était pas celui d'aujourd'hui : c'étaient des bourgeois ou des petits-bourgeois, au maximum. Et cette jeunesse était gonflée à bloc par les idées nationalistes défendues par les journaux de l'époque. Alors, là-dessus, avec les gens de gauche, les pacifistes, les socialistes, tous ceux du mouvement ouvrier traditionnel, ça ne se passait pas calmement, les discussions se terminaient à coups de poing. Je me rappelle qu'en première, il y avait une heure de musique obligatoire par semaine. Dès le début du cours on commençait à s'engueuler, gauche contre droite. Au bout de dix minutes, on grimpait sur les tables, c'était la bagarre générale. Épouvanté, le prof courait chercher le proviseur, qui arrivait, et nous trouvait tous échevelés, les uns par terre, les autres brandissant ce qu'ils avaient à la main. Et il nous disait : "Quand on pense que la musique adoucit les mœurs..." »*

C'est donc également par antifascisme qu'André Essel s'est lancé dans la bataille politique. Bientôt gagné aux idées révolutionnaires, il rejoindra par la suite la petite phalange trotskiste. Mais en 1935, alors qu'il est encore lycéen, il adhère d'abord à l'aile gauche des Étudiants socialistes, avec la ferme intention de bouleverser le cours des choses. À seize ans, son objectif déclaré est déjà de devenir un combattant de la justice sociale et universelle. Hardi et volontaire, l'adolescent monte rapidement en grade, et devient secrétaire de la section du XVIIIe arrondissement. Mais ces responsabilités contrarient les projets de son père ; celui-ci, étranglé par les dettes, voit d'un mauvais œil l'engagement d'un fils qu'il destinait à reprendre l'affaire familiale. Et le jeune Essel sera contraint de quitter le foyer parental pour aller travailler, tour à tour, comme livreur de planches, employé d'un laboratoire de photographie, ouvrier dans une usine d'aviation ou dans une teinturerie de plumes :

> *« Une fois secrétaire de section, je devais participer à deux réunions par semaine, celle de la section et celle du bureau de section. Or mon père ne m'autorisait qu'une seule sortie par semaine, et j'avais déjà dû renoncer à aller au cinéma. J'ai donc demandé à avoir deux sorties par semaine, mais il n'y a rien eu à faire. Alors j'ai pris mes cliques et mes claques, je suis parti, et là a commencé une tout autre vie, où je devais à la fois gagner ma croûte et faire de la politique. Mais quand on se dévoue à un idéal, la façon dont on gagne sa vie n'a pas d'importance : tout métier est un métier de passage. »*

Quant au jeune Boussel/Lambert, on l'a vu, ce n'est pas contre les injonctions de son père, mais contre les tentations nationalistes de son grand frère qu'il a ressenti ses premières indignations politiques. Lui aussi a été témoin de la grande riposte unitaire qui a suivi les émeutes du 6 février. Issu d'un milieu ouvrier, pacifiste et spontanément hostile au fascisme, il se laisse bientôt entraîner par des copains de Montreuil dans l'organisation de jeunesse du Parti communiste. Né une quinzaine d'années plus tôt, lors du fameux congrès de Tours, ce parti avait été fondé, précisément, pour faire pièce aux « trahisons » de la vieille social-démocratie et de la IIe Internationale, qui avaient été incapables d'empêcher le déclenchement de la « boucherie » mondiale. Pire, qui s'étaient définitivement compromises, une fois la guerre déclarée, par leur participation aux gouvernements d'Union sacrée : « Il y a entre ceux qui ont collaboré à l'Union sacrée et ceux qui l'ont subie un tel fossé de martyrs et de lamentations que jamais rien ne pourra le combler », avait prévenu l'ancien combattant Raymond Lefebvre, quelques mois avant de fonder avec d'autres le PCF, au nom de la « génération massacrée »[1].

Dès 1915, quelques militants, isolés au sein de la SFIO, s'étaient faits les « porte-parole des jeunes directement concernés par le massacre[2] », pour souligner les conséquences humaines de l'hécatombe et critiquer le soutien apporté par leur parti à l'effort de guerre. À leurs yeux, cet appui reniait les fondements mêmes du marxisme ainsi que la tradition pacifiste du mouvement socialiste telle que Jean Jaurès l'avait réaffirmée lors du congrès de Bâle, en 1912 : « J'appelle les vivants pour qu'ils se défendent contre le monstre qui apparaît à l'horizon [...]. Je briserai les foudres de guerre qui menacent dans les nuées. » En 1920, deux ans après l'armistice, ces dissidents formeront le noyau dur du groupe qui adhérera à la IIIe Internationale, celle de Lénine, de Trotski et de Rosa Luxemburg[3], par solidarité avec la récente révolution russe et par fidélité à

1. Cité in *Histoire du PCF*, de Jean-Paul Brunet, Paris, PUF, 1982, p. 6.

2. Stéphane Courtois et Marc Lazar, *Histoire du Parti communiste français*, Paris, PUF, 1995, p. 32.

3. Militante socialiste d'origine polonaise, Rosa Luxemburg (1870-1919) est restée comme l'une des plus célèbres figures du mouvement révolutionnaire. Auteur de nombreux articles et ouvrages, elle a été parmi les cofondateurs du journal *Die Rote Fahne* (*Le Drapeau rouge*) et du Parti communiste allemand (le groupe Spartakus, en décembre 1918), peu avant d'être assassinée pour sa participation à l'insurrection spartakiste. Son corps fut retrouvé dans le Landwehrkanal, à Berlin.

l'internationalisme auquel la social-démocratie avait tourné le dos en 1914.

Aussi le jeune Parti communiste français se réclamait-il, du moins à ses débuts, du pacifisme ouvrier et même d'un antimilitarisme sans frontières, opposant aux slogans chauvins (« la France aux Français ») le fin mot de la doctrine socialiste : « Les prolétaires n'ont pas de patrie ». Il le prouvera pendant quelques années, notamment au moment de l'intervention française dans le bassin de la Ruhr, en 1923, quand il invitera le prolétariat français à « fraterniser » avec ses frères allemands. Et surtout lors de la guerre du Rif, au Maroc, en 1925, contre laquelle les militants des Jeunesses communistes (JC) furent particulièrement actifs, volant au secours des combattants d'Abd el-Krim, non seulement en prenant leur défense dans leur journal, *L'Avant-Garde*, mais aussi en impulsant l'agitation antimilitariste en direction des soldats, afin de saboter le déploiement de l'armée française. Diffusion de tracts, propagande dans les casernes, entrave au départ des convois militaires, ou encore campagne dite des « gueules de vache » (consistant à deviner l'identité d'un gradé à partir d'une caricature) : malgré la répression, qui fut sévère, quelques équipages de bateaux de guerre entamèrent des mouvements de grève, au point que certaines unités de soldats, visiblement sensibles aux arguments des JC, durent être rapatriées du Rif.

Ces actions anticolonialistes coïncidaient peu ou prou avec la période dite de « bolchevisation » du PCF, durant laquelle le Parti allait être repris en main par le pouvoir soviétique. Des années de « normalisation » qui devaient d'ailleurs déboucher sur une politique de plus en plus sectaire, dite « classe contre classe ». Adoptée fin 1927, cette stratégie de repli agressif reflétait moins la radicalisation des luttes en France, toutefois, que la paranoïa croissante des maîtres du Kremlin qui souhaitaient que les militants communistes du monde entier consacrent désormais tous leurs efforts à la défense inconditionnelle de l'URSS. La rhétorique du PCF mêlait alors un radicalisme outrancier à un catastrophisme chimérique : le capitalisme étant toujours « à l'agonie » et la révolution « imminente », les socialistes, désignés comme l'ennemi prioritaire et qualifiés de « socio-fascistes », étaient devenus le « dernier rempart » de l'ordre bourgeois.

Pourtant, lorsque le petit Boussel-Lambert adhéra aux JC, quelque temps après les émeutes de février 1934, le PCF s'était radicalement transformé. Certes, l'adolescent y rencontra de nombreux jeunes gens sincèrement révoltés, et dévoués à la cause du prolétariat mondial. Certes encore, il mena à leurs côtés quelques campagnes hostiles à la « défense nationale » et notamment à l'allongement de la durée du service militaire (la loi des deux ans), ce qui lui vaudra d'ailleurs de finir régulièrement au poste. Mais il touchera bien vite du doigt les contradictions d'un parti qui avait largement abandonné l'esprit de ses fondateurs. Dirigé par un jeune apparatchik nommé Maurice Thorez, l'appareil était désormais totalement inféodé à Moscou. Or cela faisait déjà un bon moment que cette ville avait cessé d'être le centre mondial du processus révolutionnaire, pour devenir le quartier général d'une tyrannie inédite : le stalinisme. Et pour ce despotisme d'un genre nouveau, les différents partis communistes nationaux devaient être autant de satellites à son service, obtempérant au moindre télégramme.

De cette allégeance croissante au Kremlin et à sa politique louvoyante, le virage à cent quatre-vingts degrés opéré par le PCF en 1935 est resté comme l'illustration historique la plus spectaculaire. Quasiment du jour au lendemain, en effet, le PCF décidait de rompre avec l'orientation intransigeante qui avait été la sienne depuis des années. Soudain, il adoptait une perspective volontariste d'ouverture et de réconciliation nationale. Cette rupture bien connue verra le Parti chanter son « amour du pays », troquer à la va-vite le drapeau rouge contre la cocarde tricolore et *L'Internationale* contre *La Marseillaise*, et surtout tendre la main aux socialistes, hier encore traités de « social-traîtres », aux radicaux, auparavant stigmatisés comme des « fourriers du fascisme », et même aux membres des Croix-de-Feu !

Dans la période d'incertitude consécutive aux émeutes du 6 février, ce nouvel état d'esprit ouvrait la voie à un large rassemblement, qui rendra lui-même possible la constitution, en 1936, d'une grande coalition de « Front populaire ». Pour autant, ce brusque revirement n'était pas lié à une quelconque prise de conscience de la catastrophe à laquelle avait conduit le sectarisme du Parti communiste allemand. Non, si Staline avait ordonné le « grand tournant » de son antenne française, c'était surtout qu'entre-temps, et en fait dès l'hiver 1934, l'URSS avait entamé des négociations secrètes avec la France, lesquelles devaient mener à la signature d'un pacte d'assistance mutuelle entre Staline, qui commençait à craindre une agression allemande, et Pierre Laval, qui dirigeait le gouvernement français. Ce même Laval que les communistes avaient pris l'habitude de surnommer « Laval-la-guerre »...

Impulsé depuis Moscou, un tel changement de cap ne pouvait que dérouter certains jeunes militants communistes, et d'abord les plus vigilants d'entre eux. Parmi eux, Pierre Boussel-Lambert, quinze ans, qui avait assisté dans l'enthousiasme à l'ample riposte ouvrière de 1934, et participé, nous l'avons dit, à plusieurs actions antimilitaristes avec ses camarades des JC :

> *« Là, vous avez quand même cette montée de la classe ouvrière. Et pour un jeune comme moi, c'était extraordinaire.*

Puis il se trouve qu'en 1935, Pierre Laval, qui était président du Conseil, et qui avait été voir Staline, est revenu en disant : "M. Staline comprend et approuve pleinement la politique de défense nationale faite par la France..." Alors, je pose une question, et je me fais exclure comme... "trotskiste" ! J'en avais vaguement entendu parler, mais je savais à peine ce que c'était ! J'abandonne, je me dis "oh, allez, je fais plus de politique". Puis un trotskiste est venu me voir ; je lui ai dit : "Je veux pas discuter avec toi." Mais il m'a laissé Ma vie, *de Trotski. Alors, j'ai lu, et ça m'a intéressé. Je me suis demandé : qu'est-ce qu'ils font, ces gens-là ? »*

Le mot est lâché : « trotskiste ». Un motif d'exclusion, une marque d'infamie, que le jeune Boussel se vit soudain jeter au visage, comme tant de dissidents et de sceptiques qui ne s'étaient jamais réclamés de Léon Trotski, mais qui avaient eu le malheur, simplement, de poser une question. Ainsi émerge le qualificatif de « trotskiste » qui n'est rien d'autre, au départ, qu'une injure formée par les séides de Staline pour désigner quiconque osait émettre un doute quant à leur politique. Et la puissance des partis communistes était telle que pendant très longtemps les trotskistes (réels ou supposés) vécurent de fait sous le régime des suspects. « Provocateurs », « saboteurs », « chiens terroristes » ou encore « agents de la Gestapo », telles sont les injures les plus couramment associées à l'étiquette d'emblée stigmatisante de « trotskiste », lancée par les imprécateurs du Kremlin.

Et si ces derniers voyaient la main des trotskistes partout, derrière chaque velléité de contestation, derrière le moindre mouvement social dont le contrôle leur échappait, il reste qu'en ces années-là les militantes et les militants qui se réclamaient réellement du « trotskisme » constituaient une troupe marginale de quelques centaines, voire de quelques dizaines d'activistes. Et on pourrait presque les citer un à un, eux qui étaient si peu nombreux qu'ils pouvaient se réunir dans l'arrière-salle d'un bistrot parisien, ou au premier étage du café de la Mairie, juste en face de l'église Saint-Sulpice, à Paris : Alfred Rosmer, fondateur puis dissident du PCF, l'ancien surréaliste Pierre Naville, l'avocat Gérard Rosenthal, l'aventurier Raymond Molinier, Pierre Frank, bien sûr, ou encore David Rousset, qui racontera plus tard son expérience de la déportation dans *L'Univers concentrationnaire*... Ceux-là revendiquaient haut et fort leur adhésion à l'opposition de gauche fondée par Trotski, qui incarnait à leurs yeux la fidélité à l'esprit originel d'Octobre et le refus de sa caricature soviétique.

Jour après jour, donc, dans *L'Humanité* et sur le terrain, ils devaient affronter la haine des femmes et des hommes du PCF, mille fois plus nombreux qu'eux et soutenus par un appareil de répression international. Dans la bouche des staliniens, les calomnies n'étaient pas des paroles en l'air : parmi les militants que nous sommes allés interroger, ceux qui ont vécu cette période insistent sur le profond sentiment d'angoisse qui était le leur, dans ces années où ils subissaient à la fois la répression policière et les violences systématiques du PCF, lors des manifestations de rue comme devant chaque usine, partout où ils tentaient de perpétuer l'idéal internationaliste au cœur du monde ouvrier. André Essel était de ceux-là. À l'été 1937, il était entré à La Lorraine, une usine située à Argenteuil, en banlieue parisienne, qui fabriquait des moteurs d'avion. Et il se souvenait encore récemment de l'impossibilité de rester, ne serait-ce que deux minutes, à la porte de l'entreprise, des tracts arrachés et des coups reçus. Ainsi, par exemple, à l'occasion d'une grève déclenchée par les ouvriers de La Lorraine en solidarité avec ceux de Citroën :

> *« Trois jours après le début de la grève, les staliniens reçoivent un ordre de Moscou, leur disant : "Arrêtez de faire*

les andouilles, vous fabriquez des pièces d'armement et on a besoin de l'armée française..." Alors nous essayons de prendre la parole pour dire qu'on fait la grève pour soutenir Citroën, et que cette grève n'a pas encore gagné. C'est là qu'on se fait foutre dehors à coups de poing, et même de matraque. Tous ces gens-là ont tout oublié, d'un seul coup. On était devenus des "hitléro-trotskistes", donc l'ennemi numéro un. C'était très pénible sur le plan psychologique de penser qu'on était les meilleurs défenseurs de la classe ouvrière, et qu'on était éjectés comme si on était des salauds et des traîtres, alors qu'en fait on était plus antifascistes que les communistes. »

Pourchassés, esseulés, se heurtant sans cesse à l'hégémonie brutale du Parti communiste, ces jeunes révolutionnaires étaient chaque jour un peu plus guettés par l'usure et le découragement, courant le risque du repli sur soi, de la division et de la sclérose. Aussi l'urgence était-elle de briser coûte que coûte cet isolement, afin de retrouver une audience dans la population. L'outil de cette entreprise de survie, ce fut la démarche dite « entriste », mise au point par Léon Trotski en juin 1934. Le fondateur de la IVe Internationale savait de quoi il parlait lorsqu'il prononçait ce mot, « isolement ». De résidence surveillée en prison, d'expulsion en déportation, il était lui-même une sorte de sans-papiers infatigable, errant à la surface d'une « planète sans visa », persécuté par les staliniens, haï par les fascistes, et craint par les gouvernements du monde entier. Pourtant, cet exil était tout sauf volontaire, et, à l'image du grand proscrit réclamant l'asile aux nations d'Europe, le courant trotskiste, bouté hors du milieu ouvrier par les forces du Parti communiste, n'aura pas de cesse qu'il ne rentre à la maison, cette vieille maison du peuple et du socialisme dont il a le sentiment de détenir, lui seul, les véritables clefs. Aujourd'hui noyée dans les fantasmes, notamment depuis l'« affaire Jospin », la notion d'« entrisme » n'a donc pas d'autre sens, à l'origine, que le refus de cet exil radical imposé par la confiscation stalinienne.

Ainsi, perdus dans la forêt hostile où les avaient rejetés les hommes du Kremlin, les petits poucets trotskistes étaient en quête d'une demeure accueillante où ils pourraient retrouver l'esprit d'universelle camaraderie et venir se réchauffer, le temps d'un répit, au feu de l'internationalisme ouvrier. Cette maison d'accueil ne pouvait être que l'ancienne SFIO socialiste, au sein de laquelle le droit de tendance était reconnu, et où la montée des périls avait fait naître une opposition de gauche révolutionnaire, dont les trotskistes pouvaient espérer se faire entendre[1]. C'est donc là que les militants révolutionnaires se retrouvèrent, toutes sensibilités confondues, comme le rappelle Dina Vierny, alors jeune militante socialiste bientôt gagnée au trotskisme :

> *« Le trotskisme, c'était une tendance très à gauche de la jeunesse socialiste, dont je faisais partie, et la tolérante SFIO permettait tout. Ce sont les enfants du parti socialiste qui ont agi pour faire naître la IVe Internationale, ça, on l'oublie toujours. La SFIO des années trente était une maison familiale, tolérante et aimante. On pouvait entrer, on pouvait se chauffer. Nous, les trotskistes, nous sommes nés dans cette chaleur ! »*

Aujourd'hui directrice du musée Maillol, à Paris, Dina Vierny avait sept ans en 1926 lorsqu'elle est arrivée en France, avec ses parents, des socialistes russes fuyant la révolution d'Octobre. Toute sa vie, elle sera fidèle à une double tradition, à la fois artistique et politique, qui l'amènera à rejoindre le groupe

---

1. Au sein de la SFIO, le principal interlocuteur de Trotski et de ses partisans fut alors Marceau Pivert, enseignant farouchement républicain, ancien combattant de la Grande Guerre et dirigeant de la Gauche révolutionnaire. Voir Jean-Paul Joubert, *Révolutionnaires de la SFIO*, Paris, Presses de la Fondation nationale des sciences politiques, 1977.

Octobre au milieu des années 1930. Emmené par le poète Jacques Prévert, ce collectif théâtral tentait de « *réveiller les consciences* » en organisant des lectures de textes dans les usines et les grands magasins. En Juin 1936, Dina Vierny prendra également place au sein de la Chorale populaire de Paris, pour chanter du Berlioz dans les entreprises occupées, et notamment devant les vendeuses des Galeries Lafayette. Cette « chaleur » du mouvement ouvrier, qui la fit bientôt adhérer au trotskisme, elle l'avait rencontrée une première fois avec son père, à Paris, au cimetière du Père-Lachaise. Plus précisément lors d'une cérémonie organisée devant le mur des Fédérés, en l'honneur des communards tués en 1871, et à laquelle participait, entre autres, l'Association des écrivains et artistes révolutionnaires (AEAR), une association culturelle liée au PCF :

> « *L'année de l'arrivée de Hitler au pouvoir, en 1933, je suis allée avec mon père au mur des Fédérés. J'avais quatorze ans. Et le mur des Fédérés, c'était quelque chose de sensationnel : tout le Paris de gauche se levait et allait au mur saluer les trente mille morts de la Semaine sanglante. En premier marchaient les survivants de la Commune avec leurs drapeaux. Ils étaient quatre ou cinq. Derrière eux, les enfants socialistes. Puis les grandes organisations syndicales et le Parti socialiste. Beaucoup plus loin venaient le Parti communiste, les anarchistes, les militants des droits de l'homme... enfin tout le monde. Et alors qu'est-ce qui se passait ? Un théâtre ! On nous donnait le spectacle, mais un spectacle extraordinaire, car c'était un spectacle de la rue. L'AEAR dansait sur les tombes, chantait, déclamait, et nous donnait le frisson. C'est comme ça que j'ai dit : "Papa, je vais entrer dans ce mouvement-là. Parce que c'est la vraie expression."* »

Ne pas rester à l'écart, alors que les batailles de février 1934 ont inauguré une période de radicalisation politique ; regagner le grand cortège du mouvement ouvrier ; y reconquérir une place légitime en reprenant contact avec les travailleurs : telles sont donc les priorités, au milieu des années 1930, lorsque Trotski lance la consigne de l'« entrisme » dans la SFIO socialiste, pour exhorter ses jeunes compagnons français à revenir au bercail et à participer au combat de masse, « à drapeau déployé », en toute lumière. Ainsi cette stratégie de réinsertion collective était-elle explicitement exposée dans la presse trotskiste, comme le rappelle Pierre Lambert :

> « *Ils avaient un journal qui s'appelait* La Lutte ouvrière *à l'époque. Je suis allé l'acheter dans un kiosque, et là j'apprends qu'il fallait rentrer dans la SFIO. Quoi ! Des social-démocrates ! Jamais je n'irai dans un truc pareil ! Et puis j'ai continué à lire, et je me suis dit : tiens, c'est pas si bête... et j'ai été voir Fred Zeller, qui était secrétaire de l'Entente des jeunesses socialistes* [de la Seine], *rue Feydeau, et qui m'y a fait entrer.* »

De huit ans l'aîné de Lambert, Fred Zeller est connu pour avoir été le secrétaire particulier de Léon Trotski en Norvège, en 1935, avant de devenir, beaucoup plus tard, au début des années 1970, grand maître du Grand Orient, principale obédience maçonnique française[1]. Mais, lorsque le jeune Lambert vient le trouver, Fred Zeller n'est encore ni franc-maçon ni même trotskiste. Comme Dina Vierny, il appartient à la tendance de gauche des Jeunesses socialistes, dont il est l'une des figures dirigeantes. Issu d'un milieu d'instituteurs et d'artistes, peintre lui-même tout au long de son existence, Zeller est mort en 2003. Nous avions pu nous rendre chez lui quelques mois avant sa disparition, dans la demeure campagnarde où il s'était retiré, avec ses peintures, non loin de Bergerac, en Dordogne.

1. Fred Zeller a retracé son itinéraire dans *Témoin du siècle*, Paris, Grasset, 2000.

L'entretien eut lieu dans les jours précédant le premier tour de l'élection présidentielle et, à quatre-vingt-dix ans, Zeller avait encore assez de forces pour se réjouir des résultats flatteurs que les sondages prêtaient alors à la candidate de Lutte ouvrière : *« La petite Laguiller est bien foutue d'arriver devant le candidat communiste, ce qui pour nous autres est tout de même une revanche importante. Le fait d'avoir un Robert Hue derrière nous, dans une élection, n'est-ce pas sensationnel ?! »* s'enthousiasmait-il.

Bien que malade, il avait la verve des grands témoins, l'art de qui sait raconter le siècle au présent. Scandant son propos d'un *« nous, les jeunes »* plein d'assurance et de défi, il s'était tout de suite replacé dans le contexte de l'époque pour pointer les différentes sources de son engagement : l'immense « plus jamais ça » de l'après-14-18 (*« Cela, nous les nouvelles générations, nous ne l'avons pas pardonné aux aînés... »*), la révolte contre l'Union sacrée, dans l'effort de guerre, enfin la double opposition au stalinisme et au fascisme. Et c'est bien la SFIO que le jeune Zeller rejoint tout d'abord, afin de porter l'opposition et la volonté de rupture au sein même du parti socialiste. À peine inscrit aux Arts-Déco, à dix-sept ans, le voilà qui fait la tournée des réunions de rentrée des différents mouvements politiques présents au Quartier latin. Y compris ceux d'extrême droite, des étudiants d'Action française aux Jeunesses patriotes, dont les idées nationalistes et le maniement de la calomnie lui paraissent d'emblée inadmissibles. Puis ceux de gauche, anarchistes ou communistes, même s'il n'apprécie ni le flou théorique des premiers ni la violence langagière des seconds, notamment contre Blum et les socialistes, encore dénoncés comme « socio-fascistes ».

Puis vient enfin le moment du déclic, la rencontre

avec les porteurs d'espérance, racontée par Zeller sur le mode du coup de foudre :

« À l'époque, il n'y avait ni radio ni télévision, et on attachait beaucoup d'importance aux affiches, qui annonçaient des réunions sur n'importe quoi, aussi bien sur l'avenir de l'architecture que sur les moyens de se protéger contre la syphilis. C'est alors qu'avec mes camarades des Arts-Déco, on voit annoncer une réunion des Étudiants socialistes, et on se dit : "Faut y aller." À l'entrée, il y avait des groupes de défense organisés, il fallait montrer patte blanche, car au Quartier latin, la droite tenait le pouvoir absolu : chez les étudiants, en droit ou en médecine, c'étaient les patrons. Et vraiment ça bagarrait. Donc nous entrons dans la salle des Sociétés savantes, où il y avait quatre cents personnes, et Léon Blum est en retard : alors on voit arriver un grand gaillard avec son chapeau à large bord, comme les vieux socialistes de l'époque. Ça a été une ovation sans fin, et là, j'ai assisté à quelque chose d'extraordinaire. Enfin je découvre les gens que je cherchais, qui vous promettent une société bien différente, où on ne sera pas poursuivi sans arrêt par les huissiers, les juges, les flics, enfin tout cet appareil dégueulasse... Il nous fait rêver à un avenir superbe : la société actuelle va s'effondrer sous nos coups, ça va être le socialisme... alors on s'emballe, on s'emballe, et moi j'adhère aux Étudiants socialistes, j'avais dix-sept ans. »

Dans les rangs de la SFIO, Fred Zeller ne ménagera pas ses efforts, apprenant à défendre ses idées, à parler devant une assemblée, à faire des conférences historiques, notamment sur la Commune de Paris. De façon plus pratique, il s'initiera aux techniques de discipline collective qui permettent de protéger militairement une réunion publique ou une vente de journal contre les assauts de l'extrême droite. Enfin, il intégrera rapidement les petites astuces du militantisme « années trente », et d'abord la nécessité de faire vite, la nuit tombée, quand on décolle les timbres (alors obligatoires) des affiches des adversaires pour les mettre... sur celles de son propre parti ! Aussi suivra-t-il le mouvement d'insoumission qui emporte bientôt ses camarades les plus radicaux, en réaction à la montée en puissance des forces fascistes à travers le continent, et pour commencer en Allemagne.

En passant des Étudiants aux « Jeunesses » socialistes, de composition plus ouvrière, Fred Zeller aura l'occasion de côtoyer les militants trotskistes venus à la SFIO en vertu de la politique « entriste ». Très présents au sein de l'Entente de la Seine, ceux-là martèlent qu'il y a urgence, qu'un désastre est possible, et que seule l'unité des organisations ouvrières pourra faire barrage aux nazis. Ils préconisent une rupture tant avec la politique suicidaire du PC qu'avec les atermoiements de la SFIO, incarnés de façon pathétique par Léon Blum, dont Zeller devint progressivement l'un des critiques les plus virulents :

> *« Nous sentions la menace, nous, les jeunes, plus que les adultes, parce que nous avions reçu les Jeunesses socialistes autrichiennes, avec leurs petits uniformes, chemise bleue, cravate rouge, la fanfare, etc. Ils avaient fait la guerre civile et l'avaient perdue. Nous, on réagit d'une façon excessivement violente contre les trahisons de la vieille social-démocratie, et on lit les articles de Trotski, qui nous arrivent, comme d'autres, à la fédération. Or sur la question allemande, on s'aperçoit que le seul qui a vu juste, qui a senti le danger, c'est lui. »*

Le péril nazi tient une place toute particulière dans la réflexion de Léon Trotski, tout comme d'ailleurs dans la conscience politique de ses partisans. Et si nombre d'entre eux se sont engagés par horreur des crimes de Staline, plus nombreux encore, peut-être, sont ceux qui l'ont fait pour avoir eu connaissance des textes prophétiques que Trotski a consacrés au nazisme. Dès l'hiver 1931, par exemple, il écrivait ceci : « L'Allemagne vit aujourd'hui une de ses plus grandes heures historiques.

Le destin du peuple allemand, le destin de l'Europe, et dans une large mesure le destin de toute l'humanité pour toutes les décennies à venir, en dépendent. Quand on place une boule au sommet d'une pyramide, une faible poussée suffit à la faire rouler soit à droite soit à gauche. Telle est la situation dont l'Allemagne se rapproche d'heure en heure. Certaines forces veulent que la boule roule à droite et brisent les reins de la classe ouvrière. D'autres veulent maintenir la boule au sommet : c'est une utopie. La boule ne peut se maintenir sur la pointe de la pyramide. Les communistes voudraient que la boule roule à gauche et brise les reins du capitalisme. » Mais le problème, d'après Trotski, c'est que tout le monde ne désirait pas œuvrer en ce sens : « Parmi les fonctionnaires communistes, il y a pas mal, hélas, de carriéristes peureux et de bonzes qui chérissent leur petite place, leur salaire, et encore plus leur peau. Ces individus sont très enclins à faire parade de phrases ultra-gauches qui dissimulent un fatalisme pitoyable et méprisable. "On ne peut pas se battre contre le fascisme sans avoir vaincu la social-démocratie", dit le farouche révolutionnaire, et... il se prépare un passeport pour l'étranger. Ouvriers communistes, vous êtes des centaines de milliers, des millions, vous n'avez nulle part où aller. Il n'y aura pas assez de passeports pour vous. Si le fascisme arrive au pouvoir, il passera comme un tank effroyable sur vos crânes et vos échines. Le salut se trouve uniquement dans une lutte sans merci. Seul le rapprochement dans la lutte avec les ouvriers sociaux-démocrates peut apporter la victoire. Dépêchez-vous, ouvriers communistes, car il vous reste peu de temps[1] ! »

Au moment où les travailleurs allemands sont désarmés tant par la frilosité des socialistes que par le

1. Léon Trotski, « En quoi la politique actuelle du Parti communiste allemand est-elle erronée ? », 8 décembre 1931, repris in *Comment vaincre le fascisme*, Paris, Buchet Chastel, 1973, p. 67 et 86.

sectarisme aveugle des communistes, Trotski l'exilé est donc l'un des rares à souligner l'urgence d'un front unique ouvrier contre les bandes armées fascistes. À l'époque, la chose n'avait pas échappé à Fred Zeller et à ses camarades révolutionnaires de la SFIO :

> « *Alors ça, c'est la révélation. Car de son côté, Léon Blum, publiquement, dans* Le Populaire, *dit que jamais le fascisme ne passera en Allemagne et que ce clown de Hitler ne pourra pas arriver au pouvoir dans le pays de Goethe et de Schiller. Nous, nous sentions le contraire, avec Trotski : attention, si le fascisme allemand réussit à s'emparer du pouvoir, ce sera l'écrasement de la classe ouvrière et de tout ce qu'il y a de syndicalistes, de démocrates, etc. Ce sera impitoyable ! Pour nous, Trotski a raison. Nous l'écrivons, nous le disons, et puis nous sommes exclus...* »

Entre-temps, pourtant, l'ordre nazi régnera bel et bien à Berlin. Et pour Trotski comme pour ses compagnons de lutte, la défaite sans combat du prolétariat allemand, le plus puissant et le plus cultivé d'Europe, préfigure une catastrophe universelle. Une tragédie sans retour qui manifeste une fois pour toutes la trahison de Moscou et du Komintern, et qui appelle la fondation prochaine d'une nouvelle Internationale. Tel sera le sens d'une fameuse formule de Trotski, lorsqu'il assimilera la victoire de Hitler au « 4 août du stalinisme », dans une allusion à l'histoire de la Révolution française, pour signifier que, la IIIe Internationale étant désormais passée du côté de l'ordre établi, il était temps de préparer la fondation de la IVe (effectivement proclamée en 1938, dans un petit pavillon de la banlieue parisienne).

Mais pour l'heure, les responsables de l'Entente de la Seine sont brutalement exclus lors du Congrès des Jeunesses socialistes qui se tient à Lille en juillet 1935. Cette exclusion précipite l'évolution politique de Zeller, qui rejoint bientôt Trotski en Norvège. Plus substantiellement, elle constitue l'un des multiples signes du rapprochement entre la SFIO et le Parti communiste : en se débarrassant de cette jeunesse de plus en plus influencée par les idées révolutionnaires, les dirigeants socialistes donnent un gage supplémentaire à leur nouvel allié. De son côté, celui-ci a tiré les conclusions de son « grand tournant » de 1935, en acceptant la réunification des appareils syndicaux, et même la constitution d'une grande alliance élargie au Parti radical. Baptisée Rassemblement populaire, cette coalition électorale se présentera sur un programme caractérisé par l'« extrême modération des réformes envisagées[1] ». Deux jours avant le scrutin, *L'Humanité* allait titrer en une : « Pour l'ordre, votez communiste ».

Victorieuse aux élections d'avril-mai 1936, la coalition dite du « Front populaire » allait néanmoins échapper au contrôle de ses promoteurs, et déboucher sur l'immense mouvement social de Juin 1936, né en province pour gagner ensuite la région parisienne. Léon Blum n'avait pas encore eu le temps de former son gouvernement que déjà le pays était en grève, et des milliers d'usines occupées jour et nuit par leurs ouvriers, provoquant une paralysie qu'aucun des dirigeants du Front populaire n'avait anticipée. Largement spontanée, cette vague ouvrière était encouragée et soutenue par les syndicalistes et militants révolutionnaires, et notamment par les trotskistes. Trotski lui-même avait considéré cette effervescence sociale comme le début d'une véritable rupture politique, allant jusqu'à affirmer : « La révolution française est commencée ». Un enthousiasme qui devait rapidement retomber, mais qu'il n'était pas alors le seul à nourrir, ainsi qu'en témoigne Pierre Lambert :

---

1. Yves Santamaria, *Histoire du Parti communiste français*, Paris, La Découverte, 1999, p. 32.

« La grève générale de Juin 1936, c'est pas mal, c'est pas mal... c'était extraordinaire ! Des milliers, des millions qui reprenaient conscience d'eux-mêmes. Ils avaient été écrasés avec la Commune de Paris, ils avaient été écrasés par la guerre de 14-18, et ils reprenaient... C'est difficile, mais il faut comprendre ça... Ça existera encore, ça existera toujours, sauf si l'humanité est détruite par ceux qui aujourd'hui la gouvernent... Et ces millions de jeunes, dont je faisais partie, c'était un espoir formidable, et c'était un très, très bel été. Il y a eu deux très beaux étés : 1936... et 1940, mais celui-là, c'était pas pareil. Donc, c'était un très bel été. Bon, avec les illusions qu'on avait, et moi je les partageais. La seule question c'est qu'on n'avait pas tiré les leçons de ce qu'étaient en définitive l'appareil du PC et l'appareil socialiste. »

Oui, décidément, de l'été 1936 à celui de 1940, le climat aura beaucoup changé, la débâcle de juillet 1940 venant enterrer les espérances de Juin 1936. Car la « révolution manquée » du Front populaire, alimentée par l'impuissance du gouvernement Blum et par les reniements du Parti communiste, avait annoncé « ce temps obscur de la déception ouvrière et du triomphe patronal, de la montée du fascisme et du déclin de la démocratie[1] ». Avec la déferlante des bataillons nazis, et l'avènement du régime de Vichy, l'extrême droite allait enfin tenir sa revanche.

Quant à la leçon politique évoquée par Lambert, et que les plus jeunes des militants n'avaient pas encore tirée, selon lui, au moment de l'été 36, c'est le chef du Parti communiste lui-même, Maurice Thorez, qui la leur avait dispensée, en faisant de son parti le principal fossoyeur du Front populaire. Usant de son influence dans les milieux ouvriers, il devait peser de

1. Guy Bourdé, *La Défaite du Front populaire*, Paris, François Maspero, 1977, p. 9.

tout son poids pour faire cesser le mouvement de grève et les occupations d'usines. Face à la menace fasciste, avait-il martelé, ce n'était pas le moment d'affaiblir la France. La classe ouvrière ne devait pas s'aliéner ni effrayer les classes moyennes, la guerre civile ferait le jeu de Hitler... Et puis, avait argumenté Thorez devant les travailleurs en lutte, « il faut savoir terminer une grève ». Ce n'est pas sans raison que cette formule du chef communiste est restée célèbre jusqu'à aujourd'hui, tant elle signe la métamorphose d'un parti qui avait définitivement rompu avec toute perspective révolutionnaire, pour n'être plus qu'une courroie de transmission de la machinerie moscovite.

Et tandis qu'en France s'effondrait le Front populaire, tandis que dans chaque manifestation, devant la plus petite usine, les pestiférés trotskistes devaient ruser pour échapper aux violences staliniennes, en Union soviétique, de gigantesques mascarades judiciaires (les « procès de Moscou ») succédaient aux purges sanglantes pour finir d'éliminer un à un les « trotskistes » ou présumés tels. C'est-à-dire, comme s'en souvient encore Pierre Lambert, l'ensemble des témoins actifs, et toute la mémoire vivante d'Octobre 1917 :

> *« Le 20 août 1936, j'avais seize ans, je me souviens d'avoir acheté les journaux,* L'Humanité, Le Populaire *; j'étais dans un square de ma ville natale, Montreuil, et là je commence à lire : "Zinoviev, Kamenev, hitléro-trotskistes". Vous savez, le ciel serait tombé... Et c'est évident que toutes les divergences que je peux avoir avec X, Y, Z, sont liées à ça : pour moi, l'appareil stalinien, la puissance contraignante, la masse des calomnies, je n'ai jamais accepté. Vous vous rendez compte ? Zinoviev, Kamenev, Rakovski, Boukharine... les cadres du Parti bolchevik, tous assassinés ! Au nom de la révolution ! Alors, pour ceux qui étaient là, c'était pas facile. Mais*

vous savez, quand on est jeune, on continue, et ça nous fortifie. Et puis ça n'a rien d'original, ce sont des choses que des milliers et des milliers de jeunes ont vécues comme moi. »

2
Hier
Génération anticolonialiste

S'indigner, tâtonner, s'organiser. À quatorze ans. Comme des milliers. Rien d'original, c'est entendu, rien de bien extraordinaire. Ni dans les années 1930, ni encore dans les années 1960. Mais pour la nouvelle génération, plutôt que la menace fasciste, ce sera le spectacle des massacres coloniaux qui produira désormais l'étincelle privilégiée, et c'est en se soulevant contre eux que toute une jeunesse rebelle va renouer le fil de la continuité, pour retrouver à sa manière le langage, les réflexes et l'enthousiasme internationalistes de ses aînés.

De fait, la solidarité avec les « peuples opprimés » est fondatrice pour le mouvement révolutionnaire dans son ensemble. Ainsi, lorsqu'en 1930 l'armée coloniale écrasa dans le sang la mutinerie d'une garnison à Yen Bay, en Indochine, l'un des actes inauguraux de la Ligue communiste, première et minuscule organisation trotskiste française, fut d'organiser la solidarité avec les insurgés. Elle s'empressa d'ouvrir toutes grandes les colonnes de son journal, *La Vérité*, au jeune leader révolutionnaire indochinois Ta Tu Thau, qui se trouvait alors en France, afin de préparer avec lui une manifestation à Paris.

Dans un article intitulé, de façon toute symbolique, « du Mur à Yen Bay », les trotskistes affirmaient que cette marche devait articuler le souvenir de la Commune (la semaine sanglante, le mur des Fédérés...) à la protestation contre la répression qui s'était abattue sur les insurgés. Et donc lier les souffrances passées du Paris ouvrier aux combats présents des colonisés : « Chaque année, les ouvriers de Paris, en défilant devant le Mur, viennent sceller la tradition révolutionnaire des Communes futures, à la glorieuse histoire de la Commune de 1871. [...] À sa manifestation, le prolétariat doit donner un objet précis, en ces jours où l'héritière des Versaillais, la bourgeoisie française, s'apprête à massacrer trente-neuf des exploités de ses colonies. [...] L'opposition appelle tous les révolutionnaires, tous les ouvriers à se dresser vigoureusement pour arracher aux bourreaux capitalistes les trente-neuf révoltés de Yen Bay » [1].

Trois décennies plus tard, dans les années 1960, ce principe anticolonialiste n'apparaît plus seulement comme un impératif catégorique s'imposant à tout révolutionnaire digne de ce nom. Il semble constituer, désormais, l'option de la dernière chance. En effet, si la Seconde Guerre mondiale n'a pas provoqué la révolution européenne prophétisée jadis par Trotski lui-même, si elle n'a pas non plus entraîné l'éclatement du bloc soviétique, malgré le soubresaut yougoslave et la sécession de Tito, du moins a-t-elle révélé que les vieilles puissances « impérialistes » n'étaient pas sans faiblesses. Cela, les peuples « dominés » l'ont parfaitement compris, eux qui se révoltent aux quatre coins de l'empire, de Saigon à Tananarive en passant par Sétif.

S'ouvre alors un nouveau chapitre de la saga trotskiste, écrit par une génération de militants qui, pour la

1. *La Vérité*, 23 mai 1930. Cité in *L'opposition de gauche en Indochine entre 1930 et 1937*, Les Cahiers du CERMTRI, n° 100, mars 2001, p. 24.

plupart, n'ont connu ni la terreur stalinienne ni la barbarie fasciste. Leur colère se nourrit du sort réservé aux damnés du tiers-monde ; leur ferveur se porte d'emblée vers les luttes de libération menées au Vietnam, en Algérie ou encore à Cuba. On s'en souvient, les trois pères fondateurs de Lutte ouvrière, de la Ligue communiste révolutionnaire et du Parti des travailleurs (Barta, Pierre Frank et Pierre Lambert) avaient fait leurs débuts de militants sur le front antifasciste ; à la génération suivante, les trois figures qui représenteront ces organisations seront, elles, nées à la conscience politique en réaction aux drames coloniaux.

À commencer par Arlette Laguiller. Issue d'un milieu modeste, la porte-parole de LO a grandi en région parisienne. Chez elle, on n'était pas spécialement politisé, mais la lecture des journaux de gauche était tout de même de rigueur. Revenu démoralisé et *« brisé »* de la guerre de 1940, son père avait appris l'allemand dans les camps de prisonniers, et il avait pris en horreur le mot d'ordre des résistants communistes, « à chacun son boche ». Il était mort à l'âge de soixante-trois ans, alors que sa fille était encore jeune, mais il avait eu le temps de lui transmettre sa fibre internationaliste. *« C'est quelqu'un qui m'a beaucoup influencée »*, insiste-t-elle aujourd'hui, en évoquant une atmosphère familiale très libre, où l'on reçoit sans cesse les *« copines »* à la maison.

Et les copains, aussi, qui ont souvent seize ou dix-huit ans, et qui se prennent à penser que si la guerre d'Algérie dure encore ce sera bientôt leur tour de partir là-bas. À leur contact, la jeune Arlette va approfondir peu à peu sa conscience politique. Âgée de quatorze ans en 1954, au début de la « sale guerre », ses premiers élans d'indignation sont provoqués par la lecture d'articles consacrés à la torture dans des journaux alors labellisés « nouvelle gauche » et régulièrement censurés, comme *France Observateur* ou *L'Express*.

Bientôt auxiliaire dans une agence du Crédit Lyonnais, elle participe à la grève des banques de 1957. Un moment tentée par le Parti communiste, elle finira par reculer. D'abord parce qu'elle conserve à l'esprit l'image toute fraîche des troupes soviétiques déferlant dans Budapest pour écraser les conseils ouvriers : *« Malgré les attaques du* Figaro *contre le PC, qui me le rendaient plutôt sympathique, ça ne me paraissait pas terrible, cette histoire de tanks qui entraient à Budapest »*, sourit-elle aujourd'hui.

Ensuite parce que les positions du PCF sur l'Algérie lui paraissent pusillanimes. C'est d'ailleurs après avoir participé à un défilé parisien contre la guerre, une manifestation étudiante réprimée par la police, que la jeune femme saute le pas. En rejoignant le Parti socialiste unifié (PSU), une organisation née en 1960 et située à la gauche de la SFIO. Assez rapidement, elle y rencontrera des militants qui la mettront en contact avec le petit groupe Voix ouvrière, ancêtre direct de LO :

> *« Donc, avec quelques personnes de l'agence du Crédit Lyonnais où je travaillais, dans le XVIIIe arrondissement, à l'époque, on décide d'aller à cette manifestation étudiante. Il y a pas mal de monde, la police charge, on reçoit des coups, et un des camarades de mon agence, un vieux militant socialiste, est matraqué. Enfin il y a tout ça, et le soir, je rentre, je me dis "cette fois ça suffit, je vais quelque part ! Je sais pas où, je vais aller au PSU". Ils étaient là à la manifestation, ils ont soutenu, ils avaient l'air de vouloir faire quelque chose pour que les Algériens aient leur indépendance... Et c'est vrai que j'ai beau être d'une famille pauvre et être indignée par les injustices sociales, ce qui me motive le plus, c'est ce problème de la guerre d'Algérie. Et finalement le moteur de l'engagement est plus politique que social, contrairement à ce qu'on pourrait croire, peut-être, pour quelqu'un qui travaille et qui a du mal à joindre les deux bouts. »*

Être internationaliste comme on respire, tel demeurait donc le serment des jeunes qui allaient former le noyau dur des groupes trotskistes, et dont certains constitueront ensuite une partie des cadres du mouvement de Mai 68. De ce point de vue, le témoignage d'Arlette Laguiller est particulièrement éclairant. Membre dirigeant d'une organisation connue pour son activité quasi exclusivement tournée vers le monde de l'entreprise, la porte-parole de Lutte ouvrière a pourtant connu ses premières indignations politiques sur un autre terrain. Et de façon générale, bien avant la révolte devant la condition ouvrière ou la misère étudiante, l'anticolonialisme a constitué *« le terrain même de l'entrée en politique des soixante-huitards »*, pour reprendre une formule d'Henri Weber.

Avec des militants comme Gérard Verbizier, Janette Habel, Daniel Bensaïd ou encore Alain Krivine, Weber fait partie du cercle fondateur de la Jeunesse communiste révolutionnaire (JCR), ancêtre de l'actuelle LCR. Une organisation dont il fut longtemps l'un des dirigeants les plus en vue, jusqu'à ce qu'il rejoigne le PS en 1986. À l'origine, pour lui aussi, c'est la tragédie algérienne qui a constitué le vecteur d'une prise de parti précoce et partagée. Cette décision est de celles qui signent une génération :

> *« Nous, nous sommes venus en politique au plus fort des guerres d'émancipation coloniale, en Algérie, en Asie ou en Amérique latine. Il y avait impossibilité d'adhérer à cette société, qui après avoir porté deux guerres mondiales, une crise terrible, le fascisme et le nazisme, s'engageait dans une répression extrêmement violente, en dépit des principes qu'elle-même proclamait, contre les millions d'hommes du tiers-monde. Après le péché fasciste d'une partie de l'Occident, c'était le péché colonial. Mais il y avait aussi impossibilité d'adhérer aux forces qui contestaient cette société : qu'il s'agisse du Parti communiste, car nous sommes la génération de l'après-rapport Khrouchtchev, et nous savions ce qui se*

passait là-bas ; ou qu'il s'agisse des socialistes, car c'était la SFIO "mollétisée", qui incarnait tout ce que la jeunesse vomissait en politique, la compromission avec le système colonial, les prébendes... Donc là non plus il n'y a pas d'attrait. »

Répression de masse, viols, « gégène » et « corvées de bois ». C'est en lisant les journaux (notamment *Le Monde, Témoignage chrétien, L'Express* et *France Observateur*) et des livres (en premier lieu *La Question*, le témoignage d'Henri Alleg sur la torture, immédiatement saisi [1]), mais aussi, tout simplement, en regardant autour d'eux, que des jeunes comme Henri Weber découvrent « ces immondes et mornes cruautés [2] » qui font la réalité du temps. Si bien qu'ils finissent par sortir de leurs gonds, sans trouver toujours d'emblée le chemin des révolutionnaires. Et puisque le parti socialiste de Guy Mollet a lui-même mené la pire des guerres en Algérie, ils entrent souvent dans le giron des Jeunesses communistes, au moins dans un premier temps, faute de mieux. C'est le cas d'Henri Weber, qui y adhère alors qu'il est encore élève au lycée Jacques-Decour, à Paris. Il rejoindra ensuite à la Sorbonne l'Union des étudiants communistes (UEC).

Là se côtoient en effet de multiples tendances qui finiront par la faire exploser, au milieu des années 1960, chacune de ses sensibilités (communistes « orthodoxes », trotskistes, maoïstes...) attirant à elle différentes franges d'un mouvement étudiant en voie de radicalisation. Une effervescence militante et doctrinale dont Weber souligne aujourd'hui à quel point elle était inséparable de la brutalité coloniale :

« *La jeunesse était massivement politisée, pour la simple raison qu'à l'époque la tragédie était chez nous. Elle avait*

1. Henri Alleg, *La Question*, Paris, Éditions de Minuit, 1958.
2. Jean-Paul Sartre, « Une victoire », *L'Express*, 6 mars 1958, repris in *Situations V*, Paris, Gallimard, 1978, p. 88.

la figure de la guerre d'Algérie, des manifestations sauvagement réprimées. La politique, ce n'était pas simplement la meilleure façon de gérer : les valeurs, le sens de l'existence étaient directement en cause. Moi quand j'étais au lycée Jacques-Decour, à la station Anvers, on torturait dans les commissariats. C'était à Barbès, c'était à une station de métro ! »

C'est parmi les étudiants communistes que Weber fera la connaissance d'un certain Alain Krivine, lui aussi futur fondateur de la JCR/LCR, et dont il est toujours l'un des porte-parole aujourd'hui. Lorsqu'il gagne Henri Weber aux idées révolutionnaires, il y a déjà un bon moment que Krivine est trotskiste. Mais ce fils de médecin socialiste avait lui aussi commencé par adhérer aux jeunesses du PCF, au milieu des années 1950, alors qu'il était encore élève au lycée Condorcet, à Paris. À quatorze ans, et par dégoût de la répression menée en Algérie. Ainsi, pour lui et ses futurs camarades de la JCR, comme pour leurs aînés des années 1930, le passage par la sphère d'influence communiste, d'abord, puis la rupture avec l'univers stalinien, représentent encore la scansion classique du parcours militant qui mène un adolescent sur le chemin de l'engagement révolutionnaire. À cette époque, le Parti communiste demeure un sas privilégié avant l'entrée en trotskisme. Mais la première cause de divorce avec le Parti ne se trouve plus dans sa politique suicidaire vis-à-vis du fascisme, ou dans l'indignation suscitée par les procès de Moscou – grands ou petits, lointains ou familiers. Les déceptions décisives, cette fois, concernent en premier lieu la ligne du PC à l'égard du conflit algérien.

En effet, loin du souffle internationaliste qui l'avait animé, trente ans plus tôt, lors de la guerre du Rif, au Maroc, le parti de Thorez et de Duclos est désormais beaucoup plus timide sur les questions coloniales. Au moment des soulèvements de Sétif et de Guelma, en 1945, *L'Humanité* n'avait-elle pas dénoncé un complot de « provocateurs », voire d'« agents hitlériens », et appelé à « châtier impitoyablement » les responsables ? Dès l'insurrection dite de la « Toussaint rouge » (1954), et tout au long de la guerre, le puissant Parti communiste se contente d'agiter le mot d'ordre « Paix en Algérie », sans vraiment préciser de quelle paix il s'agit.

Bien plus, et contre l'élan spontané d'un grand nombre de ses militants, la direction du PCF condamne tout soutien aux insurgés et va jusqu'à voter les pouvoirs spéciaux à Guy Mollet (mars 1956), ouvrant la voie non seulement à la mobilisation du contingent, mais aussi à l'intensification de la violence militaire... Autant de facteurs qui expliqueront l'amertume de certains cadres du Parti, et surtout la désaffection rapide d'une large frange de sa jeunesse. Et par exemple du lycéen Krivine :

> « *Généralement on est gagné sur un ou deux points, et à partir de là, étant donné le caractère complètement minoritaire du mouvement, on tire très vite une ligne qui rejoint tous les points. Pour moi, ç'a été tout bêtement la guerre d'Algérie. J'étais un des meilleurs vendeurs de* L'Avant-Garde, *le journal des JC ; comme récompense, on m'a envoyé au Festival de la jeunesse de Moscou. Là-bas, j'ai rencontré la délégation algérienne. J'ai voulu imposer une réunion commune avec notre délégation, mais ils trouvaient que c'était dangereux, qu'on serait mal vus en France, que c'étaient des clandestins, des terroristes... Et donc quand je suis rentré en France, la seule chose que je voulais faire, c'était aider le FLN. C'est comme ça que je suis tombé dans les réseaux de soutien : avec l'aide des cheminots et des signaux rouges, on stoppait les trains de soldats en partance pour l'Algérie, on leur balançait des tracts... Et au bout d'un an et demi je me suis aperçu que l'organisation dans laquelle je militais, qui s'appelait Jeune Résistance, était en partie dirigée par des trotskistes. Mais c'est venu à travers*

un élément : la révolution coloniale. Et puis après tout est venu en grappe ! »

La guerre coloniale va donc provoquer une réaction en chaîne : la prise de distance vis-à-vis du PC, qui débouche sur les retrouvailles avec la tradition révolutionnaire. Mais aussi le « rejeu » du vieux réflexe antifasciste, qui trouve de nouveau toute sa vigueur, au moment où le conflit algérien provoque le réveil de l'extrême droite française.

De fait, dès le début des années 1950, la défense de l'Algérie française est déjà au cœur du mouvement populiste de Pierre Poujade, qu'un caricaturiste de *L'Express* surnommait « Poujadolf ». Mais au milieu de la même décennie, le combat contre la « liquidation de l'empire » devient le cri de ralliement d'une nébuleuse fascisante qui avait dû se faire un peu plus discrète depuis la Libération, et qui reconnaît là le vrai levier de sa renaissance politique. Pétainistes en vareuse, desperados du front indochinois, exégètes de Brasillach ou zélateurs du Christ Roi : tous rêvent de porter la violence jusqu'au cœur de Paris, et battent le rappel pour sauver l'Occident, casser du « bougnoule », du « bolcho », et en finir une bonne fois avec la République.

D'où la réactivation d'un imaginaire issu en droite ligne des années 1930, qui fait le lien, via la question coloniale, avec les expériences de la « génération antifasciste ». Face à des commandos qui s'inscrivent ouvertement dans la tradition ligueuse et putschiste, le mouvement ouvrier puise lui aussi dans sa mémoire pour faire face au danger, et d'abord pour le nommer. Un seul exemple : lors du fameux coup de force militaire du 13 mai 1958, à la faveur duquel le général de Gaulle allait se trouver porté au pouvoir, le lieutenant Le Pen et ses compagnons d'armes descendent les Champs-Élysées en hurlant « les députés à la Seine ! »,

« Algérie française ! », et gagnent la place de la Concorde dans l'idée de prendre d'assaut l'Assemblée. De son côté, le Parti communiste en appelle à un « front unique » de toute la gauche pour faire barrage aux « bandes fascistes » qui menacent la démocratie. Bien sûr, les différences sont évidentes et nombreuses entre les deux périodes, mais le souvenir de l'année 1934 – en sa double séquence 6 février (émeutes d'extrême droite)/12 février (riposte du mouvement ouvrier) – est néanmoins dans tous les esprits : « La classe ouvrière réagira avec vigueur comme le 12 février. Elle s'unira pour une puissante action qui balaiera les factieux », lance d'ailleurs solennellement la CGT. Peu de temps après ces événements, la très sérieuse revue *L'Année politique*, et son directeur, André Siegfried, ne définiront-ils pas les troubles du 13 mai 1958 comme « un 6 février qui a réussi[1] » ?

Les répercussions politiques de la guerre d'Algérie en métropole semblent donc créer de nouveau les conditions d'une bataille contre le « fascisme ». Pur fantasme, épouvantail illusoire, tout juste bon à se faire peur ? Pas si sûr : « la cause de l'Algérie française a incontestablement ouvert à l'extrême droite le champ d'un processus plausible de fascisation qu'attendaient depuis si longtemps quelques-uns de ses groupes de combat[2]. » Parmi les plus déterminés d'entre eux, le mouvement Jeune Nation s'était créé en 1949 pour promouvoir un État « nationaliste, autoritaire, populaire et hiérarchisé », et faire barrage à l'« invasion des parasites métèques ».

C'est notamment pour lui faire pièce qu'avait été fondé le groupe Jeune Résistance, depuis lequel Alain

1. Cité in Danielle Tartakowsky, *Le pouvoir est dans la rue. Crises politiques et manifestations en France*, Paris, Aubier, 1998, p. 139 et 147.

2. Jean-Pierre Rioux, « Des clandestins aux activistes », in *Histoire de l'extrême droite en France*, sous la direction de Michel Winock, Paris, Le Seuil, coll. « Points », 1994, p. 234.

Krivine et quelques autres basculèrent dans le trotskisme. Aussi cette première expérience s'est-elle prolongée, au tout début des années 1960, au sein du Front universitaire antifasciste (FUA). Une organisation encore plus activiste, quasi militarisée, créée par des militants de la Sorbonne membres de l'UEC, et qui se donne pour objectif de combattre les ultras de l'Algérie française. Ces derniers, après l'échec du putsch des généraux[1], vont se doter d'une structure clandestine de type terroriste : l'OAS (Organisation de l'armée secrète), dont les opérations meurtrières, de l'autre côté de la Méditerranée, et les attentats à répétition, en France, sont restés dans toutes les mémoires. Seront ainsi plastiqués, parmi tant d'autres cibles, les domiciles de Pierre Frank et d'Alain Krivine.

Dans un premier temps, le FUA se propose donc d'expulser les militants d'extrême droite du Quartier latin. Chaque jour, ses membres se retrouvent à leur permanence, place de la Sorbonne, à midi pile, tandis que d'autres patrouillent à moto. Dès qu'une vente de journaux ou une distribution de tracts sont repérées, la petite troupe s'ébranle afin de les *« déloger »*, pour reprendre le terme utilisé par Krivine :

> *« Un jour, on a tendu un piège à trois types qui voulaient adhérer au FUA : on savait que c'étaient des gens de l'OAS. On les a emmenés dans une maison, ça a été tout un cirque. Peu à peu, on les a mis en contradiction. Les types du service d'ordre sont arrivés, ils les ont ceinturés et, sans les brutaliser, on les a remis aux flics, vers trois heures du matin. Et ce qui prouve la bêtise de ces jeunes, c'est qu'ils avaient plein de fichiers sur eux, des listes de militaires... on était tombés sur les plastiqueurs, ou les complices des plastiqueurs du* Figaro ; *lequel a publié sur nous un article élogieux... et en même temps un peu gêné ! »*

1. Le 21 avril 1961, plusieurs généraux opposés à l'indépendance avaient tenté de prendre le pouvoir en Algérie.

À l'époque du FUA, Krivine et ses amis sont encore membres de l'Union des étudiants communistes. Mais le FUA s'est constitué, déjà, contre la volonté du PCF, à l'initiative d'un groupe dont la principale force était de contrôler la plus grosse section de l'UEC, et notamment le « cercle histoire » de la Sorbonne. Parmi ceux-là, tous ne sont pas trotskistes, loin s'en faut. On compte des militants de multiples tendances, qui n'ont en commun que leur opposition à la ligne du Parti. Cependant, c'est dans cet épisode de guérilla anti-OAS que se sont trempés certains des caractères trotskistes les plus combatifs, et que se sont dessinées bien des caractéristiques de ce qui deviendra la Jeunesse communiste révolutionnaire, comme y insiste encore Alain Krivine :

> « *Le FUA, ça n'a pas été seulement la première initiative de masse en dehors du contrôle du PC. C'était aussi la volonté de faire quelque chose d'unitaire, c'est-à-dire d'associer à notre action d'autres courants, comme les Jeunesses étudiantes catholiques, par exemple, et des intellectuels, des artistes, en créant une structure de parrainage. Il y avait tout le temps des réunions chez Sartre, Beauvoir, Laurent Schwartz. À ce moment-là, on a appris à créer un mouvement de masse unitaire, et à y associer vraiment un maximum de compétences, politiques mais aussi intellectuelles et artistiques... Plus tard, à la JCR et à la Ligue, il y aura le travail au sein de l'armée, les comités de soldats, les arrestations, et donc la nécessité d'organiser le soutien démocratique pour épauler ceux qui étaient en prison, que beaucoup de dirigeants actuels de la Ligue ont connue... on a donc retrouvé le même type d'action qu'on avait mené pendant la guerre d'Algérie.* »

En attendant, cette mobilisation active contre la « menace fasciste » ne pouvait laisser indifférente la direction du Parti communiste. Comme en 1934, celle-ci fut entraînée par sa base dans un combat auquel elle avait longtemps répugné. Devant la dissidence d'une partie de sa jeunesse, et face à la mobilisation de plusieurs intellectuels de renom (le philosophe Jean-Paul Sartre, le mathématicien Laurent Schwartz, le physicien Jean-Pierre Vigier...), l'appareil du PCF fut contraint de se joindre au mouvement. Le 7 février 1962, les hommes de l'OAS déposent un pain d'explosif dans la loge des concierges de l'écrivain André Malraux. Le visage aveuglé et défiguré de la petite Delphine Renard, leur fille de quatre ans, fera la une des journaux. Le lendemain, le PCF et les forces syndicales se décident à organiser une grande manifestation de « défense républicaine », d'abord interdite par les autorités puis violemment réprimée par le préfet de police Maurice Papon. Cela se passait six ans avant Mai 68. En février, encore une fois.

Le dénouement tragique de ce défilé, dans la station de métro Charonne transformée en piège sanglant, marquera au fer rouge la mémoire de toute une génération. Celle du petit Daniel Bensaïd, entre autres. Fils d'un cafetier toulousain né à Oran, le futur philosophe de la LCR est né très tôt à la politique, au bar des Amis que ses parents tenaient à la sortie de Toulouse. À peine adolescent, ce « rejeton du bistrot » se prend d'amitié pour le fils du médecin de famille. Celui-ci est à la fois communiste et ancien résistant, et, en 1961, sa maison est plastiquée par l'OAS... Pour le jeune Bensaïd, c'est le moment d'une prise de conscience qui le fera bientôt adhérer aux Jeunesses communistes. Il a quatorze ans : « Le coup d'État gaulliste, les barricades d'Alger, l'OAS semèrent la zizanie dans le lycée. Une lutte s'instaura, sourde d'abord. Puis une guerre ouverte. Certains adoptaient des allures martiales pour entonner virilement le *Chant des Africains.* J'ai choisi l'autre camp. Influences familiales, amicales, affectives ? Qu'importe. On s'engage et puis on voit. [...] Si je n'avais pas entendu parler des ratonnades d'octobre 1961, les morts de Charonne me firent sauter le pas[1]. »

« Charonne », donc, comme événement fondateur. Même et peut-être surtout quand on ne l'a pas vécu directement. Quand on était trop jeune pour en avoir été. Le manque, décidément, le deuil à l'origine des générations... Huit cadavres à la station Charonne. Huit corps opposés à la guerre, broyés par la charge policière. La scène est évoquée par une lycéenne à la voix grave et bouleversée, dans le film de Diane Kurys, *Diabolo menthe* (1977). Elle est également centrale dans le roman d'apprentissage signé Thierry Jonquet, *Rouge c'est la vie*, dont le personnage principal s'appelle Victor : « Un soir de février 1962. Victor avait huit ans. La rue de la Roquette est proche du boulevard de Charonne. Des cris, des explosions. Le Parti manifestait pour la paix en Algérie. Il était tard, il faisait nuit, son père décida "d'y aller". Victor resta seul avec sa mère. Encore des cris, des explosions. C'était lointain, étouffé. Ce soir-là, Victor n'attendit pas le retour de son père pour s'endormir. Le lendemain matin, il vit des chaussures dans les caniveaux, des écharpes, des vestes. Il s'était passé quelque chose de grave, d'irréparable. Même un gosse de huit ans pouvait le comprendre[2]. »

Largement autobiographique, le récit de Jonquet dit la naissance et la destinée d'une insoumission. Aujourd'hui connu pour son œuvre d'écrivain, cet auteur de polars a longtemps milité au sein du mouvement trotskiste, d'abord dans les rangs de Lutte ouvrière, puis dans ceux de la LCR. À l'origine, pourtant, son milieu familial le prédisposait plutôt à entrer dans le giron du PCF, dont ses parents étaient tous deux sympathisants. Salarié de la RATP, son père

1. Daniel Bensaïd, *Une lente impatience*, Paris, Stock, 2004, p. 46-48.
2. Thierry Jonquet, *Rouge c'est la vie*, Paris, Le Seuil, coll. « Points », 1998, p. 44.

envoyait le jeune Jonquet dans les colonies de vacances du comité d'entreprise, encadrées par des militants de la CGT, et mille fois il s'est entendu dire : *« Vous êtes les enfants de la classe ouvrière. »* Comme celle d'Arlette Laguiller, mais avec quelques années de décalage, sa rébellion d'adolescent s'est forgée dans le vacarme des conflits coloniaux. Pour lui, il s'agira non plus de l'Algérie mais de la guerre du Vietnam. Lui aussi commencera à douter du Parti communiste en faisant l'expérience de sa politique, au quotidien, alors que sous ses yeux se déploiera le mouvement de Mai 68. Et puis encore quand il percevra l'écho lointain des blindés soviétiques. En Tchécoslovaquie, cette fois, et non plus en Hongrie :

> *« Je vivais dans un environnement culturel qui était celui du PC. Au lycée Charlemagne, je me posais toute une série de questions, j'étais en contact avec des militants de la JC, et naturellement j'allais vers ces gens-là, parce que c'était un peu ma famille. Là-dessus est arrivé Mai 1968. Moi j'étais très enthousiaste. Et là j'ai vu les gens de la JC faire tout ce qu'ils pouvaient pour faire cesser le mouvement. Ils passaient leur temps dans la cour du lycée à expliquer qu'il fallait rentrer chez soi. Et moi je ne comprenais pas. Au même moment, Séguy* [Georges Séguy, secrétaire général de la CGT] *se faisait siffler à Billancourt quand il annonçait la fin de la grève. Partout on voyait les militants du PC se mettre en travers du mouvement. Dans la foulée il y a eu l'intervention soviétique à Prague, et alors là, même dans ma petite tête de quatorze ans, tout ça commençait à s'aligner, les pions se mettaient en place, et je me disais : bon, ces gens-là sont des traîtres ! »*

Pour maints jeunes révoltés, en effet, cette double « trahison » (sabotage du Mai français et répression du « Printemps de Prague ») achèvera de disqualifier le Parti communiste. On l'a vu, son image était déjà largement écornée, et c'est sur un troisième front que sa réputation de « frilosité » s'était vraiment décidée :

celui de la solidarité anti-impérialiste. De 1962 à 1968, de l'Algérie au Vietnam, jusqu'à Cuba et à travers l'Amérique latine, un peu partout éclate la rébellion armée, et toute une génération se trouve mise à feu par les braises anticoloniales.

Autant de causes à embrasser, de luttes à soutenir, dans un siècle qui semble démentir tous les pronostics de Marx et de Lénine. Ces derniers n'avaient-ils pas prophétisé que les nations d'Occident seraient le lieu d'élection privilégié de l'incendie révolutionnaire ? Là le prolétariat était né, il avait pris conscience de sa force, développé ses organisations, ses outils collectifs et sa culture politique propre. Et c'était d'abord là, par conséquent, qu'il devait provoquer le grand chambardement. Or tout au long du XXe siècle, de Moscou à La Havane en passant par Pékin, la révolution avait élu domicile dans des pays pauvres et sous-développés, très loin des puissantes « métropoles impérialistes ».

Pour comprendre ce « détour » imprévu, les jeunes révolutionnaires des années 1960 ont appris à appréhender le monde en le divisant en trois domaines distincts : le bloc soviétique, le bloc occidental et les pays du tiers-monde. Formalisée d'un point de vue militant, cette grille de lecture peut être utilisée pour envisager de façon dynamique les « trois secteurs de la révolution mondiale » : la révolution sociale devait toujours advenir dans les « métropoles impérialistes » ; la situation politique de l'URSS et des pays de l'Est appelait, quant à elle, une « révolution antibureaucratique » visant à renverser les dictatures staliniennes ; enfin, les pays dominés des anciens empires ne manqueraient pas de s'engouffrer les uns après les autres dans la brèche de la « révolution coloniale ». Or, malgré les secousses de Budapest (1956) et de Prague (1968), la « révolution antibureaucratique » s'est longtemps fait attendre ; tout comme la révolution sociale dans les pays développés d'Occident ; en comparaison, les pays du tiers-monde ont été le théâtre de nombreuses révoltes de masse.

D'où l'immense popularité d'une figure emblématique comme celle d'Ernesto Che Guevara, dont les mots résumaient à eux seuls l'espoir de toute une jeunesse aux préoccupations globalisées : « Comme nous pourrions regarder l'avenir proche et lumineux, si deux, trois, plusieurs Vietnam fleurissaient sur la surface du globe, avec leur part de morts et d'immenses tragédies, avec leur héroïsme quotidien, avec leurs coups répétés assénés à l'impérialisme, avec pour celui-ci l'obligation de disperser ses forces, sous les assauts de la haine croissante des peuples du monde ! » avait lancé le guérillero latino-américain dans son message testamentaire à la conférence Tricontinentale, en août 1967, c'est-à-dire quelques semaines avant son assassinat en Bolivie, sur ordre de la CIA. Moins célèbre, et prononcé en français, deux ans plus tôt, son « discours d'Alger » avait articulé la critique de l'URSS avec une vision internationaliste qui faisait converger tous ces fronts vers une seule et même rébellion : maquis algériens, résistance vietnamienne, guérilla en Amérique latine.

C'est par solidarité avec cette dernière guérilla qu'un autre dirigeant de la LCR, François Sabado, est entré en politique. Aujourd'hui employé de l'ANPE, il est non seulement l'homme à tout faire de son organisation, mais aussi, sinon le mentor, du moins le tuteur bienveillant d'Olivier Besancenot. Issu d'un milieu d'immigrés espagnols, il a été bercé, très jeune, par les récits de la guerre civile. Une grand-mère et un oncle anarchistes, un père membre du PC lui ont transmis la haine du fascisme et la passion politique à l'échelle planétaire. Quand survient Mai 68, cette sensibilité vient se greffer sur une effervescence collective dont l'internationalisme est l'un des maîtres mots. Élève au lycée Voltaire, à Paris, il rejoint alors la JCR, à l'âge de quatorze ans, par l'entremise de Romain Goupil, futur cinéaste, qui réalisera plus tard le film *Mourir à trente ans* (1982) :

> *« Dans mon lycée, c'est Romain qui animait les grèves. Et sur le bahut, la JCR, c'étaient les gens qui apparaissaient les plus sympas, les plus radicaux, les plus à même d'enthousiasmer. Ce qui m'attirait dans le trotskisme c'était la solidarité avec les peuples, par opposition aux Jeunesses communistes que je trouvais trop molles, et aux maos qui vantaient le socialisme dans un seul pays, et que je trouvais trop nationalistes. J'étais guévariste avant d'être trotskiste, et le trotskisme m'apparaissait comme un guévarisme conséquent en Europe. C'était l'identification avec des éclaircies révolutionnaires, qui avaient des limites, des faiblesses, mais qu'il fallait saisir à pleines mains. La première fois que j'ai été arrêté par la police, j'avais quinze ans. J'avais vendu* Rouge [le journal de la JCR] *à la sortie du lycée, et c'était interdit. J'avais sur moi des billets de solidarité avec la Bolivie, dont la vente servait à acheter des armes pour les guérilleros. Or mon père avait fait les Brigades internationales, pendant la guerre d'Espagne. Donc, chez moi, il y avait l'idée d'une certaine continuité. »*

Pour le père de François Sabado, qui avait donc combattu, dans les années 1930, au sein des Brigades, proches du PC, tout comme pour le reste de sa famille, largement liée au Parti, voir cet adolescent s'engager dans les rangs des trotskistes posait cependant problème. *« Il est jeune, ça va lui passer »*, murmurait son oncle pour rassurer les parents. Mais rien n'y fit. Furieux, son père décida alors de lui dire droit dans les yeux qu'il avait lui-même pourchassé les militants du POUM (Parti ouvrier d'unification marxiste, le mouvement révolutionnaire le plus proche de la sensibilité trotskiste durant la guerre civile espagnole), parce qu'ils étaient *« les ennemis de la République et du camp antifasciste »*. C'était aux premiers jours du mois de Mai, et le petit Sabado s'en était trouvé quelque peu perturbé :

> « *Le lendemain, je vais voir Romain, je lui dis qu'il y a un problème, et que je veux savoir ce que les trotskistes ont fait pendant la guerre d'Espagne. Il m'a répondu : "Écoute, je vais te présenter à un camarade, il va te raconter l'histoire." Je me souviens, c'était un gars qui était plus vieux, il était en terminale, et se baladait toujours avec une pipe et* Le Capital [de Karl Marx] *à la main. C'était l'intello du groupe, et il m'a tout expliqué : le fait que les "stals" avaient écrasé la révolution espagnole, qu'ils avaient pourchassé les anarchistes et les militants du POUM... moi je découvrais, je lisais, et ça me stimulait...* »

Un certain esprit « trotsko-guévariste » a donc précipité le jeune Sabado dans l'aventure de Mai. Comme des milliers de ses camarades, il aura eu le sentiment de relever ainsi un drapeau internationaliste délaissé par les représentants de la gauche officielle. Dans les années suivantes, on le verra d'ailleurs sillonner l'Amérique latine pour y soutenir les mouvements de guérilla, notamment au Nicaragua. Mais c'est un autre conflit, cependant, qui aura constitué la toile de fond la plus incandescente du soulèvement soixante-huitard : « le Viêt-nam est la clé de la situation mondiale, une épreuve de force décisive de l'impérialisme américain contre la révolution coloniale et le mouvement ouvrier tout entier », allaient bientôt affirmer Daniel Bensaïd et Henri Weber dans un premier livre bilan[1].

En effet, dès 1966 s'étaient formés divers « comités Vietnam » contre la guerre, et depuis lors, la plupart

1. Daniel Bensaïd et Henri Weber, *Mai 68 : une répétition générale*, Paris, François Maspero, 1968, p. 21. Écrit à chaud, juste après l'explosion sociale, et alors que les principales organisations d'extrême gauche venaient d'être dissoutes, cet ouvrage a été rédigé dans l'appartement de l'écrivain Marguerite Duras, où les deux jeunes révolutionnaires s'étaient réfugiés pour échapper à la police.

des mobilisations étudiantes s'étaient déployées autour du soutien aux combattants du Front national de la libération (FNL). Thème fédérateur, bien au-delà des frontières, alors que l'offensive du Têt, lancée par le FNL en janvier 1968, et les terribles massacres qui s'ensuivirent, font jouer à ce conflit un rôle de cristallisation central, bien au-delà des frontières. Nul hasard, dès lors, que l'événement déclencheur du Mai français soit directement lié à ce contexte : le 20 mars 1968, le siège de l'American Express, à Paris, est la cible d'une manifestation offensive organisée par les Comités Vietnam. Très vite, l'arrestation d'un de ses membres, étudiant à Nanterre, entraîne l'occupation du bâtiment administratif de l'université. C'est la création du fameux Mouvement du 22 mars, qui débouchera lui-même sur les journées de Mai.

Si bien que la plupart des jeunes révolutionnaires vont faire leurs premières armes sur ce terrain. Parmi eux, Daniel Gluckstein, ancien militant de la JCR, qui a rejoint le groupe de Pierre Lambert en 1979. Actuel secrétaire national du Parti des travailleurs et candidat de cette organisation à l'élection présidentielle de 2002, Gluckstein a la réputation d'un « ouvriériste » qui insiste d'abord et avant tout sur l'implantation de son mouvement dans les entreprises, et sur son travail au sein du mouvement syndical. Au jour de notre entretien, Gluckstein nous a d'ailleurs attendus avec un gros dossier sous le bras : *« La lutte des classes, vous savez, c'est très concret ! Voyez, j'ai ici un rapport concernant les conditions de travail des employées à la Sécurité sociale... »* Et de nous raconter comment, quelques semaines plus tôt, des jeunes femmes avaient été contraintes de porter, au cours d'une seule matinée, deux cent soixante et onze boîtes de dix kilos chacune, en violation du droit du travail. Saluant la *« lutte acharnée »* des syndicats pour faire respecter les règles d'hygiène et de sécurité, et dénonçant le chantage au licenciement de la direction, il avait conclu : « *Nous vivons une période de précarité généralisée, et les conventions sociales, les statuts, les garanties collectives, on s'assoit dessus. Faut-il accepter ça ?* »

Voilà pour la faconde, un brin surjouée, chez cet homme visiblement méfiant, très rétif aux confidences personnelles : « *C'est de la petite histoire* », avait-il plus d'une fois lancé, pour justifier ses dérobades, et pour éviter d'avoir à faire retour sur son propre itinéraire. Avant de consentir enfin, du moins en partie, à livrer le récit de ses débuts militants : né en 1953 (très précisément deux jours avant la mort de Staline...), ayant grandi à Champigny-sur-Marne, dans le fief de Georges Marchais, au milieu des enfants de dignitaires communistes, le futur prof d'histoire s'est fait très tôt « *une opinion définitive* » sur le PCF. D'autant plus que Daniel Gluckstein était issu d'une famille liée de longue date au mouvement ouvrier, et plus exactement au Bund (Union générale des travailleurs juifs de Russie, Pologne et Lituanie, fondée en 1897). Si bien que toute son enfance fut bercée par les récits de ce qu'était la réalité du régime soviétique, de ses crimes et de ses perversions. Lorsque l'adolescent décida de participer au fracas des idées, cette éducation antistalinienne ne fut pas pour rien dans ses premières orientations. Et c'est lui aussi sur le front anticolonial que le très « ouvriériste » Gluckstein s'est éveillé à la conscience politique :

> « *Comme tous les jeunes, j'étais préoccupé par ce qui se passait, les grèves ouvrières, une société capitaliste qui n'avait pas l'air d'avancer... Et bien sûr j'étais révolté par la guerre du Vietnam. J'ai donc commencé par militer à Champigny, dans un comité Vietnam, et là j'ai fait comme des milliers de jeunes : j'ai vendu des journaux, collé des affiches, je me suis fait casser la figure par les militants du PC, sur le marché, chaque dimanche. Très naturellement, j'ai rejoint la JCR, peu avant 1968. J'avais quatorze ans.*

À l'époque, beaucoup de gens faisaient de la politique au même âge, ça n'avait rien d'exceptionnel. La seule chose, c'est qu'un bain politique familial m'avait rendu d'instinct réfractaire au stalinisme. Et si à quatorze ans on n'aspire pas à un monde nouveau, on n'y aspirera jamais. Moi j'y aspirais déjà très jeune, et cela passait par le combat pour le socialisme, c'est-à-dire le retour aux fondements du mouvement ouvrier, débarrassés des oripeaux du stalinisme, bien sûr ! À quatorze ans, on cherche, on a la vie devant soi. À quatorze ans, on aspire à la libération de l'humanité, pas au stalinisme. À quatorze ans, on n'aspire pas à la dictature. »

3

Et maintenant ?

Génération altermondialiste

Encore une étape, et le paysage semble bouleversé. Le chemin parcouru n'est pourtant pas immense mais il aurait suffi pour que le désert s'installe. Vingt ans à peine après la tempête 68, tout ne serait que ruines. De fait, les élans de jadis apparaissent frappés d'étrangeté. Quoi ? Changer le monde ? À quatorze ans ? Non, décidément, ce n'est plus l'air du temps. S'il s'en trouve encore, des jeunes gens, les mots de feu (insoumission, engagement, révolution) ne leur inspireraient qu'un sourire entendu. Désormais, ces généreux discours seraient condamnés à résonner dans le vide. Comme si, entre Mai et maintenant, il ne pouvait y avoir de lien. Hier, l'effervescence ; aujourd'hui, le calme plat, et un seul mot d'ordre : « Chacun pour soi ! » Singulière rupture, à la fois d'époque et de sentiments.

Ainsi en décida du moins la rumeur publique, dite « postmoderne ». Elle alla jusqu'à diagnostiquer, en ces domaines, une véritable « mutation anthropologique ». Depuis les années 1980, expliquait un essai fameux, « la dépolitisation et la désyndicalisation prennent des proportions jamais atteintes, l'espérance révolutionnaire et la contestation étudiante ont disparu, la contre-culture s'épuise, rares sont les causes encore capables de galvaniser à long terme les énergies [...]. Seule la sphère privée est sortie victorieuse de ce raz de marée apathique ; veiller à sa santé, préserver sa situation matérielle, se débarrasser de ses "complexes", attendre les vacances : vivre sans idéal, sans but transcendant est devenu possible[1]. »

Il fallait donc s'y résoudre, la désertion était générale (voyez le taux d'abstention) et le triomphe de l'individu-roi, absolu. D'où la débandade militante, le crépuscule des engagements, sur fond de consensus saumâtre, d'empressé consentement. C'était l'époque où la jeunesse n'était plus envisagée comme creuset de toutes les révoltes, mais comme un vivier inépuisable de petits cons. En 1987, un autre ouvrage n'a-t-il pas fait date en annonçant l'avènement de la barbarie juvénile ? « Les Jeunes : ce peuple est d'apparition récente », écrivait alors Alain Finkielkraut pour déplorer « le triomphe du cucul sur la pensée » au sein d'une société devenue tout entière adolescente. Là, « le clip a eu raison de la conversation », et la vie de l'esprit est engloutie par « l'univers de la télécommande ». Fustigeant les blue-jeans, la bande dessinée ou encore le rock'n'roll, l'auteur mettait d'ailleurs en garde contre les mauvais démons portés par cette nouvelle figure totalitaire – le jeune écervelé, tout ensemble cool et collabo : « L'indifférence aux grandes causes a pour contrepartie l'abdication devant la force, et le fanatisme qui disparaît des sociétés occidentales risque bien de céder la place à une autre maladie de la volonté, guère moins inquiétante : l'esprit de collaboration[2]. »

Mais voilà. Par nature, la jeunesse l'a en horreur – le

1. Gilles Lipovestky, *L'Ère du vide. Essais sur l'individualisme contemporain*, Paris, Gallimard, « Folio/Essais », 1983, p. 72.

2. Alain Finkielkraut, *La Défaite de la pensée*, Paris, Gallimard, 1987, p. 168-179.

vide. Et les mêmes qui la décrivaient inerte et définitivement insouciante, ont été contraints de réviser leur jugement. Las, ce n'était pas encore pour cette fois... À l'aube du XXIe siècle, on la trouvait de nouveau au rendez-vous, bon pied, bon œil. Avec des angoisses, des espérances et des références nouvelles, certes, mais toujours là. Et de fait, dans le sillage du mouvement altermondialiste, aux quatre coins de la planète et sous mille visages différents, c'est bien la jeunesse qui est de retour. Pas une masse informe, pas ce troupeau débile décrit par les essayistes *eighties*. Non, ce qui refait surface, ce qui a déjà surgi, c'est un rafraîchissement de la révolte, une manière inédite de tout tenter, encore et encore, afin qu'autre chose puisse se laisser espérer.

De cela, même le brillant contempteur de l'« adolescent mondial » a bien été obligé de prendre acte. Et si, un quart de siècle après le texte déjà cité, la « culture jeune » demeure son cœur de cible, si le philosophe poursuit son combat pour enrayer le « processus de décivilisation qui nous emporte », avec cette fois en ligne de mire les « rappeurs impubères », les téléphones mobiles, ou encore Internet et ses « libres enfants du Numérique [1] », le ton est désormais plus grave. Moins condescendant, surtout, dès lors que l'ampleur du réveil est avérée : « L'âge des possibles n'a pas le choix. Les jeunes ne peuvent échapper à la jeunesse. Les voici donc de retour parmi nous, fidèles au poste, immuables, graves, désintéressés, catégoriques, tautologiques, ardemment manichéens, prompts à démasquer les méchants, allergiques à l'incertitude, et ne concevant la politique qu'investie d'un pouvoir illimité pour le meilleur et pour le pire. Ils mettent une prodigieuse énergie à démentir le verdict de la fin de l'Histoire, mais, en condamnant à

1. Alain Finkielkraut et Paul Soriano, *Internet, l'inquiétante extase*, Paris, Fondation du 2 Mars/Mille et une nuits, 2001, p. 20.

l'échec tous les efforts pour arracher la pensée critique aux griffes du lyrisme, ils empêchent aussi que l'Histoire innove [1]. »

Exit le crétinisme, exit l'égoïsme aussi : ce qui est reproché aux jeunes, c'est à nouveau de manquer de réalisme, de verser dans le lyrisme, bref, de rêver les yeux ouverts. Ce qui est tout de même assez différent, on en conviendra. Si bien qu'au bout du compte, elle n'aura pas été bien longue à se dissiper, la chimère du vide. Accordons-lui dix ou quinze ans, tout au plus. Le temps d'un règne, presque une parenthèse (génération Mitterrand), où le chic du chic fut de dire adieu aux espoirs évanouis, et d'égrener, dans une ambiance « fric et frime », l'interminable litanie des « fins » : fin-des-grands-récits, fin-du-politique, fin-de-l'histoire...

À ces prophéties hâtives, le nouveau millénaire est venu opposer un rude démenti. Et l'atmosphère est aujourd'hui toute différente, tant sont nombreux celles et ceux qui combattent les manifestations les plus brutales du fétichisme marchand. Unifiant économies et espaces transnationaux, celui-ci suscite une globalisation des refus, et l'émergence de nouvelles radicalités sans frontières qui se présentent volontiers comme des alternatives à l'homogénéisation du monde façon McWorld. Quelles que soient les contradictions, les limites propres à cet internationalisme renouvelé, il faut admettre que son inventivité n'est plus à démontrer et que, de Seattle à Bangkok et de Porto Alegre à Paris, une frange non négligeable de la jeunesse a répondu « présent ! » pour se retrouver autour d'un même slogan : « Se rebeller est juste, désobéir est un devoir, agir est nécessaire [2]... »

Or cette tempête n'est pas née de nulle part. Chacun

1. Alain Finkielkraut, *L'Imparfait du présent*, Paris, Gallimard, 2002, p. 201.
2. Voir Josep-Maria Atentas, « La jeunesse face la globalisation capitaliste », *Contretemps*, n° 2, septembre 2001.

à sa manière, d'abord, les tumultes actuels « sont nourris des diverses mobilisations contestataires des années 1970, auxquelles ils ont emprunté un modèle organisationnel souple, un répertoire d'action étendu, le souci des contacts transnationaux et des revendications "globalisantes" intéressant tant la sphère du travail que celle de la vie quotidienne [1] ». Bien plus, la plupart des aspects qui caractérisent en propre les engagements « altermondialistes » (exigence de démocratie, fonctionnement en réseau, relais internationaux...) pouvaient déjà se repérer, un à un, dans la période précédente, et jusqu'au cœur même des années sinistrées.

Pensons seulement à la formule des « coordinations ». Leur apparition a accompagné la montée en puissance d'une aspiration profonde à l'unité et à la démocratie, en rupture avec les manœuvres et la « cuisine » d'appareil propres aux bureaucraties syndicales, lesquelles apparaissaient de plus en plus divisées et coupées de la « base ». Auto-organisation directe, assemblées générales souveraines, proximité des représentants et des représentés, mandats impératifs, délégués révocables ou tournants : inventée sur le tas par les lycéens en lutte au début des années 1970, cette forme inédite s'épanouit au mieux, deux décennies plus tard, dans le mouvement étudiant, chez les travailleurs de La Poste ou de la SNECMA (aéronautique), et surtout, en 1988, alors que les rues de Paris sont envahies par des milliers de blouses blanches révoltées, dans la douce chaleur des « automnes infirmiers » [2]. Pensons aussi à l'aventure des syndicats Sud, aux happenings d'Act Up, aux coups d'éclat d'AC !

1. Isabelle Sommier, *Le Renouveau des mouvements contestataires à l'heure de la mondialisation*, Paris, Flammarion, coll. « Champs », 2003, p. 21-22.

2. Voir Pierre Hassenteufel, « Les automnes infirmiers (1988-1992) », in *Sociologie de la protestation. Les formes de l'action collective dans la France contemporaine*, sous la direction d'Olivier Fillieule, Paris, L'Harmattan, 1993.

(Agir ensemble contre le chômage) ou encore aux « réquisitions commandos » du DAL (Droit au logement).

Pensons enfin à l'élan de l'hiver 1995, lorsque la lutte des « sans » (emploi/papiers/abri) tend à rejoindre non seulement celle des étudiants, mais encore celle des cheminots en grève contre la remise en cause de leur statut et le plan Juppé de réforme de la Sécurité sociale. Avec le recul, dans ce front commun d'un nouveau genre, certains ont même discerné l'origine d'une nouvelle ère : « Le mouvement altermondialiste naît lorsque des militants de diverses luttes se définissent par un combat commun, d'abord contre la mondialisation libérale puis, progressivement, pour une autre mondialisation. C'est en France que cette convergence a vu le jour pour la première fois [...]. Elles-mêmes fruit d'un processus de convergence et de l'avènement de nouvelles pratiques sociales, ces mobilisations de la fin 1995 constituent un événement précurseur du mouvement altermondialiste [1]. »

Dès lors, le lien avec l'esprit de 1968, loin d'être définitivement brisé, se repère aisément. Car même les observateurs les plus sceptiques à l'égard des grèves de 1995 ont été obligés de se rendre à l'évidence : « Le spectre de Mai a constamment plané sur le mouvement [2]. » De fait, beaucoup de jeunes manifestants, en 1995, se vivent spontanément comme les héritiers de 68. Pour beaucoup d'entre eux, la mobilisation sociale puise dans un souci du monde entier, et leur engagement sur la scène française est indissociable d'un élan de solidarité avec tel mouvement, avec telle cause à

1. Geoffrey Pleyers, « Le modèle français : 1995-2000 », in *Un autre monde...*, sous la direction de Michel Wieviorka, Paris, Balland, 2003, p. 141.
2. Michel Wieviorka, « Le sens d'une lutte », in Michel Wieviorka et *alii*, *Le Grand Refus. Réflexions sur la grève de décembre 1995*, Paris, Fayard, 1996, p. 250.

l'étranger. Avec les Palestiniens, par exemple, ou avec les « zapatistes » mexicains.

Basile Pot, trente-six ans, est de ceux-là. Agent de départ à la SNCF, syndicaliste et militant de la LCR, il a été élevé par des parents qu'il présente lui-même comme des *« soixante-huitards rangés, mais marqués à gauche »*. Très tôt passionné par la politique, il était tombé sur une émission de la station Radio libertaire intitulée « Près du radiateur ». À quatorze ans, il prit l'habitude de l'écouter quand il rentrait du collège : *« J'avais téléphoné, j'y étais allé, et j'ai commencé à ce moment-là à sympathiser avec le mouvement libertaire »*, raconte-t-il. Au contact des militants anarchistes, il approfondira sa sensibilité internationaliste. Et toutes ses forces tendront bientôt vers le soutien à la guérilla sandiniste, au Nicaragua, qui affrontait les soldats des « contras » soutenus par les États-Unis. Encore adolescent, Basile Pot n'avait donc qu'une idée : partir là-bas.

> *« Le Nicaragua, pour moi, c'était l'expérience d'un petit pays opprimé, qui souffrait de la misère. J'étais un peu dans un esprit tiers-mondiste/humanitaire. À seize ans, j'avais monté un comité dans mon lycée, à la fois sur la question sandiniste et contre le racisme. Je me suis arrangé pour travailler tous les étés, j'ai mis de l'argent de côté, et pour mes dix-huit ans j'ai pu partir au Nicaragua, dans le cadre d'une brigade de solidarité, construire une cantine dans un village du Nord qui avait été attaqué par les "contras", la contre-révolution. C'est un moment qui m'a beaucoup marqué, je me suis baladé trois mois là-bas, dans les camps d'alphabétisation, dans les coopératives ouvrières et paysannes… J'y suis retourné en 1990, après la chute du mur de Berlin. C'était le blocus, il n'y avait plus de pétrole, les sandinistes se bureaucratisaient, c'était une révolution attaquée de partout. Et là j'ai rencontré des militants de la LCR qui étaient solidaires à fond… »*

Après avoir fait un bout de chemin avec les militants libertaires, Basile Pot se rapproche donc de la LCR.

Une organisation dont il connaissait les militants depuis assez longtemps déjà (il les côtoyait dès le milieu des années 1980) mais qu'il ne rejoindra qu'à la veille de la guerre du Golfe (1991), après son deuxième voyage au Nicaragua. Ce faisant, il adhérait à un mouvement dont de nombreux cadres de la génération précédente avaient eux-mêmes fait leurs débuts en Amérique latine. Basile Pot se considérait désormais comme un militant révolutionnaire. Était-il devenu « trotskiste » pour autant ?

> *« Jusqu'à preuve du contraire, les gens qui se révoltent ne le font pas sur la base du trotskisme, mais sur la base de leur quotidien. Même en 1917, pendant la révolution russe, les travailleurs ne se sont pas engagés sous la bannière du socialisme, comme ça, en se disant "je vais devenir bolchevik, je vais faire la révolution". Moi je suis entré à la Ligue en 1991, à un moment où peu de gens adhéraient. Et si je suis devenu trotskiste, c'est seulement bien après, en me formant, en lisant. Le trotskisme, pour moi, c'est la continuité du mouvement communiste en opposition à la contre-révolution stalinienne. C'est d'abord l'importance de l'internationalisme face à l'idée du "socialisme dans un seul pays". C'est par ce biais que je suis entré, à travers le mouvement de solidarité avec les sandinistes, d'abord, puis avec les zapatistes, ensuite. »*

À plusieurs reprises, au cours des années 1990, Basile Pot va au Mexique pour soutenir les paysans zapatistes emmenés par le « sous-commandant » Marcos, dont la rébellion sera bientôt l'une des principales références de la nébuleuse altermondialiste. Inscrit à la faculté de Nanterre, le militant de la LCR consacre même sa maîtrise à la question du café et des petits propriétaires terriens au Mexique. Mais entre son éveil politique internationaliste, en faveur au Nicaragua, et ses allers-retours entre Paris et le Chiapas, il a également participé à la grande mobilisation étudiante de 1986[1]. Et, pour lui comme pour des milliers de jeunes militants de sa génération, ce mouvement a représenté à la fois une étape fondamentale et une sorte de répétition générale. En effet, c'est seulement une dizaine d'années plus tard, dans l'allégresse collective de l'hiver 1995, et côte à côte avec les cheminots en grève, que ces militants auront le sentiment de relancer la mémoire de Mai. C'est-à-dire, affirme encore Basile Pot, de respirer l'air d'une époque où la Sorbonne tentait de donner la main à Billancourt, et où la plus grande grève générale de l'histoire française rencontrait la mobilisation d'une jeunesse soulevée :

« *En 1995 j'étais pion dans un lycée, et bien sûr j'ai fait mes trois semaines de grève, bien, comme tout le monde. Et puis est arrivé ce que j'attendais depuis dix ans déjà, c'est-à-dire un grand mouvement, dans la rue, et une certaine idée de la démocratie, des assemblées générales avec les profs, les élèves, les surveillants, les femmes de ménage, les agents de la cantine, pour savoir s'il fallait continuer ou non, participer à d'autres AG... Moi j'allais à celles des cheminots, déjà. Oui, il s'est passé quelque chose : la réponse la plus appropriée aux attaques menées par la droite et le patronat, à savoir un mouvement de masse, la capacité du monde du travail à se mobiliser. À l'époque j'habitais Gennevilliers. On allait distribuer des tracts dans des entreprises où on n'avait plus l'habitude d'intervenir, comme la SNECMA ; on se retrouvait à discuter, chaque matin, autour d'un café, avec des militants qui avaient quarante, cinquante ans, ça pouvait durer une heure et demie, c'était enrichissant. Ils nous voyaient arriver en rigolant, et disaient : "Vous seriez pas des étudiants ? Tiens, 1968 est de retour..."* »

1. Cette année-là, des dizaines de milliers d'étudiants et de lycéens se mobilisèrent contre le projet de réforme universitaire avancé par le ministre Alain Devaquet, jusqu'à contraindre celui-ci à la démission. Fondateur pour toute une génération, ce mouvement a aussi été marqué par la mort du jeune Malik Oussekine, victime des violences policières.

Il est là, le lien. Pour l'incarner – voici un autre point –, il fallait des militants. Et pas n'importe lesquels : des militants organisés, dépositaires d'une expérience, porteurs d'une mémoire longue. De ceux qui ont monté la garde devant la vieille maison, tandis qu'au dehors soufflaient les vents mauvais. Car il ne s'agit pas de nier que les années Mitterrand ont marqué une décrue de l'engagement sous toutes ses formes. De ces moments d'étiage auront témoigné, chacun à sa manière, divers phénomènes comme le processus de désyndicalisation, la hausse de l'abstention électorale, la crise des vocations partisanes. Mais durant ce passage à vide, ce sont justement les militants aguerris, inscrits dans une tradition, qui seuls pouvaient occuper le terrain, dans la rue et au cœur des grèves, afin d'assurer une continuité [1].

Pendant ces basses eaux, donc, ils ont tenu bon. Et comme l'avant-garde de Mai, qui s'est formée alors que la France « s'ennuyait [2] », celle qui agite le nouveau millénaire a fait ses classes au creux de la vague. Tout au long des années 1980, et jusqu'au grand tournant de 1995, elle a vogué tant bien que mal, sur les maigres courants du féminisme, de l'antiracisme, du mouvement des « sans », avant que ne remonte le flot des revendications collectives.

C'est par exemple au sein d'une association comme SOS-Racisme qu'Olivier Besancenot a fait la connaissance de militants chevronnés. Des syndicalistes, des libertaires, des « cathos de gauche »... et même un

1. « On a trop vite inféré du déclin du militantisme syndical et partisan l'idée que ces organisations ne jouaient plus leur rôle d'entrepreneurs du mouvement social. On a eu tort et cela vient confirmer le rôle crucial de la préexistence d'une ou plusieurs organisations structurées à toute entreprise de mobilisation », note Olivier Fillieule in *Stratégies de la rue. Les manifestations en France*, Paris, Presses de Sciences-Po, 1997, p. 202.

2. À la veille du mouvement de Mai, reprenant un mot célèbre de Lamartine, le journaliste Pierre Viansson-Ponté publiait à la une du quotidien *Le Monde* un article intitulé : « Quand la France s'ennuie »...

trotskiste. Professeur d'allemand, celui-ci le présentera à des amis des Jeunesses communistes révolutionnaires. À trente et un ans, le porte-parole de la LCR est aujourd'hui l'une des figures les plus populaires du paysage politique français. En 2002, sa performance inattendue à l'élection présidentielle avait donné un début de débouché politique au renouveau de la contestation sociale. Et au soir du « non » au référendum sur la Constitution européenne, en mai 2005, sa voix était devenue incontournable. Mais au moment où son visage est devenu célèbre, il y avait presque quinze ans que le jeune facteur se battait pour ses idées.

Né à Levallois, dans la banlieue de Paris, d'un père professeur de collège et d'une mère psychologue, tous deux plutôt marqués à gauche, il a commencé à militer très vite, dans une période où l'engagement semblait définitivement passé de mode. Même du côté des aînés trotskistes, d'ailleurs, le cœur n'y était plus vraiment. Un an avant la chute du mur de Berlin, l'année où l'on commémorait les vingt ans de Mai 68, le philosophe Daniel Bensaïd semblait lui aussi atteint par le doute : « Changer de logique sociale, certes, mais comment ? L'idée même de révolution, hier rayonnante d'utopie heureuse, de libération et de fête, semble avoir viré au soleil noir, lourd de menaces totalitaires », notait-il [1].

Comme son ami Basile Pot, dont il est inséparable, c'est donc sous les cruels rayons de cet astre noir, au cœur d'une période de reflux et dans les rangs d'une Ligue communiste révolutionnaire plutôt déprimée, que le gavroche Besancenot a fait ses premiers pas de militant. À quatorze ans...

1. Daniel Bensaïd, « Mai 1968-Mai 1988 : ni regrets, ni reniements », *Rouge*, juin 1988, repris in *Le retour de la question sociale*, avec Christophe Aguiton, Paris, Éd. Page Deux, 1997, p. 54.

« Moi je ne suis pas venu au trotskisme, je suis venu à la révolution. Il y avait chez moi une sensibilité particulière à l'antiracisme. Mon frère avait participé au mouvement étudiant de 1986. Après la mort de Malik Oussekine, j'ai participé à une mobilisation antiraciste pour un jeune qui s'était fait agresser dans ma ville. C'était l'époque de SOS-Racisme, qui était un peu la seule organisation à faire parler d'elle chez les jeunes, et qui organisait des choses dans les quartiers, des concerts... J'étais adolescent, j'avais envie de changer le monde, et c'est par le biais de l'antiracisme que je me suis posé des questions politiques. C'est d'abord ça qui fait qu'à quatorze ans tu rejoins les révolutionnaires. En tout cas pour ma génération, c'est-à-dire dans une période de résignation politique, de désert organisationnel, où il ne se passe pas grand-chose. Et moi, l'héritage politique du trotskisme, les idées, les écrits de Trotski lui-même, ce sont des choses que j'ai découvertes bien après. À la fin des années 1980, quand j'ai débarqué à la LCR, c'était une organisation qui se posait la question de mettre la clef sous la porte, avec une génération qui avait fait 1968, qui n'y croyait plus du tout, et dont certains se réfugiaient dans une activité syndicale et associative. Chez les plus jeunes, il y avait l'idée que le seul engagement qui pouvait prévaloir, c'était l'humanitaire... »

En ce sens, les itinéraires d'Olivier Besancenot et de Basile Pot sont assez représentatifs d'une certaine génération. Celle dont le premier souvenir politique, même vague, renvoie bien souvent à un soir d'élection, et à l'apparition d'un visage (Mitterrand) sur l'écran de la télévision. Ce visage-là avait promis de « changer la vie ». On connaît la chronologie : 1981, fiesta à la Bastille, Dieu, ce qu'on aura frappé des mains sur les épaules de papa... 1983, patatras, la « rigueur » attend au tournant, et avec elle la déconstruction méticuleuse des acquis sociaux et des services publics : le chômage partout, la précarité pour tous, bref, les années galère. Et dans leur sillage la violence et la misère, l'intolérance et le « F-Haine ». Alors on descend dans la rue, et, contre le racisme, on va au concert : avec SOS, on défend les potes ! Vient 1986, le soutien aux cheminots, les défilés avec les étudiants (contre le projet Devaquet), et puis encore avec les chômeurs, les infirmières... Mais pour tous les jeunes révoltés du temps, c'est seulement à partir de l'hiver 1995, on y revient toujours, que le sol recommence vraiment à trembler. À l'époque, Besancenot animait le mouvement de grève à la fac de Nanterre :

> *« 1995, ç'a été une révolte à un moment où ça n'apparaissait plus possible. On sortait du tunnel : la pensée unique triomphait, l'histoire de l'humanité s'était arrêtée, on était suspecté d'être un stalinien en puissance dès qu'on n'était pas d'accord avec le libéralisme international. Or en 95, après une période de renoncement, de rivalité croissante entre public et privé, il y a eu plus d'un million de grévistes du public dans la rue, et beaucoup de gens du privé qui s'identifiaient avec eux. C'est l'esprit du "tous ensemble", qu'on a retrouvé ensuite dans le mouvement altermondialiste. Et dans cette nouvelle période, qu'est-ce qui fait qu'on peut retrouver des syndicalistes, des défenseurs de tortues, des cinéastes et des intellectuels ensemble dans les rues de Seattle ? C'est que face à une politique universellement déployée, il faut une riposte universelle. Tout d'un coup on se repose la question internationale. Ça n'a rien à voir avec 68 : le contexte, le rapport de force sont différents, et on ne pense pas tout de suite "révolution !". Mais pour la première fois depuis les années soixante-dix, il y a une génération qui s'organise à l'échelle de la planète tout entière. Une nouvelle génération antifasciste, féministe, anticapitaliste, qui a ses drapeaux verts, rouges ou noirs et qui décide de résister à l'ordre établi. »*

Du printemps de Mai à l'hiver 95 et de 1995 aux défilés de Seattle, saisons et symboles vont se mêler pour dessiner les contours d'un nouvel imaginaire militant, encore fragile et ouvert aux quatre vents, mais qui puise dans la mémoire des luttes passées comme dans l'espoir que le meilleur reste à venir : « Aujourd'hui le mouvement peut apparaître comme fragmenté, formé d'une myriade de composantes. Mais il est aussi, surtout dans la jeunesse, un mouvement de contestation globale du système, à portée tout aussi universelle qu'il y a trente ans [1]. » Alors, rien de neuf sous le soleil ? Si, bien sûr. Une fois les filiations marquées, une fois dégagés les éléments d'un héritage obstiné, reste à saisir l'originalité des engagements présents, afin de méditer ce qui les distingue des combats d'hier.

À commencer par la différence des contextes économiques et sociaux. Entre la génération 68 et la génération altermondialiste, il y a tout ce qui sépare une conjoncture de croissance et de prospérité d'une période dominée par le chômage et le sous-emploi, où même le futur proche semble bouché. Deux chiffres : en 1968, dans les deux ans qui suivent la sortie des études, le taux de chômage était de 5 % ; il est de 33 % en 1994... De façon générale, et quel que soit le critère retenu (pouvoir d'achat, salaires, le lien formation-emploi...), le fait inédit est celui-ci : pour la première fois en période de paix, la situation des enfants est pire que celle des parents. Tel est le destin inédit de cette génération malmenée : « Par rapport à ses parents, la génération née vers 1945 a bénéficié [...] du mouvement montant d'un ascenseur social fonctionnant à plein régime. En revanche, pour [ses] propres enfants, nés vers 1975, ces conditions d'ascension sociale sont plus souvent compromises [2]. »

À partir du moment où « la prolétarisation touche les enfants originaires de tous les milieux » (ou presque), les nouvelles formes de mobilisation politique

1. Christophe Aguiton, *Le monde nous appartient*, Paris, Plon, 2001 : rééd., Paris, 10/18, 2003, p. 186.

2. Louis Chauvel, *Le Destin des générations. Structure sociale et cohortes en France au XXe siècle*, Paris, PUF, 1998, p. XVI.

ne peuvent s'envisager en dehors de ce contexte bien particulier, que deux sociologues ont résumé dans les termes suivants : « Bénéficiaires de la société de loisirs et de consommation, élevés dans une période de paix, les jeunes générations connaissent néanmoins des difficultés dont leurs parents, moins instruits et moins riches, avaient été exemptés : précarité, chômage, déqualification, déclassement[1] ». Et s'il faut se garder de construire une image par trop idyllique des adolescences d'antan, il demeure que de ce point de vue le contraste est essentiel, comme le souligne à sa manière Thierry Jonquet, évoquant ses années 1970 :

> « *Ça a été des années d'enthousiasme, où la destinée individuelle n'avait pas grande importance : on allait changer le monde, on le ferait collectivement, l'idée c'était d'être tous ensemble, et c'est quand même un début assez enthousiasmant dans l'existence. Là, je vois la nouvelle génération qui arrive, après le 21 Avril* [2002], *avec le FN au deuxième tour des présidentielles, ils commencent à militer dans la trouille, ils viennent à la politique parce qu'ils ont peur, alors que les gens de ma génération sont venus à la politique dans la joie. Avoir vingt ans dans les années soixante-dix, c'était un vrai privilège, parce que c'étaient des années d'insouciance : moi, depuis mon entrée à la maternelle jusqu'à ma sortie de l'université, l'idée ne m'a pas effleuré qu'un jour je pourrais éventuellement être au chômage. On militait encore dans une société qui n'allait pas trop mal : l'idée même d'exclusion était exclue !* »

Petits boulots et stages bidons, missions à répétition et intérim à vie : à l'ère du chômage de masse et du « travail jetable », la brutale déstabilisation de la société salariale entraîne la remise en cause des garanties (couvertures protectrices et solidarités collectives, « Sécu » et retraites notamment) qui lui étaient

1. Christian Baudelot et Roger Establet, *Avoir trente ans en 1968 et en 1998*, Paris, Le Seuil, 2000, p. 12.

traditionnellement attachées. Gageons que cet état de fait n'est pas pour rien dans l'essoufflement des espérances futures : voici déjà quelques bonnes années que la précarité sociale barre l'horizon de toute une jeunesse – celle qui pour (sur)vivre doit travailler, et qui a appris très tôt que son existence est vouée à l'incertitude : « Être dans l'insécurité permanente, c'est ne pouvoir ni maîtriser le présent ni anticiper l'avenir[1]. »

Et si l'on a raison de souligner la forte relation qui existe entre insécurité sociale et insécurité tout court (délinquance, « incivilités »...), on méconnaît que le même phénomène doit être invoqué pour expliquer, au moins en partie, l'originalité des comportements politiques contemporains. Et d'abord, bien sûr, le scepticisme généralisé quant à l'éventualité que l'avenir soit meilleur qu'aujourd'hui. Mais aussi une forme d'inconstance, puisque c'est l'instabilité qui caractérise aujourd'hui beaucoup d'engagements, marqués par ce qu'on a pu appeler une « participation à la carte », c'est-à-dire par une capacité de mobilisation limitée dans le temps et dans l'espace, centrée sur un objectif ponctuel et bien précis. Comme si la précarité de l'emploi et de la vie devait se traduire par celle de la mobilisation sur la scène publique.

Sur ce point, il faut donner la parole à Yann Lemerrer, trente-cinq ans, qui travaille également à La Poste. Issu d'une famille d'anciens communistes ayant rompu avec le Parti au début des années 1980, il a grandi à Nanterre, en banlieue parisienne. En 1986, en plein mouvement étudiant contre la réforme Devaquet, il fait la connaissance d'un petit groupe gauchiste (tendance mao), qui l'emmène visiter les corons dans le Nord. Il a quinze ans. C'est pourtant aux Jeunesses communistes qu'il adhère tout d'abord,

1. Robert Castel, *L'Insécurité sociale. Qu'est-ce qu'être protégé ?*, Paris, Le Seuil/« La République des idées », 2003, p. 29.

avant de rejoindre les rangs de Lutte ouvrière, au moment de la guerre du Golfe. Au jour le jour, depuis lors, comme syndicaliste et militant révolutionnaire, il s'efforce de convaincre sur son lieu de travail. Cela ne s'est jamais fait sans problème. À l'époque de la précarité ordinaire, la démarche est difficile à installer dans la durée...

> *« Un jour, j'ai réussi à emmener onze gars de ma boîte à un meeting d'Arlette. Mais deux ans après, ils s'étaient tous barrés de l'entreprise... Donc, moi, j'ai un problème concret, qui s'appelle le "turn-over" : en gros, à La Poste, c'est 50 % tous les deux ans. Se constituer un milieu, gagner des jeunes à l'idée que la politique, c'est pas de la merde, que les organisations, c'est pas forcément tous des affreux qui en profitent, ça met déjà un certain temps... »*

Voilà qui rend encore plus surprenant le récent retour de la combativité sociale, et l'expérimentation collective qui s'opère, avec les moyens du bord, dans les luttes les plus innovantes de ces dernières années : là où la démultiplication des statuts (CDI/CDD, temps complet/temps partiel, intérims en tous genres...) devait rendre vaine toute tentative d'unité, là où l'instabilité des emplois était censée interdire toute solidarité durable, là où l'émiettement des conditions promettait d'atomiser les consciences, on s'aperçoit qu'est né un nouveau type de pugnacité collective, et que c'est une forme de mobilisation originale qui est en train de s'élaborer, envers et contre tout. « On n'est pas des steaks à chier », « Miam-miam la précarité », scandaient en l'an 2000 les jeunes salariés du restaurant McDonald's de Saint-Germain, en lutte pour défendre leurs droits. Quelques mois plus tard, leur mouvement de « hamburgrève » était victorieux, et il faisait tache d'huile. À la Cartoucherie de Vincennes, la compagnie Jolie Môme chantait *McDo Mike Strike*, tandis que le contact était établi avec les travailleurs de la FNAC. Là, le mouvement démarra au rayon « Musiques du monde » du magasin des Champs-Élysées... En 2002, il concerna bientôt cinquante magasins, en grève contre les conditions de travail dans le « fast-food de la culture ».

Pour ces travailleurs qui souvent n'avaient pas trente ans, cette expérience fut aussi inédite que fondatrice. Et, aux yeux des militants les plus aguerris, elle signifiait que le fond de l'air était en train de changer. De ce point de vue, ici aussi, l'expérience d'Olivier Besancenot est significative :

> *« Il y a tout un réseau qui s'est monté contre la précarité, entre les jeunes d'Euro Disney, de Pizza Hut, de la FNAC... J'ai connu certains d'entre eux il y a des années. À l'époque, en gros, quand on discutait après une partie de foot, j'étais le révolutionnaire de service : sympa, mais un peu un martien... Et de les revoir, aujourd'hui, à la pointe de ces grèves, tenir tête à une multinationale comme McDonald's, les retrouver ensuite à Gênes ou dans les meetings de la Ligue, pour moi ç'a été une vraie surprise. Parce qu'aucun révolutionnaire n'est allé les chercher au quartier Alsace, à Levallois, où je les ai connus. Ils sont venus d'eux-mêmes à la politique, et ça prouve que quelque chose est en train de changer. C'est pour ça que je m'identifie à cette génération-là. Car c'est aussi mon propre parcours : il n'y a pas eu une discussion "bouton de veste", dans un café, qui a tout changé, mais un événement qui m'a fait dire, tout à coup, "bon, allez, j'y vais". Pour moi, ç'a été une agression raciste. Donc à un moment donné, un événement qui fait qu'on décide de ne plus supporter, de s'y mettre. Aujourd'hui, on a un paysage politique qui n'a franchement rien à voir avec celui des années 1970, où il suffisait de secouer le cocotier pour que des militants tombent de l'arbre à tout bout de champ. Et alors : "choisis ton camp camarade", entre la social-démocratie, le PC, les anars, les maos, les trotskistes... Maintenant c'est plus compliqué, ce sont des expériences nouvelles dans un monde qui a totalement changé. »*

En Mai 68, les travailleurs de Renault ou de Sud-Aviation menaient leurs combats à l'intérieur des espaces traditionnels du mouvement ouvrier (partis et syndicats), auxquels ils pouvaient vouer la fidélité d'une vie. Aujourd'hui, les travailleurs de McDonald's, de la FNAC ou de Go Sport, tout comme ceux de la SNCF ou de la santé publique, sont rarement « encartés », et lorsqu'ils se mobilisent ils souhaitent le faire dans un cadre souple, à l'aide de structures horizontales et informelles qui laissent une large capacité d'innovation et d'autonomie. Et si les vieilles confédérations ouvrières ont tenté, non sans difficultés, de s'adapter à ces nouvelles aspirations, c'est pour y répondre que s'est inventé un syndicalisme alternatif. Nées à la toute fin des années 1980, dans le sillage des coordinations, ces nouvelles équipes vont remporter un certain succès, notamment à partir des grèves de l'hiver 1995, comme l'a illustré la relative percée des groupes Sud (Solidaire, Unitaire, Démocratique) dans les mois qui ont suivi le mouvement.

L'actuel redéploiement de la résistance sociale ne s'est pourtant pas doublé, loin s'en faut, d'un renouveau de l'adhésion aux organisations politiques. Car si les années 1980 n'ont pas représenté le crépuscule de la politique, elles n'en ont pas moins constitué un moment charnière : après les désastres du XXe siècle, voilà que les jeunes révoltés se montraient rétifs à la forme-parti et à la contrainte militante. Élevés dans la mémoire de l'expérience totalitaire et rendus méfiants par la multitude des promesses non tenues, ils s'investissent depuis lors dans de nouveaux mouvements collectifs tout en répugnant aux « embrigadements » comme aux affiliations durables, non seulement syndicales mais aussi et d'abord partisanes. C'est ainsi qu'« à l'engagement symbolisé par le timbre renouvelable et collé sur la carte, succéderait l'engagement symbolisé par le Post-it, détachable et mobile : mise à disposition de soi, résiliable à tout moment[1] ». Pour les organisations traditionnelles, le défi est de taille. Où l'on retrouve Yann Lemerrer, et dans son discours, comme dans celui de Besancenot, la silhouette décalée du militant/« martien »...

> « *Le premier truc, c'est que quand ils savent que tu milites dans une organisation, ils se méfient tout de suite. Mon meilleur pote, au boulot, quand je lui ai dit que je faisais partie de LO, il a fait trois pas en arrière et il a mis une minute à s'en remettre. Je ne pense pas que ça soit la norme chez les jeunes travailleurs, mais ce n'est pas anodin, ça correspond quand même à un état d'esprit général. Et c'est rigolo, parce qu'il savait que j'étais militant, syndicaliste, communiste, révolutionnaire... Simplement il n'avait pas l'étiquette. Et il s'est posé la question en ces termes : "Est-ce que tu ne fais pas semblant d'être pote ?" Ça l'a bloqué, et il fallu beaucoup discuter après. Ça fait quinze ans que je milite, c'est vrai que ce rapport-là je l'ai toujours eu avec les gens. Ceux qui me sont les plus proches connaissent mes idées, savent que j'ai envie de convaincre, et à partir du moment où ils ont intégré que tu es naturel, que tu n'es pas un gars retors qui travaille pour sa boutique, mais qui y croit, qui vit ce qu'il dit, il y a un pas qui est franchi. Alors tu peux être plus à l'aise, et discuter sans apparaître comme un martien...* »

Ce qui caractérise l'époque est donc moins un dédain massif pour la politique qu'une défiance profonde vis-à-vis de ses pratiques classiques : « Le discours des jeunes sur l'engagement révèle une volonté d'implication et un degré de conscience étonnant », a-t-on pu souligner, mais l'engagement en question est désormais « à la recherche d'une politique sans étiquette »[2]. Et cette désaffection à l'égard des partis ne

1. Jacques Ion, *La Fin des militants ?*, Paris, L'Atelier, 1997, p. 81. Du même auteur, voir aussi *Militer aujourd'hui*, avec Spyros Franguiadakis et Pascal Viot, Paris, Cevipof/Autrement, 2005.

2. Anne Muxel, « Jeunes des années 90. À la recherche d'une politique sans

s'exprime pas seulement comme une sensibilité individuelle, qui expliquerait les choix de tel ou tel acteur au sein d'une grève ou d'une manifestation. Elle se retrouve également à l'échelle du mouvement social tout entier, lequel a proclamé sa volonté d'indépendance et son refus farouche de toute « récupération » : « Ce qui nous motive et qui nous réunit dans la diversité de nos interventions, c'est le désir de participer à un projet de transformation sociale sans lequel il n'y aura pas d'alternative possible au libéralisme, c'est la volonté d'agir au quotidien pour inscrire cette alternative dans la réalité [...]. Ce qui permet de rendre ce débat totalement ouvert sur un projet de transformation sociale est la non-instrumentalisation des mouvements qui le portent... », écrivaient en août 1998 les militants associatifs, chômeurs, syndicalistes, chercheurs et artistes signataires de l'appel « Pour une autonomie du mouvement social ».

Au même moment, cependant, un autre phénomène était de plus en plus manifeste : alors que la crise des partis politiques s'aggravait, il demeurait évident que les organisations et les militants révolutionnaires (libertaires ou trotskistes) avaient joué un rôle de plus en plus décisif tant dans l'impulsion que dans l'animation des nouvelles formes de lutte. Tout au long des années 1990, celles-ci ont en effet illustré « un changement de rapport de force spectaculaire au sein des réseaux militants dans les entreprises ainsi que dans l'avant-garde ouvrière, comparativement à 1968. Dans la plupart d'entre elles – à la SNECMA, à Air France, chez les postiers, les cheminots ou les infirmières – on retrouve à l'initiative, ou en position de porte-parole, des militants d'extrême gauche. Le fait

---

étiquette », in *L'Engagement politique : déclin ou mutation ?*, sous la direction de Pascal Perrineau, Paris, Presses de la Fondation nationale des sciences politiques, 1994, p. 258.

est d'ailleurs reconnu et souligné, tant par les médias que par les directions syndicales et les ministères concernés, qui entonnent volontiers l'air connu du "complot". Ces militants ne sont pourtant pas plus nombreux qu'il y a dix ans, mais certainement plus expérimentés. Et surtout, leur poids relatif s'est accru proportionnellement à l'affaissement des équipes militantes traditionnelles du Parti communiste ou de la CFDT[1]. »

Tel est bien l'un des aspects les plus marquants de la dernière période : non seulement la crise du vieux modèle syndical à la française, mais aussi l'inexorable déclin d'un PCF qui fut autrefois le « premier parti de France », au point de constituer une véritable contre-société, et dont les jeunes générations peinent désormais à imaginer l'omnipotence passée. Incapable de faire un véritable retour critique sur son histoire, et largement discrédité par ses passages successifs au pouvoir, le PCF a également vu se déliter les mondes culturels et sociaux qui lui avaient assuré jadis force et rayonnement : à l'échelle internationale, la fin du stalinisme et l'implosion de l'Empire soviétique lui ont porté un coup mortel ; et à l'échelle nationale, son triple écroulement électoral, municipal et syndical a plongé nombre de ses militants dans le désarroi, au moment même où s'éloignait chaque jour un peu plus le monde ouvrier traditionnel qui formait leur univers familier. Eux qui furent parmi les combattants les plus loyaux du siècle, eux qui avaient été aveugles à force de dévouement, étaient contraints d'assister aux reniements successifs et aux vaines autocritiques de leurs dirigeants. Bientôt, le PCF allait renoncer à tout projet de transformation sociale, et jusqu'à l'idée même de programme, pour faire placarder sur les

1. Daniel Bensaïd, « Luttes ouvrières et formes de représentation », in *Le Retour de la question sociale*, *op. cit.*, p. 73.

murs de France cette affiche où l'on pouvait lire : « Adhérer au Parti communiste, ça n'engage à rien »...

En ce sens, l'expérience des jeunes révolutionnaires du temps présent est sensiblement différente de celle qu'ont connue les générations précédentes. Dans ce registre, l'itinéraire de Yann Lemerrer est assez révélateur : comme beaucoup de ses aînés trotskistes, il a commencé par militer dans les rangs des Jeunesses communistes, avant de quitter l'univers « stalinien ». Mais pour lui, cette séparation n'a jamais revêtu une forme violente, car elle s'est décidée sur fond de démoralisation généralisée, et surtout de fragilité sans précédent du Parti communiste :

> « *Le rapport au PC, je l'ai vécu comme une rupture : à un moment donné, j'ai découvert qu'il y avait des communistes qui n'étaient pas staliniens. Mais ça ne s'est pas fait de façon brutale. Et le PC prépondérant dans la classe ouvrière, qui verrouille complètement les syndicats, moi, je ne l'ai pas vécu. Je connais ça par les témoignages des camarades qui militaient dans les années 1960-1970. Mais dans les années 1990 ça s'est posé différemment, parce que c'est justement le moment où le milieu PC s'est complètement étiolé. À la CGT, par exemple, bon, il existe encore, mais tu ne te fais plus virer parce que tu es trotskiste. Même s'ils le savent, tu ne te prends plus d'insultes dans les dents. Aujourd'hui, à partir du moment où tu es un jeune militant, il y a un tel vide que même s'ils se méfient un peu de toi, ils te laissent une large marge. Dans ma section syndicale, je suis un des moteurs, j'ai fini par être reconnu, par me faire un petit trou. Et le gars du PC qui reste, c'est un mec qui m'aime bien. Oui, quand il exprime un désaccord, c'est toujours après mille circonlocutions, il met deux plombes à poser un problème ! Mais c'est pas l'époque où ils commençaient par te mettre un coup de poing dans la figure...* »

À la SNCF, Basile Pot a vécu les choses d'une manière assez similaire. En tant que militant révolutionnaire, il est de ceux qui publient une feuille d'entreprise intitulée *Le Rail rouge.* Dans un contexte de forte tension sociale et d'affaiblissement syndical, il constate lui aussi que les affrontements avec les membres du Parti communiste appartiennent à une époque quasi révolue. Comme si, désormais, seule la génération des aînés pouvait restituer ce qu'avait été le grand face-à-face avec les staliniens.

> « *Quand je suis entré à la SNCF, des camarades plus anciens m'avaient parlé des staliniens, avec lesquels ça pouvait très mal se passer, avec des bagarres violentes. Donc j'avais un peu peur. Et puis j'ai discuté avec un des responsables de la CGT. La discussion était vive, on n'était pas d'accord... j'ai fini par lui dire que j'étais à la LCR. Et alors qu'il était en train de faire ses vignettes pour la fête de* L'Huma, *il m'a dit : "Écoute, j'avais compris... Il faut que tu rentres à la CGT, on va te trouver quelque chose à faire, tu es le bienvenu !" Moi je pensais qu'il allait me mettre à la porte... Bien sûr, ces militants défendaient la politique de Gayssot* [Jean-Claude Gayssot, ministre des transports (PCF) de Lionel Jospin]. *Mais ils la défendaient mal, parce que sur le fond, ils l'avouaient eux-mêmes, ils n'étaient pas d'accord. La séparation de l'infrastructure, des rails par rapport à l'exploitation, au trafic, c'était le début de la privatisation. Dans l'opposition, le PC était contre. Quand Gayssot est devenu ministre, la réforme était commencée mais il l'a continuée. Ça a fait des remous. Des équipes entières de la CGT sont passées à Sud-Rail. Donc il y a toujours une combativité, et aussi un certain désarroi. Sur la gare de l'Est, par exemple, on m'a raconté qu'à l'époque il y avait plusieurs cellules du PC. Bon, si j'ai bien compris, il n'y en a plus...* »

À la lumière de tout ce que nous avons déjà rappelé, quant à l'histoire de la tradition révolutionnaire au XXe siècle, on voit que ce qui est en jeu, ici, dépasse de loin le problème du Parti communiste et de son déclin comme force politique. Car si le trotskisme est né comme un geste de rébellion face au stalinisme, alors la fin du monde soviétique, hier, et la lente agonie des appareils s'en réclamant, aujourd'hui, ne peuvent pas être sans conséquence.

Et de fait, au moment où s'ouvre un nouveau cycle de combats sans frontières, et où s'exprime le désir d'un horizon inédit de justice et de liberté, bien des militants considèrent que l'époque impose de réviser la grammaire de la contestation, et même le vocabulaire qui permet de dire l'espoir en un monde meilleur : si le trotskisme fut d'abord une insulte inventée par les procureurs du Kremlin, et si ce terme est « effectivement né du petit dictionnaire stalinien », alors « certains débats appartiennent au passé », a pu écrire Olivier Besancenot[1]. Et, sur ce point, un représentant de la génération 68 comme Alain Krivine n'est pas le dernier à souhaiter un aggiornamento :

> *« Le trotskisme, en tant que tel, c'est l'activité des marxistes, des révolutionnaires face à une dégénérescence située dans le temps, qui était le stalinisme. Aujourd'hui, aller parler du trotskisme à la nouvelle génération qui se radicalise et se politise, je trouve ça assez aberrant. La nouvelle génération vient à l'anticapitalisme de façon complètement différente. Nous, on y venait de manière programmatique. À la Sorbonne, il y avait les portraits de Marx, Engels, Lénine, Trotski, Mao, selon les goûts. Maintenant, à part le Che sur les tee-shirts... Donc il faut refonder. En gardant tout ce qu'il y a à garder du passé, bien sûr, mais il faut refonder à la fois un projet de société et une stratégie pour y arriver... »*

Mais sur cet ultime point, laissons tout de même le mot de la fin à la jeune génération, en la personne de Stéphanie Chauvin, trente ans, enseignante, et comme Alain Krivine membre de la direction de la LCR. Issue d'une famille plutôt socialiste, elle a

1. Olivier Besancenot, *Révolution ! 100 mots pour changer le monde*, Paris, J'ai lu, 2004, p. 53.

commencé à militer en 1989, et à ses yeux, en même temps que le mur de Berlin, cette année-là, c'est toute une conception (avant-gardiste et exclusive) du combat politique qui s'est effondrée, pour céder la place à des luttes plus pragmatiques, décloisonnées et multiformes :

> *« Moi je ne me définis pas comme trotskiste, en fait. C'est une étiquette que je ne rejette pas, mais pour moi ce n'est pas le plus important. Ça me fait toujours penser à la chanson de Renaud,* Dans mon HLM, *où il parle de son voisin trotskiste*[1]*... Je crois vraiment que ce n'est pas l'essentiel. Il faudra compter sur d'autres forces que la nôtre, croiser les courants de pensée, compter sur plus que nous, et pas simplement se dire : "Les trotskistes ont eu raison dans l'histoire, donc ils auront forcément raison dans l'avenir." Ça donne effectivement une longueur d'avance par rapport à d'autres, mais le tout c'est que cette expérience bénéficie au plus grand nombre, et insuffle de la démocratie. L'apport de Trotski, pour moi, c'est comment être présent, actif, et comment peser dans la réalité. L'historien Pierre Vidal-Naquet a dit un jour que les trotskistes étaient des témoins pathétiques de l'histoire, cette formule m'a beaucoup marquée, et moi je n'ai pas envie qu'on dise de nous qu'on est passifs, qu'on critique et qu'on ne fait jamais rien. C'est un engagement à multiples facettes, beaucoup plus vaste. Je peux dire que je suis trotskiste, mais je peux ajouter que je suis à gauche, féministe, écologiste, communiste, libertaire, socialiste même... »*

1. « Au quatrième, dans mon HLM/Y a celui qu'les voisins/appellent le communiste/Même qu'ça lui plaît pas bien/Y dit qu'il est trotskiste/J'ai jamais bien pigé la différence profonde/Y pourrait m'expliquer/Mais ça prendrait des plombes » (« Dans mon HLM », 1980).

DEUXIÈME PARTIE

Pédagogie de la fraternité

Ouverture

Sacro-sainte continuité

Rébellion ininterrompue. D'hier à aujourd'hui, quelque chose a survécu, en dépit des désillusions. Les formes en ont évolué, les rythmes et les contraintes aussi, mais les engagements ont demeuré, moins porteurs d'un quelconque programme que d'une interminable promesse. Plus qu'un bagage idéologique, davantage qu'un corpus doctrinal, c'est une commune indignation qui soude la chaîne des générations : l'espérance seule est à même d'en resserrer les maillons. Au fil des combats, des échecs, savoir-faire et expérience se sont accumulés, nourrissant sans relâche le refus du monde tel qu'il est, la volonté renouvelée de le changer, bref, cette certitude intimement éprouvée que, malgré tout, cela ne peut plus durer. Tels sont les éléments qui assurent à la révolte sa continuité.

Prenons garde à ce mot – continuité. Dans le lexique des révolutionnaires, il en est peu qui comptent autant. Il désigne à la fois un lien et un lieu. Un lien, d'abord, entre les batailles de naguère et le soulèvement qui vient. Le lieu idéal, ensuite, où toutes les colères du monde viendraient converger, se rassembler et s'unifier, pour dessiner enfin les contours d'une histoire absolue, sans archives, à nulle autre pareille : l'histoire souterraine de la conscience rebelle, par-delà la discordance des temps.

Les trotskistes n'ont pas changé le monde. Ils ont buté sur le réel, se sont empêtrés dans ses contradictions, l'histoire dans sa complexité semblant singulièrement leur résister. Mais cette longue suite d'échecs peut donner lieu à plus d'une lecture. D'un côté, elle ne fut pas pour rien dans les dangereuses dérives (violentes ou sectaires) où certains de ces militants ont sombré – il faudra y venir. De l'autre, elle les fait tous apparaître, avec le recul, comme les artisans d'une transmission entêtée. Dès lors que l'événement révolutionnaire n'a cessé de se dérober à eux, les trotskistes seraient donc à envisager, aussi et peut-être d'abord, comme les ouvriers d'une immense chaîne éducative qui s'appelle émancipation.

Et si cette tradition représente autre chose qu'une simple accumulation de défaites et de rendez-vous manqués, s'il nous a semblé nécessaire, ici, de la mobiliser, c'est justement parce qu'elle aura incarné, des années 1920 à aujourd'hui, cette quête tourmentée d'une impossible et pourtant si vitale continuité. En tranchant brutalement le fil fragile qui reliait jusque-là l'internationalisme de combat à l'expérience vivante du mouvement ouvrier, le stalinisme avait déchiré la trame subtile patiemment tissée par des générations de militants socialistes et communistes. Héritiers de cette mémoire lacérée, les trotskistes ont jeté toute leur énergie dans un immense effort de ravaudage historique, dans l'espoir de raccommoder fil à fil le tissu déchiqueté de l'étoffe révolutionnaire.

Ouvriers de la continuité ? À l'heure des bilans, le père fondateur de ce courant ne s'est pas présenté autrement. En son exil français de Domène, dans le Dauphiné, où l'avait confiné le gouvernement français, Trotski tentait de rassembler les quelques combattants qui lui étaient demeurés fidèles, dans la perspective de créer une improbable IVe Internationale. Esseulé, une fois de plus en instance d'expulsion, l'ancien chef de l'Armée rouge éprouvait alors le besoin de faire retour sur son itinéraire, griffonnant sur des cahiers d'écolier, au quotidien, un journal de vie et d'idées.

Jetons-y un œil. À la date du 25 mars 1935, il y consigne sa détresse et sa solitude, alors que retentit partout l'écho des procès de Moscou. Et évoque ce qu'il considère, rétrospectivement, comme son véritable rôle historique : « Maintenant, il ne reste personne. Le besoin d'échanger des idées, de débattre ensemble des questions, ne trouve plus, depuis longtemps, de satisfaction ; il ne reste qu'à dialoguer avec les journaux [...]. Et pourtant, je crois que le travail que je fais en ce moment – malgré tout ce qu'il a d'extrêmement insuffisant et fragmentaire – est le travail le plus important de ma vie, plus important que 1917, plus important que l'époque de la guerre civile... Munir d'une méthode révolutionnaire la nouvelle génération [...], c'est une tâche qui n'a, hormis moi, d'homme capable de la remplir. [...] Il me faut encore au moins quelque cinq ans de travail ininterrompu pour assurer la transmission de l'héritage[1]. »

En posant ces termes, le révolutionnaire en sursis – bientôt assassiné – ne s'est pas contenté de marquer ses propres responsabilités. Il a surtout montré le chemin, indiqué une direction, et nommé la tâche que ses héritiers allaient recevoir collectivement en partage : dans l'épreuve, faire le lien. Quoi qu'il arrive, passer le témoin. Brûlante vocation, désormais sans fin, sans rémission.

Jusqu'à son dernier souffle, Trotski aura porté sur ses épaules l'impératif de continuité, léguant son nom à une tradition qui fit d'emblée de cette injonction sa raison d'être, son marqueur d'identité. En France, parmi ceux qui se sont ensuite réclamés de lui, un seul

1. Léon Trotski, *Journal d'exil*, Paris, Gallimard, 1960, p. 74-75.

dirigeant a également donné son patronyme à une lignée encore active aujourd'hui : il s'agit de Pierre Lambert, fondateur et chef historique de l'Organisation communiste internationaliste (OCI), ancêtre de l'actuel Parti des travailleurs. La LCR n'est pas le parti du « krivinisme » ou du « besancenotisme », pas plus que Lutte ouvrière ne représente la vitrine organisationnelle d'un quelconque « laguillérisme »... Il existe toujours, en revanche, un mouvement dit « lambertiste ». Et ce n'est sans doute pas un hasard si ce parti a précisément été fondé par un homme qui n'a que ce mot à la bouche – continuité. Et qui ne le prononce jamais sans trembler.

« Camarades, dans ces derniers jours, lorsque, face à ma table de travail, je préparais cette conférence, j'ai été saisi, très sérieusement, d'une profonde angoisse... » Ainsi s'exprime Lambert lors d'un exposé prononcé en janvier 1969, quelques mois seulement après le soulèvement de Mai. Cet exposé s'intitule « Actualité du Programme de transition », il a été publié sous la forme d'une mince brochure, et il constitue aujourd'hui encore l'un des textes sacrés de cette tendance.

La conférence de Lambert débute par un retour sur ses souvenirs de jeunesse – le choc des procès de Moscou, encore eux, et l'assassinat du « Vieux » : « En 1940, quand nous apprenons la mort de Léon Trotski, nous sommes une poignée de jeunes, ces jeunes qui n'ont aucune expérience, [...] et il est bien normal qu'en l'acquérant nous ayons fait toutes sortes d'erreurs : il nous a fallu assimiler le programme dans la chair et dans le sang[1]... »

Dans une charge contre ceux qui « se gaussent » des querelles et des scissions auxquelles le mouvement

1. « Actualité du Programme de transition », exposé du 24 janvier 1969, *Cahiers du marxisme*, n° 2, Paris, éd. Selio, sans date, p. 11.

trotskiste est en proie, Lambert insiste alors sur le poids du stalinisme et sa « force contraignante » : « La bureaucratie du Kremlin, dans sa lutte contre la révolution prolétarienne et pour protéger ses privilèges, a cherché à n'importe quel prix à détruire les liens de la continuité. Depuis 1848, depuis la Ligue des communistes, ces liens ont matérialisé le lent et difficile combat des générations successives de révolutionnaires prolétariens qui ont transmis leur expérience aux jeunes générations. [...] Le but conscient de Staline a été de rompre le fil de la continuité. »

Ce fil, on pressentait qu'il n'était pas seulement théorique. Tout au long de notre parcours, nous l'aurons découvert humain et charnel, même, bien avant d'être idéologique. Pour le vérifier, restons en compagnie de Lambert. Son témoignage fut l'un des plus difficiles à obtenir. Du reste, on nous avait avertis : le très secret Pierre Lambert déclinait toute demande d'interview. Dans un premier temps, nous avions réussi à décrocher un rendez-vous au siège du Parti des travailleurs, où Daniel Gluckstein, son secrétaire général, nous attendait dans un bureau. Celui-ci avait accepté de répondre à nos questions, tout en prévenant d'emblée que son chef, lui, resterait inaccessible. Lambert était très occupé, disait-il, et puis de toute façon il n'avait pas envie de s'exprimer. D'ailleurs, répétait Gluckstein, il ne fallait ni personnaliser les choses ni se focaliser sur un nom, quel qu'il soit : *« Notre courant n'est pas né de Pierre Lambert ! Lambert, oui, a joué et joue un rôle important, parce qu'à un moment décisif, ce courant aurait peut-être pu disparaître. Mais il a été et il reste un maillon dans la continuité... »*

Nous avons tant insisté, cependant, que le « maillon » en question a fini par pointer le bout de son nez. Entouré de solides camarades, celui que chacun nomme ici d'un simple et affectueux « Pierrot » a soudain fait son entrée. Mais encore fallait-il qu'il accepte de se confier : nous avons dû alors âprement négocier, mobiliser toutes les ressources de la persuasion pour qu'il consente enfin à se livrer. Et il est d'autant plus significatif, dans ce contexte, que l'argument déterminant ait été le suivant : de grands anciens comme Fred Zeller, Dina Vierny ou encore André Essel avaient d'ores et déjà pris place au sein de notre enquête, et la voix de Pierre Lambert, elle, allait en être absente ? Ce serait s'exclure d'une génération, renoncer à tenir son rang, justement, en tant que « maillon ». De cela, pour lui, il ne pouvait être question. Et c'est sur ce thème qu'a débuté notre entretien (dont plusieurs extraits ont déjà été cités ici), en présence de Daniel Gluckstein, son dauphin. Solennel et lapidaire, voici le passage du témoin :

> « *J'ai quatre-vingt-deux ans. Les pages de la vie, il n'y en a plus tellement. Mais l'humanité doit se sauver. Et ce dont je suis le plus fier, c'est d'avoir continué. C'est tout. Je n'aime pas... je suis assez gêné de parler de ma jeunesse, d'autant plus que je pense que cette bataille difficile pour aider à la libération de l'humanité exige une continuité. Et cette continuité, pour moi, est en définitive concentrée dans les plus jeunes dirigeants de cette organisation... Je ne crois pas en Dieu, mais Dieu reconnaîtra les siens !* »

Une transmission en chair et en os, de génération en génération, tel est le suprême espoir : si Staline et ses semblables ont pu s'emparer de l'héritage communiste, installer leur hégémonie sur les partis et verrouiller tant de consciences, ils ne seront jamais parvenus à en finir tout à fait avec l'esprit originel d'Octobre, préservé par quelques dissidents. D'où l'impérieuse nécessité, pour leurs lointains descendants, d'exhiber à chaque instant le lien politique et physique qui les rattache aux pionniers.

D'où aussi le rappel inlassable des références passées, et la volonté d'inscrire sa propre épopée dans la stricte lignée des combats d'antan. Toujours présent devant le mur des Fédérés pour commémorer, chaque année, l'héroïsme de la Commune et le souvenir de la « semaine sanglante », le groupe Lambert se distingue par la volonté incessante de rappeler qu'il ne « date pas d'hier », que par exemple il n'est pas né de Mai 68, mais que ses origines sont beaucoup plus lointaines, remontant au moins à l'entre-deux-guerres et aux batailles dans la SFIO, et par là aux sources mêmes du mouvement ouvrier à travers ses plus célèbres épisodes : le Front populaire et la guerre d'Espagne, et jusqu'à la révolution de 1917, la Commune de Paris ou même le Printemps des peuples de 1848, advenu juste après la publication du *Manifeste du parti communiste* de Karl Marx.

Ainsi, parmi les ouvrages classiques de ce courant, faut-il faire un sort particulier à une autre brochure rédigée en 1970, et que les militants lisent encore aujourd'hui. Intitulé *Quelques enseignements de notre histoire*, ce mince volume vert retrace à grands traits les étapes de la saga trotskiste en France, depuis l'origine jusqu'à Mai 68. Cette saga se trouve tout entière assimilée à un immense et perpétuel « combat pour la continuité », lequel est lui-même présenté, en conclusion, comme l'ultime justification des actions menées, et comme le motif central d'un légitime orgueil : « Le chemin est long, depuis 1923 à nos jours. Il est jalonné d'efforts imparfaits et d'entreprises avortées, mais les trotskistes ont le droit de se tourner vers les censeurs en tout genre pour leur poser la question : "Montrez-nous votre bilan, comparez-le au nôtre ; et nous verrons si les trotskistes, en dépit de leurs erreurs, ne sont pas les seuls à avoir assumé, comme courant, en toutes circonstances, la continuité [1]." »

1. *Quelques enseignements de notre histoire*, documents de l'OCI, n° 7, Paris, éd. Selio, 1970. On retrouvera bien sûr ce souci de la continuité chez les militants du

Chez les lambertistes, ce souci de l'histoire va si loin que certains militants en ont fait leur profession, les plus connus d'entre eux étant Pierre Broué et Jean-Jacques Marie, tous deux spécialistes de l'Union soviétique et du mouvement communiste international, mais aussi Benjamin Stora, auteur de multiples travaux sur les mémoires croisées de la guerre d'Algérie, de part et d'autre de la Méditerranée. Militant permanent de l'OCI de 1973 à 1982, celui-ci nous a confié le sentiment de fierté que la présence des grands anciens procurait aux jeunes membres de cette organisation :

> « *Notre particularité, c'est qu'on avait des personnages vivants, qui avaient été dans la section française de la IVᵉ Internationale. Ils étaient avec nous, on les rencontrait tous les jours ! Bien sûr, il y avait Lambert. Mais il y avait aussi Daniel Renard, ouvrier mythique de la grève Renault de 1947. Gérard Bloch, rescapé des camps nazis, qui connaissait parfaitement Marx en allemand, et nous introduisait à sa lecture. Stéphane Just, qui avait aussi milité dès la Seconde Guerre mondiale, et qui jouait un grand rôle dans la commission ouvrière de l'organisation. Pierre Broué, enfin, qui était déjà un historien connu. L'OCI n'a jamais été traversée par le "jeunisme". Au contraire, il y avait cette référence à la mémoire, cette quête perpétuelle de l'histoire longue. Surtout s'inscrire dans une continuité – ça, c'était fondamental. Quand on était jeune militant en 1970 – j'avais vingt ans – et qu'on arrivait dans un meeting à la Mutualité, à la tribune il y avait Lambert, Just, Broué, Bloch. Ça nous faisait entrer dans la grande histoire, on sentait passer le souffle des anciens, celui d'Octobre, du Front populaire... Alors que dans un meeting de la Ligue* [la Ligue communiste, future LCR], *dont la direction*

PCF. Sur la mise en récit collective du passé, sur les multiples « réarrangements » auxquels elle donnent lieu et sur les mécanismes de cette « mémoire vive condamnée à mourir » qu'est la mémoire communiste, voir Marie-Claire Lavabre, *Le Fil rouge. Sociologie de la mémoire communiste*, Paris, Presses de la Fondation nationale des sciences politiques, 1994.

était jeune, on avait le sentiment d'une inscription dans une histoire plus récente : la révolution cubaine, la guerre du Vietnam... »

Benjamin Stora a raison d'insister sur le rapport intense que ses ex-camarades entretiennent à la question mémorielle. Dans la galaxie des trotskismes français, c'est un peu la marque de fabrique de la famille lambertiste. La raison en est d'abord historique. Chacune à sa manière, les futures directions de Lutte ouvrière et de la Ligue communiste révolutionnaire n'ont vraiment commencé à militer qu'au milieu des années 1950, voire au début de la décennie suivante. Et cela, même si ces directions allaient se réclamer, jusqu'à aujourd'hui, de figures fondatrices plus anciennes, déjà engagées dès l'entre-deux-guerres : pour LO, il s'agit, on l'a vu, de David Korner, dit Barta ; et, pour la LCR, de Pierre Frank, membre dirigeant du petit Parti communiste internationaliste, qui accueillit en 1965-1966 les futurs fondateurs de la JCR.

D'où le rapport plus ambivalent que chacune de ces deux grandes organisations entretient à la question centrale de la continuité. À la différence des lambertistes, par exemple, les militants de Lutte ouvrière n'aiment guère mettre en avant leur propre histoire. Ainsi, on ne trouvera pas un seul mot sur la généalogie de ce courant dans la petite brochure de présentation diffusée sous le titre *Qu'est-ce que Lutte ouvrière ?*. Mais, s'ils sont souvent assez réticents à faire retour sur leur propre itinéraire collectif, les membres de LO ne sont pas moins que d'autres habités par la mémoire des grands moments de l'épopée révolutionnaire : 1848, la Commune de Paris, Octobre 1917, Juin 1936, la guerre d'Espagne...

Autant d'épisodes qu'ils ne cessent de se remémorer, eux aussi, pour en méditer la leçon dans l'actualité la plus contemporaine. Aujourd'hui encore, aux quatre coins de l'Hexagone, l'une des principales activités de ces militants consiste à créer des « cours marxistes », notamment au sein des lycées. D'année en année, ils y dispensent un enseignement à peu près inchangé, selon un programme qui commence aux origines du mouvement ouvrier, traverse le XXe siècle, pour s'achever avec un exposé à l'intitulé quasi invariable : « Le communisme est l'avenir du monde ». Et, depuis le début des années 1980, LO a réussi le tour de force de remplir régulièrement la grande salle de la Mutualité, à Paris, en mettant sur pied un « Cercle Léon-Trotski » où les générations se mêlent pour écouter de longues (et arides) conférences aux thèmes souvent historiques. Ces curieux meetings « mémoriels » fournissent ensuite la matière de brochures à large diffusion, aux titres significatifs : *1789... la révolution !*, *La gauche et les guerres coloniales*, ou encore *Yalta, de la peur de la révolution au partage du monde*...

Quant à la LCR, son rapport à l'histoire est sans doute moins théorisé. Évoquant la mémoire de ce courant, Daniel Bensaïd a parlé d'une « continuité en pointillé », assurée par des jeunes gens dont la plupart se passionnaient bien davantage pour les guérillas en Amérique latine que pour la révolution bolchevik et la prise du palais d'Hiver. Résolument tournés vers l'avenir, ceux-là ont toujours été méfiants à l'égard d'une conception « passéiste » de la fidélité, laquelle rendrait aveugle, selon eux, aux exigences du présent. Lorsque nous avons rencontré Alain Krivine, par exemple, le porte-parole de la Ligue opposa spontanément cette dérive *« antiquaire »* aux efforts d'un activisme *« mouvementiste »*, en prise avec les mobilisations inédites du moment :

> *« C'est une des caractéristiques des courants qui se réclament du trotskisme de faire sans arrêt référence au passé.*

Le Pen est au deuxième tour des présidentielles ? hop ! on ressort les textes des années trente sur le "Front unique"... Mais c'est souvent lié à un esprit de secte, qui consiste à faire entrer la réalité actuelle dans des réalités passées, en voyant ce que le grand homme en a dit. Donc c'est un peu un alibi, et moi ça n'a jamais vraiment été ma tasse de thé. C'est en ce sens que je divise le mouvement trotskiste en deux : il y a ceux qui sont devenus "mouvementistes" au maximum, c'est-à-dire qui se sont plongés dans le mouvement de masse (l'antifascisme, la solidarité avec les peuples coloniaux, avec les sans-papiers...) pour essayer de corriger le côté minoritaire. Et puis il y a ceux qui ont glissé vers la déviation sectaire, c'est-à-dire vers la théorisation triomphaliste de leur état marginal... »

Il y a là, à n'en pas douter, un clivage important, qui n'est pas sans conséquence sur l'activité et l'image des divers groupes. Et pourtant, au-delà de cette opposition (un rien forcée) entre « mouvementistes » ouverts à l'inédit de l'époque, d'un côté, et archéo-« sectaires », de l'autre, nous poserons que l'ensemble des trotskistes, tous courants confondus, s'inscrivent dans une tradition minoritaire qui trouve force et valeur dans la préservation d'une fragile continuité mémorielle.

De ce point de vue, d'ailleurs, les dirigeants de la LCR ne font pas exception. En témoigne la façon dont ils ont réagi, lorsqu'il a fallu élaborer à chaud une stratégie au lendemain des élections du 21 avril 2002, comme le rappelait Alain Krivine lui-même : le réflexe fut de se tourner vers l'expérience des années 1930 (le 6 février 1934...) pour exhumer les textes de Trotski et défendre la perspective du « front unique ouvrier » comme seule riposte crédible à la menace « fascisante ».

Pas moins révélatrice, enfin, la manière dont Krivine raconte, quarante ans après les faits, son adhésion à la IVe Internationale. On s'en souvient, il avait commencé par être un jeune stalinien dévoué, élu meilleur vendeur de *L'Avant-Garde* à l'âge de quatorze ans. C'est au moment de la guerre d'Algérie qu'il s'était mis à douter du PCF, trouvant insuffisant son soutien aux insurgés. Au milieu des années 1960, Krivine était donc déjà un dirigeant chevronné, placé à la tête des Étudiants communistes de la Sorbonne, et son éventuel passage chez les trotskistes (que le PCF qualifiait toujours de « fascistes ») n'était pas un mince enjeu pour les anciens de ce mouvement minuscule et éparpillé. Parmi ceux-là, Pierre Frank, ancien secrétaire de Trotski à Prinkipo et cofondateur du journal *La Vérité*, était l'un des plus ouverts aux nouvelles générations. Et plus qu'une fusion entre deux groupes, plus qu'un vulgaire épisode de « cuisine » organisationnelle, c'est un relais entre deux époques qui se joue lors de la première rencontre entre le vieux Frank et le jeune Krivine. Ou quand passer le témoin consiste à passer le balai...

> « *J'arrive dans le local du Parti communiste internationaliste, section française de la IV*[e] *Internationale, et je trouve un appart' de deux pièces, avec dedans un permanent et demi... Les trotskistes qui m'avaient entraîné là m'avaient dit, à moi qui étais un jeune communiste : "Tu vas voir le compagnon de Trotski." Donc d'un seul coup il y avait toute l'histoire qui s'était coagulée dans ma tête, et j'étais vachement ému. Un compagnon de Trotski ! Même si quelques mois auparavant, je pensais encore que c'était un fasciste, le Trotski en question... Donc j'arrive devant Pierre Frank, et on me présente. Il savait que je venais, et qui j'étais. Et c'est pas pour me vanter, mais j'étais quand même un apport pour la petite IV*[e] *Internationale. Et alors, immédiatement, il me tend un balai en me disant : "Il y a encore deux pièces à nettoyer, tu peux nous donner un coup de main ?" Bon, eh ben j'ai balayé, quoi ! Ça choque ou ça choque pas, mais c'étaient ça les méthodes. Et si ça choquait pas, on était bon pour continuer...* »

Dans les années qui suivirent, Alain Krivine sut d'ailleurs apprécier la présence de ces aînés, et mesurer les leçons dont ils sont porteurs, la richesse représentée par leur expérience du siècle. Bien sûr, Krivine restera avant tout un « activiste » à l'enthousiasme débordant, électrisant les salles et les manifestations ; et il sera toujours de ceux qui martèlent leur envie d'aller de l'avant, leur volonté d'accueillir l'événement, plutôt que de commémorer d'anciennes épopées : *« Moi, le passé ne me fait pas pleurer... »*, nous a-t-il par exemple affirmé, d'un ton un peu frondeur, pour dire sa fierté de voir ses jeunes camarades entrer de plain-pied dans le XXIe siècle, en participant aux luttes sans frontières qui font son originalité... Et pourtant. Pendant toute la durée de l'entretien, il n'en restait pas moins évident que, là encore, Krivine n'échappait pas à la règle. Et qu'il chérissait la mémoire des survivants. De ceux qui avaient maintenu le fil, depuis l'origine, et chez lesquels il avait appris à repérer les traits communs :

> *« Parmi ceux qui ont côtoyé Trotski, il y a dû y avoir un phénomène de mimétisme. Moi j'ai connu un peu Janssen, le garde du corps américain, Pierre Naville, Pierre Frank surtout, et je retrouve des comportements identiques : les horaires absolument stricts, la régularité des réunions, la préparation des ordres du jour, la propreté des locaux, ou le fait que s'il y a une tache sur un tract, c'est inadmissible, c'est une insulte aux gens qui lisent... Là-dessus, Pierre Frank était terrible ! Et en même temps, une timidité démente, qui cachait une sacrée sensibilité. De temps en temps, quand il faisait quelques allusions personnelles, ça pouvait lui arriver d'avoir les larmes aux yeux. Mais ça ne durait pas plus d'une seconde... C'était aussi une vie de pauvre : il n'avait pas un rond, il portait toujours le même costume. Mais on n'en parlait pas. Il faut voir ce qu'est le militantisme, quand on est cent cinquante et qu'on prend des coups sur la tête partout. Il me disait toujours : "Il faut que tu aies une peau d'éléphant."*

C'est une forme d'héroïsme pour ces gens qui ont tenu la maison contre vents et marées. »

Alors, continuer. Pour une petite troupe de militants défaits et isolés, condamnés à une longue marginalité, il n'y a en fait pas d'autre manière de survie : recueillir l'enseignement des aînés, s'en rendre dignes, se préparer à le relancer. L'essentiel est là, il ne faut jamais l'oublier : confrontés jour après jour, et sur une longue période, à la double répression du pouvoir en place et d'un appareil stalinien disposant d'une machine de propagande sans égale, le trotskisme a été amené à développer une morale de minoritaires intériorisée, voire incorporée par chaque militante et chaque militant.

Au centre de ce qu'on pourrait nommer l'habitus trotskiste, il faudrait donc placer un rapport très intense à la mémoire, qui fait de ce mouvement une école de la mélancolie, où l'on apprend à remonter l'« histoire à rebrousse-poil [1] ». Ici, le salut fraternel aux ancêtres tient lieu de méthode, et la dette à l'égard des générations sacrifiées est conçue comme le principal ressort d'une émancipation à venir : « La fidélité a un passé. Il n'est jamais certain qu'elle ait un avenir », a noté un jour Daniel Bensaïd. Autrement dit : « Les vaincus ont la mémoire longue. Souvent, ils n'ont même plus que ça [2]. »

De cette école, nous voudrions maintenant préciser la pédagogie originale, à la fois précaire et subtile, en ses diverses figures : la quête brûlante d'une sacro-sainte continuité, donc, et aussi un rapport passionné, voire tragique, à la chose écrite. Une relation très forte aux aînés, enfin, à ces héritiers des défaites passées, qui font circuler le souci du monde et des mots. Tout

1. Walter Benjamin, « Sur le concept d'histoire », *op. cit.*, p. 433.
2. Daniel Bensaïd, *Une lente impatience*, *op. cit.*, p. 10 et 406. Sur ce point, et du même auteur, voir aussi *Le Pari mélancolique*, Paris, Fayard, 1997.

un enseignement irréductible à un quelconque empilement de références immobiles, à une compilation de dogmes sacrés. Apprentissage qui passe moins par une illusoire instruction « bolcho-académique » que par des gestes et des dispositions, des rapports de confiance et d'affection.

1

Écrire

Les bulletins de la dignité

Un livre bien écrit, où l'on puisse trouver des pensées neuves, une bonne plume qui vous permette de répandre vos idées, furent toujours pour moi et sont encore les résultats les plus précieux de la culture. L'envie de m'instruire ne m'a jamais quitté et, bien des fois dans ma vie, j'ai eu comme le sentiment que la révolution m'empêchait de travailler méthodiquement.

Léon Trotski, *Ma Vie*, 1930.

La continuité ne tient qu'à un fil. Ceux qui ont décidé de s'y tenir font rarement des théories là-dessus. Ils tentent de s'accrocher, un point, c'est tout. Et si chacun de leurs itinéraires est singulier, tous sont des chemins d'apprentissage, des sentiers de patience. Parcours d'éducation et d'endurance, balisés par certaines étapes obligées.

Au départ, l'indignation brute, et avec elle une foule d'interrogations. Et puis une rencontre décisive – tel passeur d'idées, hussard rouge de la rébellion, qui vient soudain répondre aux questions, et en poser de nouvelles : quelle société ? Quelle justice ? Quel horizon ? Réforme ou révolution ? Vient l'heure des lectures : ligne à ligne, terme à terme, s'y déchiffre le b.a.-ba de l'émancipation. Enfin naît le désir, obsédant désormais : défendre ses idées.

Cette passion de convaincre a ses vecteurs écrits. Livres et journaux, brochures ou simples tracts, telles sont les formes où l'écriture de combat trouve à se déposer. À l'origine de tout, donc, des bouts de papier. Idéalement, même, une simple feuille blanche. Dessus, quelques lignes noircies. Des mots imprimés avec soin, et dont chacun a été pesé et repesé. Car pour qui considère que seule la vérité est révolutionnaire, il n'y a guère qu'une voie : créer un objet pour la porter, et faire en sorte qu'elle se mette à circuler.

Tout au long de leur histoire, on s'est souvent moqué des trotskistes et de leur « scissionnite » aigüe : « un trotskiste, c'est un parti. Deux, c'est une tendance. Trois, c'est une scission », a-t-on coutume d'ironiser. Brutales, fréquemment, et parfois tragicomiques, beaucoup de ces ruptures auront eu pour cause une divergence portant sur une nuance minuscule, un mot, une virgule. Dès lors, et avec le recul, l'enjeu peut en paraître dérisoire. Sauf à comprendre que pour les tenants de cette tradition isolée, défaite et toujours calomniée, ce qui est en jeu, dans le choc de textes et des arguments, ce n'est rien de moins que le sort de l'humanité.

C'est ici qu'un nom s'impose, qu'il conviendra de conserver à l'esprit : Hoang Don Tri. La première fois que nous avons rencontré ce révolutionnaire vietnamien, son regard tenace, presque gênant à force de curiosité, nous a frappé. Et aussi l'accent et le débit, si carrés qu'ils donnaient au plus doux de ses propos la virulence d'un discours martial. Il était venu accueillir ses visiteurs, dans l'étroit jardinet de son pavillon de banlieue, un journal à la main. Dans sa démarche comme dans ses yeux, on percevait un enthousiasme sans limites, une bienveillance sévère. Et une grosse colère. D'emblée, il en exhiba la cause – encore une feuille imprimée. C'était entre les deux tours de l'élection présidentielle, juste après la commotion du 21 avril 2002 (Le Pen devant Jospin), et, dans le journal *Libération*, d'après lui, une militante proche du Parti communiste accusait les trotskistes d'avoir toujours fait le *« jeu des fascistes »*. Pointant un doigt rageur sur l'article en question, Hoang Don Tri tonnait : *« Voilà, c'est toujours les mêmes calomnies, encore aujourd'hui, toujours la même violence, le même venin ! »*

Violence ? Venin ? Tri connaît bien ça. Issu d'un milieu de cultivateurs de la province de Bindin, dans ce pays qui s'appelait encore l'Indochine, il a grandi au sein d'une famille décimée par la répression. Plusieurs de ses oncles furent torturés et/ou exécutés pour avoir organisé des manifestations contre la puissance coloniale française et s'être mobilisés en faveur de l'indépendance. Quant à son frère, qui sera l'un des fondateurs du PC vietnamien, en 1945, il subira d'abord la brutalité des troupes du général Leclerc arrivées à Saigon, avant d'être assassiné par ses « camarades » communistes, qui s'inquiétaient de sa sympathie pour le minuscule parti trotskiste indochinois...

Celui-ci était né quelques années auparavant, et Hoang Don Tri se souvient avec émotion de l'un de ses plus fameux dirigeants, Ta Tu Thau, qui sera lui aussi supprimé en 1946 par les communistes vietnamiens. Cofondateur du groupe de l'« opposition de gauche » en Cochinchine, à la toute fin des années 1920, Thau fut de ceux qui lancèrent le journal *La Lutte*, en avril 1933. Œuvrant à la création de « comités d'action » rassemblant ouvriers et paysans, ce groupe agissait selon les principes de ce que Thau nommait la « méthode du rayonnement », essentiellement axée sur la diffusion régulière de tracts. Souvent, au bas de ces feuilles, Thau signait simplement : « un camarade ».

Or ce « camarade », toujours entre l'exil et la prison, fut également le professeur de Hoang Don Tri dans un lycée des environs de Saigon. Et, pour ce dernier, Thau demeurera toujours une figure de référence. Avant de venir en France, le jeune Tri n'est pas encore gagné aux idées trotskistes, mais les mots de son enseignant ont déjà fait leur chemin dans sa tête. Ayant obtenu une bourse grâce à une loi votée par le Front populaire, il débarque à Marseille en octobre 1937, à dix-sept ans. Inscrit en classe préparatoire au lycée Saint-Louis, à Paris, pour se présenter à l'École Centrale, il désobéit aux consignes de ses parents, qui l'avaient laissé partir à la seule condition qu'il se consacrât tout entier à ses études : surtout, ne pas toucher à la politique, avaient-ils ordonné...

Quelques mois après son arrivée en France, le voilà donc au milieu des traditionnels défilés du 1er Mai, se mêlant aux cortèges des organisations ouvrières. Là, impressionné par la puissance écrasante du Parti communiste, il est scandalisé par la violence que les *« milliers de gros bras staliniens »* exercent à l'encontre des quelques trotskistes présents dans la manifestation : *« D'un côté, ils étaient tapés par la police, et de l'autre par le PC »*, se souvient Tri, qui date de ce jour sa décision de rejoindre ces militants persécutés : *« Parce que je suis pour le faible contre le fort, pour la vérité contre le mensonge »*, souffle-t-il en baissant la voix.

Or dans l'univers stalinien, chez les procureurs moscovites comme chez les apparatchiks français, le mensonge était souverain. Hoang Don Tri et ses camarades auront mille occasions de le vérifier, eux qui étaient constamment dénoncés comme « hitléro-trotskistes » par la propagande du PCF : « On trouve encore, peu souvent il est vrai, dans notre parti, des camarades qui adoptent à l'égard des trotskistes une attitude vraiment incompréhensible. [...] On ne va pas jusqu'à dire qu'en France le trotskisme constitue un courant du mouvement ouvrier, mais parfois, dans la pratique, on se comporte vis-à-vis de certains comme s'il en était ainsi. Les trotskistes, dans la classe ouvrière, prolongent l'action du fascisme contre le Front populaire, contre la France. [...] C'est la tâche de tout le parti et de toute la classe ouvrière d'intensifier encore la lutte contre le trotskisme », écrivaient par exemple les *Cahiers du bolchevisme,* liés au PCF, en février 1939. C'est-à-dire quelques mois seulement avant la signature du pacte noué entre Hitler et Staline[1]...

Si, en 2002, et à l'âge de quatre-vingt-deux ans, Hoang Don Tri s'emporte encore avec tant de vigueur contre tel ou tel article de presse où il reconnaît un avatar contemporain de ce discours haineux, c'est qu'il a gardé un souvenir précis de ses conséquences brutales, voire parfois meurtrières. En effet, certains trotskistes allaient y laisser la peau, dans les années 1930 et aussi sous l'Occupation. Partout circulera le venin, encore et encore, y compris au cœur des maquis, et jusqu'au peloton d'exécution. Ce sera par exemple le cas à Châteaubriant, en octobre 1941, lorsque vingt-sept otages seront fusillés, en représailles à un attentat contre un officier allemand. Quand il évoque les années noires, c'est cet épisode que Tri convoque spontanément :

> « *J'avais peur, parce que nous trotskistes, il ne faut pas oublier ça, nous vivions dans une triple terreur. La première, c'était la politique de Vichy. La deuxième, c'était la Gestapo. Et la troisième, c'étaient les staliniens, qui massacraient nos camarades dans le maquis. Ils disaient que les trotskistes étaient des agents de Hitler. À Châteaubriant, il y a eu vingt-sept fusillés. Parmi eux, il y avait des camarades à nous. Et jusqu'au pied du poteau, les staliniens ont dit que c'étaient des "moutons" qui travaillaient pour les Allemands. Jusqu'au poteau ! Ils ont poussé la calomnie jusque-là. Incroyable ! Ils se basaient uniquement sur la calomnie, le mensonge. Et ça marchait, ça marchait...* »

1. Cité in *Trotsky. Textes et débats,* de Jean-Jacques Marie, Paris, Librairie générale française, 1984, p. 410.

Pendant la guerre, cela « marche » d'autant mieux que la minuscule mouvance trotskiste est condamnée à une conspirativité absolue, et que dans cette situation il lui est encore plus difficile de faire pièce à l'hostilité du PC clandestin [1]. Souvent jeunes et inexpérimentés, les voici dispersés, désorientés et désormais orphelins (Trotski est mort en août 1940). À cette situation inédite, la plupart d'entre eux sont mal préparés. Aussi leur premier réflexe consiste-t-il à se cramponner aux textes, en prenant appui sur la mémoire du mouvement ouvrier, pour tenter de bricoler, avec les moyens du bord, une réponse révolutionnaire aux défis du moment.

Préserver l'héritage internationaliste sous l'Occupation, c'est d'abord, à leurs yeux, définir le nouveau carnage mondial comme un conflit entre puissances impérialistes rivales, dans lequel les opprimés n'ont pas à prendre parti. C'est aussi et surtout mobiliser la mémoire de la Première Guerre mondiale pour prôner le défaitisme révolutionnaire et la « fraternisation » des ouvriers par-delà les frontières. Ce faisant, les trotskistes voudraient s'inscrire dans la stricte tradition marxiste, celle qui veut que « les prolétaires n'ont pas de patrie », et que leur pire ennemi se trouve dans leur propre pays : « Si tu pars en Allemagne, souviens-toi que tu seras là-bas le représentant de Juin 1936 [...] Souviens-toi que l'Allemagne est le pays de Marx, d'Engels, de Karl Liebknecht et de Rosa Luxemburg, le pays de la révolution de novembre 1918 et 1923. Souviens-toi que main dans la main avec le travailleur allemand tu dois tout faire pour saboter et ralentir la production, tout. Tout faire pour désorganiser la machine de guerre nazie, tout faire pour préparer la libération prolétarienne de l'Europe par un

1. Sur la chasse aux trotskistes menée par le PCF sous l'Occupation, voir Pierre Broué et Raymond Vacheron, *Meurtres au maquis*, Paris, Grasset, 1997.

nouveau Juin 1936 européen », écrivaient les trotskistes de *La Vérité* clandestine, en octobre 1942[1].

Ces mots s'adressaient à l'ouvrier français envoyé en Allemagne. Mais le même espoir de fraternisation était nourri à l'égard des combattants du rang au sein de l'armée d'occupation : « Toi, soldat allemand, sous ton uniforme, tu restes un travailleur », telle est la formule lancée alors par des trotskistes plus isolés que jamais. Dès 1940 et au milieu d'une Europe ravagée par les nationalismes, ces quelques marxistes obstinés vont donc tenter de gagner à leur cause les militaires de la Wehrmacht, rebelles antinazis ou simplement réfractaires, à seule fin de maintenir vivante, contre vents et marées, la camaraderie universelle des travailleurs dont avaient rêvé Marx et Engels.

Cela passait avant tout par la distribution discrète de tracts rédigés en allemand, comme le bulletin *Arbeiter und Soldat* (« Travailleur et soldat ») qui fut créé en 1943. Les militantes cachaient ces bulletins dans un landau, guettant le moment opportun de les éparpiller à l'entrée des casernes, tandis que les hommes optaient le plus souvent pour la bonne vieille diffusion « sous le manteau ». Et cette agitation déboucha parfois sur la constitution de véritables cellules de

1. Voir *La Vérité 1940/1944. Journal trotskyste clandestin sous l'occupation nazie*, facsimilés édités par Jean-Michel Brabant, Michel Dreyfus et Jacqueline Pluet (Paris, EDI, 1978). Précisons cependant que quelques trotskistes refuseront de renvoyer dos à dos les « impérialismes » allemand et anglo-saxon. Certains s'engageront même dans les maquis communistes, tout en étant obligés de dissimuler leur identité politique. Pour ceux-là, l'Occupation créait une situation inédite, qui faisait de la libération « nationale » un préalable à toute libération « sociale ». Fustigés par leur camarades pour cette dérive « patriotarde », cette poignée de « trotskomaquisards » se sentira confortée, plus tard, quand sera découvert le texte où Trotski recommandait d'« aider l'Angleterre » à « écraser Hitler » : « Ce que nous, travailleurs, estimons digne d'être défendu, nous sommes prêts à le défendre par des moyens militaires – en Europe aussi bien qu'aux États-Unis. C'est la seule possibilité que nous ayons d'assurer la défense des libertés civiques et autres bonnes choses en Amérique », notait-il dans une ultime lettre à ses « amis » américains, une semaine avant d'être assassiné (Léon Trotsky, *Sur la Seconde Guerre mondiale*, Paris, Le Seuil, 1974, p. 207).

combattants allemands « retournés », comme celle qui vit le jour en Bretagne, à Brest en particulier. Dénoncés, en octobre 1943, par un agent infiltré, les soldats seront fusillés et les militants déportés.

Depuis le simple regard complice, bref échange verbal sur le mode rudimentaire du *Scheisse Krieg !* (« La guerre, c'est de la merde ») jusqu'au recrutement en bonne et due forme au sein de cellules parallèles, les contacts avec les soldats pouvaient donc prendre diverses formes. Ayant participé à ce travail militant, Hoang Don Tri se souvient de son côté d'avoir accueilli et caché un solide déserteur de la Wehrmacht. Son père et son frère étant tous deux morts sur le front russe, sa mère lui avait recommandé de *« foutre le camp »*, a-t-il raconté à son hôte et bienfaiteur trotskiste. Lequel eut bien des difficultés à s'occuper de lui :

> *« Déjà, je n'avais pas assez à manger pour moi-même, alors nourrir un Allemand costaud, qui mesure un mètre quatre-vingts... Il fallait lui chercher une chemise, et la chose que je n'ai pas pu trouver, c'étaient les chaussures, il faisait du 44 ! On vivait dans un hôtel de passe, il y avait des descentes de police, c'était un risque formidable ! Et il m'a expliqué que dans les casernes allemandes, les officiers avaient affiché les journaux de la Résistance française, surtout ceux du PC, qui disaient : "Il n'y a de bons Allemands que des Allemands morts. À chacun son boche." Alors que pour moi et mes camarades, les vrais ennemis étaient les nazis. Il y avait des nazis français, ils étaient pires que la Gestapo. Parmi les Allemands il y avait des communistes, des socialistes, des gens de gauche. Au lieu de tuer un pauvre Allemand qui se promène, il fallait essayer d'en faire, si possible, un ami. »*

Aux positions chauvines progressivement adoptées par le PC français après la rupture du pacte Hitler-Staline (juin 1941), les trotskistes ont donc prétendu opposer une continuité de principe internationaliste : l'ennemi n'était ni l'Allemand ni le « boche », mais les « exploiteurs » et les « fascistes » du monde entier. Formé à cette école, Hoang Don Tri et ses camarades devaient fatalement se retrouver en porte-à-faux, non seulement par rapport à l'écrasante majorité des combattants de la Résistance, mais aussi par rapport à certains militants anticolonialistes. Ainsi, contre le « réalisme » ultra des nationalistes vietnamiens, qui virait parfois à l'opportunisme cynique (les ennemis de mes ennemis sont mes amis), ils avançaient la perspective d'une lutte pour l'indépendance qui ne se situerait pas sur le terrain d'un affrontement entre « Français » et « Vietnamiens », mais sur celui d'une bataille commune à tous les opprimés, par-delà les appartenances nationales. De cette prise de position, ils tiraient au moins deux conséquences : d'une part, le mouvement de libération indochinois doit tendre la main à tous ceux qui combattent la domination coloniale – et parmi ceux-là il y a des Français. D'autre part, on ne saurait se réjouir de toutes les défaites françaises. Surtout, précise Hoang Don Tri, lorsque ces défaites sont infligées par les forces les plus barbares – l'armée d'Adolf Hitler. C'est d'ailleurs en apprenant la déportation d'une amie juive, au lendemain de la rafle du Vel' d'Hiv (16 juillet 1942), qu'il décidera de passer à l'action :

« J'ai vu l'effondrement de la France. Des spectacles atroces dans les rues... Les nationalistes vietnamiens étaient contents, et moi, grâce aux idées trotskistes, je partageais les malheurs de la France. J'avais des amis juifs, qui habitaient rue des Archives, par là. La fille, elle s'appelait Élisabeth. Elle avait dix-huit ans. Cette fille elle était blonde, les yeux bleus, belle, intelligente. Elle avait une sœur de douze ans qui s'appelait Adèle, et une autre de huit ans. Elles ont été déportées. Avec un camarade, on a dit : "Il faut faire quelque chose." Oui, mais quoi ? On n'avait rien. C'est

curieux, on avait peur. Vous êtes jeune, vous ne savez pas ce que c'est que la terreur... À cette époque il y avait des forces vietnamiennes en France. Mais les forces les plus solides marchaient avec les Allemands. Les autres, c'étaient des communistes, des types prêts à se battre, mais ils attendaient les ordres, ils n'avaient pas d'idées. Nous, on avait quelques idées, mais on n'avait pas de force ! »

Un idéal pour seul guide, et un noir isolement en toile de fond. Les trotskistes n'ont jamais connu d'autre configuration. Mais, sous l'Occupation, cette situation est encore radicalisée. Aussi Tri et ses compagnons eurent-ils l'idée de se tourner vers une population à laquelle nul ne songeait : les quinze mille travailleurs qui avaient été réquisitionnés en Indochine, au moment de la « drôle de guerre », pour venir remplacer les ouvriers français mobilisés. Contrainte aux tâches les plus ingrates et aux conditions de travail les plus difficiles, cette main-d'œuvre surexploitée était utilisée sur les chantiers, dans les poudreries ou au sein des usines chimiques du sud de la France, en Dordogne, dans le Vaucluse ou en Haute-Garonne. Le soir, les ouvriers « indigènes » se retrouvaient parqués dans des campements, livrés par Vichy à d'anciens officiers coloniaux sans scrupule, qui pillaient leurs rations pour trafiquer au marché noir. En rang par deux, frêles fantômes flottant dans leurs vieux uniformes, ces soldats perdus, originaires du Tonkin ou de Cochinchine, erraient désormais pieds nus le long des rues de Sorgues, de Bergerac ou de Toulouse.

Déracinés et sous-alimentés, souvent frappés par la tuberculose, certains de ces forçats tenteront d'abord de déserter, et même, parfois, de s'automutiler. Bientôt, pourtant, ils vont découvrir de nouvelles formes de lutte au contact des trotskistes, emmenés notamment par Tri et un autre militant dont nous aurons à reparler : Claude Bernard, dit « Raoul ». Ceux-là viennent les chercher à la sortie des salines, des poudrières ou des usines. Organisant la solidarité matérielle, ils entreprennent alors une campagne volontariste d'alphabétisation et d'instruction. Plus de soixante ans après, Hoang Don Tri considère cet engagement auprès des travailleurs indochinois comme *« le travail le plus extraordinaire »* que lui et ses compagnons de lutte aient accompli, dans un esprit de fidélité au mot fameux de Karl Marx, selon lequel « l'émancipation des travailleurs sera l'œuvre des travailleurs eux-mêmes » :

> *« Ils vivaient dans des conditions atroces, c'étaient des loques humaines. Mais après deux ans de travail, ils sont devenus des hommes dignes. Pour changer, c'est eux-mêmes qui doivent changer. Au Vietnam, c'était une société féodale, extrêmement hiérarchisée. Et moi, ingénieur de grande école, je couche par terre, je mange comme eux, ça fait de l'effet. Je leur ai parlé de l'émancipation, mais la première chose, c'est l'alphabétisation : 95 % d'entre eux ne savaient ni lire ni écrire. Alors, grâce à nous, dès sept heures du matin, avant d'aller au travail, tous suivaient un cours. Il y avait un gars, à quarante ans, il se trouvait très vieux, et il a dit "non, moi, je ne fais pas partie des gens qui doivent savoir lire. Faites-moi faire ce que vous voulez, mais je ne peux pas aller au cours, c'est trop dur pour moi". Mais les camarades l'ont pris par la peau du cou : "Puisqu'on a décidé démocratiquement que tu iras au cours, tu iras." Alors il a tenté de se pendre. Les copains l'ont dépendu, et ensuite ils dormaient dans sa chambre pour éviter qu'il recommence. Et le lendemain : "Tu vas au cours !" La démocratie chez les travailleurs, c'est ça ! Deux ans après, on a retrouvé le gars à Remiremont, dans les Vosges, en train de taper à la machine. Il nous a dit : "Des gens comme vous... je suis prêt à mourir pour des gens comme vous." C'est un paysan qui dit ça, c'est pas des paroles en l'air. Il dit qu'il a trouvé le bonheur. »*

A priori perdu d'avance et mené par quelques militants, ce combat discret aboutit pourtant à la formation du « groupe viet », orgueil et fierté du mouvement trotskiste français [1]. C'est sur la même base que Hoang Don Tri et ses camarades se sont opposés à certains activistes indochinois, lesquels étaient prêts à tout pour affaiblir la puissance française. L'une des tâches prioritaires fut ainsi de couper l'herbe sous le pied de la Waffen SS, qui essayait de faire des recrues parmi la population indochinoise, sur le modèle de la fameuse « légion arabe ». Et, malgré la pauvreté de leurs moyens, les militants trotskistes se mobilisèrent afin de dissuader les travailleurs de s'enrôler dans l'armée allemande. Une machine à écrire, un stencil et du papier, telles étaient leurs armes pour faire pièce aux arguments des nationalistes indochinois, dont Hoang Don Tri rappelle l'état d'esprit :

> *« Le raisonnement était celui-ci : les Français nous bottent le derrière et les Allemands bottent le derrière des Français. Pourquoi ne pas aller avec le maître de nos maîtres pour nous débarrasser de nos maîtres ? Alors je me suis dit que si les Allemands arrivaient à former les deux divisions, avec les idées ethniques et nationalistes, ils allaient faire des dégâts énormes, en utilisant ces types-là pour la répression. Parce que le fascisme ne peut vivre qu'en attisant la haine. Avec un camarade, on a décidé de faire de la contre-propagande, pour le boycott de la Waffen SS. Et c'est moi qui ai écrit le premier tract pour expliquer aux Vietnamiens que lutter contre le colonialisme, c'est juste, mais que nous sommes contre le colonialisme, pas contre le peuple français. Qu'au contraire, nous voulons nous libérer avec l'aide du peuple français. Et la propagande a porté ses fruits : il n'y a eu que dix-sept Vietnamiens sous uniforme allemand. À l'époque de la clandestinité, un tout petit écrit subversif avait beaucoup de valeur. »*

---

1. Précisons néanmoins qu'après guerre nombre des militants de ce groupe, de retour au pays, seront victimes de la violence stalinienne, incarnée là-bas par un certain Hô Chi Minh... Sur ces aspects de l'activité trotskiste sous l'Occupation, voir *Les travailleurs indochinois en France pendant la Seconde Guerre mondiale*, Les Cahiers du CERMTRI, n° 28, avril 1983.

Un petit écrit, quelques feuilles à la dérobée, et tout est bouleversé. Dans l'esprit de Hoang Don Tri, ces propos se rapportent à un temps bien précis : celui des années noires, où les activités subversives pouvaient coûter très cher. À l'époque, les trotskistes ont payé le prix du sang, et plusieurs d'entre eux ne sont jamais revenus des camps nazis.

Précautions multiples, rendez-vous secondaires, pseudonymes généralisés et cloisonnement hermétique : toutes les pratiques « conspiratives » qui caractérisent la discipline de ces militants datent de ces années-là. Elles relèvent aussi, bien sûr, d'une culture léniniste née au cœur de la Russie tsariste, mais pour les trotskistes français elles ne se mettent vraiment en place qu'alors, dans un temps de terreur où la discrétion est simplement une question de vie ou de mort. Ce qui distingue ce courant des autres, cependant, c'est que l'« époque de la clandestinité » ne s'identifie pas entièrement à la période de l'Occupation. De fait, cette période n'aura représenté, pour eux, qu'une radicalisation meurtrière de la répression multiforme qui les avait frappés dès les années 1930, et qui se poursuivra ensuite, à un moindre degré, jusqu'au début des années 1970.

Certes, ce ne fut pas tous les jours Vichy. Mais, durant un demi-siècle au moins, leur combat se sera trouvé réduit à une quasi-clandestinité. Par la force des choses, et d'abord en vertu de la longue hégémonie du stalinisme dans le mouvement ouvrier. Il fallut donc apprendre à ruser, multiplier les audaces. Faire vivre une littérature d'idées ? Tant qu'ils se contentaient de rédiger des textes et de les commenter, bref, de faire la révolution « en chambre », les trotskistes n'avaient pas grand-chose à craindre. S'avisaient-ils d'aller les porter là où « ça » se passe, c'est-à-dire dans la rue et au cœur des usines, alors, jusqu'à des temps assez récents, il valait mieux se faire discret.

Pour la période des années 1930, nous avons déjà

rapporté, sur le sujet, plusieurs témoignages. Mais, afin de bien marquer les éléments d'une continuité, on voudrait ajouter celui d'André Essel, qui fait partie des pionniers déjà cités. Plus de soixante ans après avoir quitté La Lorraine, l'usine dans laquelle il avait été ouvrier, Essel conservait en mémoire les immenses difficultés rencontrées par les trotskistes pour tenir bon dans les « boîtes », et les artifices auxquels ils devaient recourir pour assurer la diffusion de leurs feuilles militantes. Relayant les revendications ouvrières, appelant à soutenir la révolution espagnole ou encore à résister aux ligues fascistes, le petit bulletin confectionné par Essel et ses camarades s'appelait *La Lorraine rouge.* Et sa diffusion était une activité à haut risque...

> *« On avait constitué une tendance syndicale de gauche et pour faire connaître nos idées, on distribuait des tracts. On ne disait surtout pas qu'on était trotskistes. Enfin, vous savez, c'était un secret de Polichinelle. On avait un petit bulletin de quatre pages, deux feuillets ronéotypés, où on dénonçait les injustices dans l'usine, on réclamait des augmentations de salaire... Quand il y avait des choses qui nous paraissaient plus importantes et qu'on voulait qu'il y ait une distribution massive, on faisait venir des copains. Mais ils se faisaient virer à chaque coup : ils ne pouvaient même pas rester devant la porte de l'usine ! Bon, on employait d'autres manières : on déposait des tracts dans certains endroits, les toilettes, les vestiaires, on en collait clandestinement, on faisait des inscriptions sur les murs, enfin des choses comme ça, c'est assez classique... »*

Un quart de siècle plus tard, en pleine guerre froide, les choses n'ont pas vraiment changé. La brutalité demeure, et les moyens de la contourner sont les mêmes. Sur ce point, le mieux est de consulter les militants de Voix ouvrière, ancêtre de l'actuelle Lutte ouvrière. On pourrait d'ailleurs retracer toute l'histoire de LO à partir des relations que cette organisation entretient à la question des tracts, de leur fabrication et de leur distribution, lesquelles font l'objet d'un soin tout particulier. Dès l'origine, en effet, cette tendance du mouvement trotskiste a choisi le « bulletin de boîte » comme l'un des axes centraux de sa politique. Or pendant les années 1950, 1960 voire 1970, la diffusion de ces feuilles est demeurée très difficile, sinon quasi impossible au grand jour, car à l'hostilité patronale s'ajoutait l'animosité du PCF. À la porte des entreprises, la CGT veillait. Et même à l'intérieur, il n'était pas aisé d'échapper à sa (rude) vigilance...

Soit l'exemple des usines Renault. Au lendemain de la Libération, Gilbert Devillard, vingt-deux ans, parvient à y entrer comme apprenti, après avoir *« étouffé »* en tant qu'employé dans une compagnie d'assurances. Ancien maquisard de sensibilité libertaire, il fera d'abord un bout de chemin avec un groupe de tendance anarcho-syndicaliste. Ce qui l'en rendait d'autant plus allergique à la violence des *« staliniens »*, avec laquelle il eut très vite l'occasion de *« faire connaissance »*, un jour où plusieurs jeunes militantes du groupe Barta tentaient de diffuser leur littérature à la sortie de l'usine :

> *« Quand je suis arrivé, les "stals" étaient en train de leur taper dessus. Alors je suis intervenu : "Eh, qu'est-ce qui se passe ? La guerre est finie, les gars !" C'était un petit groupe de jeunes qui m'avaient "agrafé", avec un plus vieux qui surveillait l'opération. Il vient me voir et il me dit, avec un parler tout à fait déraillant, comme ça : "Alors quoi, tu défends ces salopes qui ont couché avec les boches ? Si ça se trouve, toi aussi t'étais un collabo !" Je l'attrape, vlan, je lui mets un coup de tête dans le pif, ils me sautent tous dessus... Mais à l'époque, je sortais de l'armée, et puis je faisais un peu de boxe, un peu de tout ce qu'on veut... et je les ai mis en déroute. Et c'est là qu'en retournant dans l'usine, un ouvrier m'a dépassé et m'a dit : "Alors, p'tit*

gars, t'as fait connaissance avec la démocratie du Parti communiste ?" »

De ce premier élan de solidarité avec les militants du groupe Barta naîtra bientôt une franche complicité, et Gilbert Devillard finira par les rejoindre, au milieu des années 1950. Entre-temps, certains d'entre eux auront animé la grande grève Renault du printemps 1947. Dans ce bastion ouvrier, la CGT régnait en maître. Et à travers elle le PCF, lequel avait tout autre chose en tête que de subvertir l'ordre établi : « Un seul État, une seule armée, une seule police », « Travailler d'abord, revendiquer ensuite », tels étaient les slogans d'un parti qui pesait de tout son poids pour remettre la France au travail, invitant les salariés à « relever les manches », à « crever les plafonds », et allant jusqu'à dénoncer la grève comme l'« arme des trusts ».

Le PCF participait alors au gouvernement, et le climat social au sein des usines Renault était un enjeu très important, dans une période où les pénuries alimentaires venaient s'ajouter aux cadences infernales et au blocage des salaires pour rendre la vie très difficile. « Quand Renault éternue, la classe ouvrière s'enrhume », disait-on à l'époque, et les « camarades ministres » connaissaient la formule aussi bien que les autres membres du gouvernement. Aussi le Parti communiste avait-il carte blanche pour « faire le ménage » et écarter les trublions à l'intérieur comme à la sortie des entreprises.

Mais il suffit parfois de quelques textes bien tournés pour modifier un climat et pour l'électriser. Ce que le petit groupe de Barta, qui ne devait pas dépasser la quinzaine de militants, allait justement s'employer à démontrer, lorsque la grève s'installa chez Renault, en commençant par les ateliers 6 et 18, avant de se généraliser fin avril 1947. Malgré les efforts du PCF et le courroux de *L'Humanité*, qui tonnait contre la manipulation des « hitléro-gaullo-anarcho-trotskistes », les militants révolutionnaires (trotskistes mais aussi anarchistes) réussiront à orchestrer et à étendre ce mouvement, qui servira de prétexte à l'éviction des ministres communistes du gouvernement. Le 11 mai 1947, le journal *France Dimanche* titrait : « Un petit ouvrier de 25 ans a forcé Auriol à "révoquer" Thorez. »

L'ouvrier en question s'appelait Pierre Bois, et il s'était fait embaucher chez Renault l'année précédente, sur la demande de Barta. Avec sa camarade Louise, ce dernier élaborait la stratégie du groupe. Lorsqu'elle revient sur cette grève, comme à son habitude, Louise a tendance à s'effacer, à minimiser son rôle. Mais à l'écouter attentivement, pour ainsi dire « entre les mots », on saisit que son action fut décisive, notamment pour la fabrication du matériel politique à destination des « copains » se trouvant au sein même des ateliers. À leur tête, Pierre Bois, donc, qui allait incarner la politique de sa petite organisation, selon une répartition des tâches que Louise nous a expliquée ainsi :

> « *Bois était très doué point de vue contact avec les ouvriers. Lui-même était fils de maçon, il avait un langage très convaincant. Avec lui, il y avait sept ou huit autres camarades qui étaient allés chez Renault pour former une équipe solide. Et c'est la première fois en France qu'un groupe trotskiste a pu créer un tel choc politique. Malgré notre faiblesse. Les copains de l'usine sortaient tous les jours des tracts. Il fallait les taper, les tirer, les leur transmettre – moi je faisais un travail, comment dire... "technique". Évidemment, je n'étais pas cloîtrée, je me déplaçais pour voir, pour entendre ce qui se disait. Mais derrière cette action, il y avait la politique de Barta. Il disait qu'on ne pouvait pas rester, comme ça, à répéter des phrases, qu'il fallait tirer parti d'une situation, savoir y aller, et affronter les staliniens, qui se*

croyaient en "démocratie populaire". Les camarades de Renault ont fait plus d'une fois le coup de poing avec eux. Mais on n'était pas désavoués par les ouvriers pour ça. »

Dans les « démocraties populaires » qui subirent le joug soviétique (la Pologne ou la Hongrie, par exemple), les hommes du parti unique avaient tout pouvoir. Pour écarter leurs adversaires, ils n'hésitaient ni devant la violence physique ni devant la calomnie. Le venin, encore lui. Au sein des grandes entreprises, en France, jusqu'à la fin des années 1960, c'est souvent avec les mêmes méthodes (les procès et les assassinats en moins) que les communistes tentaient de conforter leur monopole.

Et, pendant bien des années encore, Pierre Bois et ses compagnons devront affronter la brutalité constante du PCF. Notamment à partir de 1956, quand sera fondé le mouvement de la Voix ouvrière (VO, future Lutte ouvrière) avec quelques anciens du groupe Barta. Jour après jour, les cadres du PCF jetteront l'opprobre sur les quelques membres connus de ce minuscule groupe trotskiste. Les dénonçant comme « flics », « espions » et « mouchards à la solde du patron », ils raconteront les histoires les plus farfelues sur leur vie privée, et railleront leur prétendu « dilettantisme » : un jour, prétendaient ces mauvaises langues, on voyait les militants de la VO juchés sur l'établi pour appeler à la grève générale... Et dès le lendemain, on apprenait qu'ils étaient partis faire du tourisme à travers les cinq continents.

Mais ce sont bien sûr les tracts de la VO qui seront les premiers visés. Apprenti aux usines Renault à partir de 1953, dès l'âge de quatorze ans, Michel de Pierrepont peut en parler. Jeune ouvrier en voie de radicalisation, il commençait à chercher son chemin politique, et, entre les militants du PC et ceux de la VO, son cœur balançait. Le voyant hésiter, les premiers tentèrent de lui ouvrir les yeux sur le *« vrai visage »* des seconds. Vingt ans après les procès de Moscou, c'était encore et toujours celui de l'« hitléro-trotskisme »...

> *« Il suffisait de poser une question et déjà on était suspect. Si des travailleurs discutaient avec les militants trotskistes d'une façon appuyée, alors tout de suite ils disaient, même si ce n'était pas vrai : "Ouh, celui-là, il en est !" Moi, ils m'amenaient des soi-disant documents montrant par exemple la collusion entre Voix ouvrière et le bulletin* Unité et Travail, *qui était proche d'Occident et de Jeune Nation. Le premier tract de la VO est paru au moment de l'invasion de la Hongrie* [par les troupes soviétiques]. *Alors ils m'amenaient les deux tracts, celui de la VO et celui des organisations fascistes. Et ils me disaient : "Regarde, c'est pareil, tout ça !" Et moi j'étais submergé... »*

Submergé, Michel de Pierrepont ne le fut pas bien longtemps. Intrigué par l'acrimonie des cégétistes, et de plus en plus choqué par leur acharnement, il se laissera bientôt séduire par les arguments de Gilbert Devillard, son collègue de travail et son aîné, pour s'engager aux côtés des pestiférés de la VO. Commencera alors pour lui un autre apprentissage : celui de l'activisme aussi inlassable que discret. Où l'on retrouve la volonté opiniâtre de colporter les idées, malgré la double surveillance de la direction et des « cégétistes ». Plus de vingt ans après l'expérience vécue par André Essel aux usines La Lorraine, voici donc les mêmes gestes, les mêmes réflexes, spontanément retrouvés par Michel de Pierrepont chez Renault :

> *« Au début, sans clandestinité, on n'aurait pas pu diffuser les tracts de la VO dans les ateliers, parce que les staliniens étaient relativement nombreux. Systématiquement, ils ratissaient l'atelier pour récupérer les bulletins, et essayer de voir qui les donnait. Certains diffuseurs étaient proches de nous. Ils avaient remarqué que ce bulletin leur*

convenait, alors ils en prenaient quelques-uns pour les donner à leurs potes. Mais il ne fallait pas qu'ils se fassent voir, ils étaient soumis à une pression terrible. On prenait les bulletins à l'extérieur de l'usine, un petit paquet bien plié en quatre, et puis on allait voir quelques gars en disant "tiens, en voici trois ou quatre, essaye de les mettre vers la machine à café". Discrètement, on en mettait à des endroits choisis, là où les gens étaient censés passer, dans les chiottes aussi... c'est comme ça, quoi ! Donc la clandestinité avait l'intérêt de protéger des gens qui étaient peu nombreux. Maintenant, évidemment, ça fait rigoler, parce qu'on peut s'afficher comme trotskiste. Mais à l'époque, non ! »

Avoir tenu tête aux gros bras du PCF, y compris dans les pires périodes, pour protéger la diffusion régulière de bulletins d'entreprise imaginés et en partie financés[1] par les ouvriers eux-mêmes à travers toute la France, telle est la principale prouesse dont s'enorgueillissent les dirigeants de LO, dont Georges Kaldy, membre du Comité exécutif de cette organisation. Né en Hongrie d'un père électricien et d'une mère aide-soignante, Kaldy a quatorze ans en 1956, lorsque éclate l'insurrection de Budapest. Avec d'autres gamins de son quartier, il décide de participer au mouvement. Après avoir ramassé quelques armes abandonnées par des soldats, ils vont aussitôt déboulonner la statue de Staline. Arrivés devant une caserne, ils se massent alors contre le portail, dans l'espoir de gagner les policiers qui s'y trouvent retranchés. « *On faisait un peu de cinéma, on s'est dit : "Ils vont basculer de notre côté." Mais ils ont tiré dans le tas...* », se souvient Kaldy. Il s'en sortira avec une sérieuse blessure. Mais, quatre décennies plus tard, c'est avec une ardeur intacte, renforcée par de rugueuses intonations hongroises, que le révolutionnaire dit le soulèvement fondateur où s'est forgée sa foi :

1. En effet, des collectes sont périodiquement organisées à la sortie des entreprises, au cours desquelles les travailleurs sont invités à « verser une pièce » dans le drapeau rouge qui leur est tendu.

« Vous auriez du mal à imaginer ce qu'était la dictature stalinienne dans les années cinquante. Moi j'ai connu une période où on devait se lever chaque fois que le nom de Staline était prononcé en classe. Et comme il était prononcé souvent, on devait se lever souvent... Et, vous savez, une des raisons pour lesquelles j'ai foi en la révolution, c'est que je l'ai vue. C'est un vent qui souffle... J'ai vu des gens se transformer, de façon invraisemblable, du jour au lendemain. On était toute une bande, d'ailleurs, et je n'étais ni le plus âgé ni le plus jeune. À quatorze ans, on ne s'engage pas en politique, mais dans les révolutions, oui ! Vous savez, le personnage de Gavroche n'est pas hongrois... »

Armé de cette expérience, le jeune Georges quitte la Hongrie avec sa famille fin 1956. Après un an et demi passé dans des camps de réfugiés en Allemagne et en Autriche, les voici en France. Vacciné contre le stalinisme, il n'en est pas moins révolté par la société capitaliste, et surtout indigné par l'oppression coloniale : en France, chacun avait encore en tête la guerre d'Indochine, dont lui-même avait déjà beaucoup entendu parler, avant l'exil, via ses *« copains vietnamiens réfugiés en Hongrie »*. Et puis c'était surtout le temps de la guerre d'Algérie : *« En tant que non-Français, j'avais les confidences des Algériens du lycée »*, raconte encore Kaldy, qui était alors en classe de seconde.

Cette double répugnance (à l'égard du stalinisme comme du colonialisme) rendait le jeune émigré hongrois disponible aux idées révolutionnaires. À l'intérieur même du lycée, il rencontre alors un condisciple influencé par le PCF, avec lequel il commence par *« s'engueuler »* très fort. Quelques mois plus tard, le même se présente de nouveau à lui, mais cette fois avec des idées beaucoup plus proches des siennes, c'est-à-dire résolument antistaliniennes. Car entre-temps, il avait été gagné par le petit groupe (à peine une trentaine de militants) qui allait s'appeler la Voix ouvrière. Désormais, raconte Kaldy, ce jeune condisciple avait tous les atouts pour le séduire : « *Lui, il est venu au bon moment. Il avait deux ou trois ans de plus que moi, et il m'a montré l'éditorial des bulletins. Mon choix s'est fait en quinze jours, et je peux dire que c'est pratiquement un seul texte qui m'a gagné...* »

Ce tract, Georges Kaldy l'avait en main lorsque nous l'avons interrogé. À peine arrivé sur le lieu de l'interview, il avait sorti de sa poche une simple feuille de papier ronéotypée : il s'agissait du premier numéro des bulletins de la Voix ouvrière. Celui-là même qui l'avait décidé à rejoindre les trotskistes, et auquel Michel de Pierrepont avait fait allusion. Daté du 11 novembre 1956 et intitulé « Nous sommes tous des assassins », ce tract renvoyait dos à dos impérialisme occidental et dictature soviétique, pour condamner avec la même force la violence coloniale et l'écrasement de la Commune de Budapest, et appeler les travailleurs à combattre l'une et l'autre avec la même vigueur : « C'est parce que les Occidentaux massacrent en Afrique du Nord, au Kenya, à Chypre ou au Guatemala que les Russes ont pu commettre ce crime face à la classe ouvrière mondiale et, au fond, c'est en partie parce que nous travailleurs français nous tolérons par notre passivité la répression en Algérie que nos frères les travailleurs hongrois meurent sous les balles et les obus. [...] Dans la cassure actuelle du monde en deux blocs rivaux et opposés, c'est l'ignominie de l'un qui permet à l'autre de se rendre ignoble... », écrivaient les futurs fondateurs de Lutte ouvrière.

Au milieu des années 1950, c'est donc ce texte qui a fait basculer Georges Kaldy. Et, après des décennies de militantisme, la pérennité de ces feuilles d'entreprise constitue encore aujourd'hui son premier motif de satisfaction. Depuis l'origine ou presque, ces tracts se présentent à peu près sous la même forme : au recto, un éditorial de politique générale – le même pour toute la France – portant sur une question d'actualité nationale ou internationale ; et au verso de brèves informations locales, dix ou douze « échos » commentés d'une simple phrase. Imaginés et rédigés par des « correspondants » ouvriers au sein même de l'entreprise, ces « échos » traitent de façon aussi concrète que possible de la vie quotidienne au sein des ateliers et de la combativité des travailleurs.

Symboles de continuité, les « bulletins de boîte » sont explicitement conçus comme les supports d'une double pédagogie, destinée à la fois à ceux qui les diffusent et à ceux auxquels ils sont distribués. Pour les militants, d'abord : qu'ils soient présents ou non à l'intérieur de l'entreprise, ceux-ci doivent apprendre non seulement à les fabriquer (rhétorique et ronéo, fond et forme confondus) mais aussi à les défendre, pied à pied, à la porte de l'usine, dans les vestiaires, le long des chaînes ou à la cantine[1]. Ce qui supposa longtemps un certain courage physique, on l'a vu, et nécessite toujours une empathie et un sens du contact sans lesquels les militants se révèlent vite incapables de réunir les informations indispensables aux pages « échos » des bulletins.

À ceux qui les reçoivent, ensuite, ces feuilles tentent d'apporter un enseignement de longue durée, axé sur un programme « lutte des classes » et illustré par

1. Aussi étonnant que cela puisse paraître, au début du XXIe siècle, les membres de LO continuent à fabriquer leurs tracts au moyen de ronéos dispersées à travers l'Hexagone. Maniant les tubes d'encre et le papier stencil, tapant les textes à la machine et corrigeant les erreurs de frappe au vernis, ils perpétuent ainsi une tradition dactylographique partout délaissée, désormais, au profit des procédés informatiques. Comment expliquer un tel archaïsme, coûteux en temps comme en énergie ? Par-delà telle ou telle motivation prétendument « conspirative », gageons que les dirigeants de LO rechignent à abandonner les gestes d'autrefois, ceux qu'ils ont appris à chérir dans la mémoire des anciens et dans les romans militants. Car ce qui se perdrait là, bien plus qu'une simple technique d'impression, ce serait un certain rapport physique à la feuille de combat, une fidélité charnelle au papier engagé. Tout un monde, en somme.

des exemples empruntés aussi bien à l'actualité internationale qu'à la vie quotidienne et locale. En dernier ressort, elles visent enfin à regonfler le moral des « exploités », et c'est sur cette dimension quasi thérapeutique que Kaldy tient à mettre l'accent :

« Dans les années soixante, on pouvait être trotskiste, oui, mais pas devant les entreprises. Quand on sortait nos bulletins, c'était un processus mathématique : dès la troisième fois, les militants du PC venaient nous casser la figure. Nous, on débarquait à trois ou quatre jeunots de dix-huit, dix-neuf ans, et on se retrouvait entourés de trente ou quarante baraqués... Bon, il fallait revenir, ça faisait déjà une sélection. Et le jeune qui est mis sur ce travail-là, la première des choses, c'est qu'il connaisse l'atelier en question comme si c'était le sien. Qu'il connaisse les gens, aussi, et je dirai qu'il les aime, avec leurs défauts, leurs trucs... de façon à ce que, dans la discussion, on se rende compte des problèmes qui peuvent se poser et qui font discuter tout le monde. Avec toujours cette préoccupation d'apprendre à un maximum de travailleurs un petit chouïa de plus, leur donner un peu plus conscience qu'ils ne sont pas les derniers des derniers, contrairement à ce qu'on leur répète. Qu'à la base, il y a des gars qui travaillent pour créer des richesses, et que c'est sur eux que repose toute la société. Comment dire ? Le bulletin, ça ne change pas les choses, mais ça peut redonner un peu de dignité aux gens. »

2

Lire

Manuels de survie

Il s'agit d'une plage, située entre l'apprentissage enfantin et l'exercice mature des bénédictins studieux, la vie soumise à la copie des textes.

Au temps de l'informatique, ce geste de copie, à peine, peut se dire.

Comme immédiatement frappé d'imbécillité.

Arlette Farge, *Le Goût de l'archive*, 1989.

Vérité de papier, fulgurante dignité de la chose écrite. Nous voulons creuser ce sillon, y reconnaître l'empreinte d'une culture qui relie en silence les générations. Pour cela, il convient encore de faire retour au moment-clef : les années 1930. Et d'abord à Hoang Don Tri, notre guide en ces domaines. Avant d'arriver en France, on l'a dit, le jeune Indochinois avait été sensibilisé à l'engagement par Ta Tu Thau, futur symbole du martyre trotskiste vietnamien. Pour Tri, celui-ci incarna la figure du maître, du modèle à imiter. L'éveilleur qui donne le goût des idées, la passion du texte et de son étude. Cette passion, où se mêlent d'emblée vocation spirituelle et élan politique, Hoang Don Tri en parle aujourd'hui avec la ferveur inaltérée du converti :

« Moi, il se trouve que là-bas je suis tombé sur quelqu'un d'extraordinaire. Cet homme s'appelle Ta Tu Thau. Il était mon professeur de français et de morale, et c'est grâce à lui que j'ai eu quelques idées trotskistes. C'est lui qui m'a fait aimer la Révolution française. C'est surtout lui qui m'a expliqué l'Évangile et la parabole de la femme adultère : "Que celui qui n'a jamais péché lui jette la première pierre..." C'est un trotskiste athée qui m'a appris ça ! »

À Hoang Don Tri, c'est un professeur de lycée qui transmit la parole sacrée. D'emblée, celle-ci se loge dans l'épaisseur d'un texte, exigeant la méditation de sa lettre et de son esprit. Il importe, dès lors, que la mémoire de Ta Tu Thau soit évoquée de cette manière, en une articulation spontanée des Saintes Écritures avec le séisme 1789. Comme pour saluer les liens originels de l'enthousiasme théologique et du soulèvement militant, le compagnonnage primordial du révolutionnaire et de la femme adultère : Thau, « trotskiste athée », a initié Tri, lycéen néophyte, au commentaire des Évangiles, lui léguant l'amour d'une parole de justice dont il faut sans cesse ranimer le souffle.

Tel est donc le précieux bagage avec lequel l'étudiant Tri débarque en France, au lendemain du Front populaire. Nous avons déjà mentionné sa participation aux défilés ouvriers du 1er Mai, et l'indignation qui fut la sienne devant la brutalité du PCF. Il faudra attendre quelque temps, néanmoins, pour que l'élève du lycée Saint-Louis entre vraiment en politique. Rejoignant alors les trotskistes, il intégrait un petit groupe qui avait pour toute ressource sa force de conviction. Et des tracts, un journal, quelques livres pour seul secours. Aux yeux de Hoang Don Tri, c'était déjà considérable. N'est-ce pas l'acquisition d'un ouvrage de Trotski qui avait marqué le véritable début de sa vie militante ? Un geste qui vaudra à cet élève de classe préparatoire fraîchement immigré certains ennuis avec l'administration scolaire...

> *« Un jour, le surveillant principal me surprend et me dit : "Qu'est-ce que vous avez dans votre blouse, là ?" Je lui dis que c'est un livre. "Mais quoi ?" Je lui donne, il voit que c'est* Ma vie, *de Trotski, et il me dit : "Venez avec moi !" Il m'emmène dans son bureau, décroche son téléphone et appelle la police... Il voulait me chasser du lycée et me renvoyer au Vietnam. Donc, en 1938, Trotski est déjà brûlant. Rien qu'en livre c'est déjà brûlant... »*

Ici, arrêtons-nous un instant. En effet, un tel discours paraît à tout le moins paradoxal. Pourquoi affirmer qu'en 1938 ce nom, « Trotski », est *déjà* brûlant ? À cette date, il est pourtant attaché à un révolutionnaire malade et exilé, auquel il ne reste plus que deux ans à vivre : le 20 août 1940, à Coyoacán (Mexique), un agent de Staline nommé Ramon Mercader assassine le « Vieux » d'un coup de piolet. En 1938, cela fait donc pas mal de temps déjà que le nom de Trotski enflamme les esprits, et d'aucuns auraient pu s'étonner, au contraire, qu'il pût *encore* continuer de le faire, si tard dans le siècle. Comment comprendre, dans le propos de Tri, ce curieux anachronisme ? Plutôt que de chercher à l'expliquer, laissons-le prendre sa pleine signification. Et tentons d'en extraire la puissance symbolique telle qu'elle se trouve suggérée par Tri lui-même, dans la singulière restriction qui suit : en 1938, Trotski, « *rien qu'en livre,* c'est *déjà* brûlant ». En quelques mots, ici, l'essentiel se dit.

Car, en 1938, qu'est-ce qui se transmet vraiment sous ce nom – « Trotski » ? La fidélité à une légende incarnée, traquée à travers le monde, d'avance assassinée ? Certes. La loyauté envers un révolutionnaire privé de ses meilleurs alliés et qui s'est résolu à fonder une improbable IVe Internationale pour tenter de relever une fois de plus, envers et contre tout, le drapeau d'un socialisme sans patrie ni frontière ? Oui, bien sûr. Mais le plus important est peut-être ailleurs. En France comme à travers le monde, ces fidèles sont souvent jeunes et clairsemés. Bientôt, la guerre puis la débâcle les éparpilleront, les acculant, presque du jour au lendemain, à une clandestinité au carré, voire au cube, sous la triple terreur exercée par les forces nazies, le pouvoir pétainiste et les militants staliniens. Orphelins d'un père de plus en plus vulnérable et lointain, ceux-là se retrouvèrent néanmoins héritiers. Enfants perdus d'une révolution « trahie », mais aussi et surtout légataires universels d'un immense corpus de textes qui représente à leurs yeux un trésor de tradition et d'espérance. Et voici en quoi Hoang Don Tri a raison : en 1938, si cette signature, « Trotski », est brûlante, c'est *déjà* moins celle d'un vétéran bolchevik qui aurait jadis mis le feu à l'Europe, que d'un écrivain dont l'œuvre est chaque jour un peu plus incandescente.

Un martyr de papier – tel pourrait être le secret de l'« effet-Trotski » en son ultime portée. De toutes les grandes figures d'Octobre, l'ancien chef de l'Armée rouge est d'ailleurs l'une des rares à avoir écrit une autobiographie. Il est surtout le seul à s'être toujours considéré lui-même, d'abord, comme un homme de lettres. Au point d'avoir explicitement placé sur ce terrain la question de l'engagement et de sa vitale continuité : « C'est surtout par la plume que j'ai combattu. Ainsi, les événements de ma vie ont laissé, en imprimé, une trace presque ininterrompue pendant trente-deux années », écrit celui dont l'un des premiers pseudonymes, bien avant la révolution de 1917, fut « Pero » (« plume » en russe)...

Il y aurait beaucoup à dire sur l'inclination littéraire de Léon Trotski, et plus généralement sur son amour de la chose écrite. Contentons-nous de souligner combien son autobiographie met en scène l'appétit fiévreux qui tenailla Lev Davidovitch Bronstein dès ses plus jeunes années : « Je commençais à peine à posséder l'art de l'écriture qu'il devint pour moi une dangereuse séduction », note-t-il [1]. De la part d'un révolutionnaire marxiste soucieux de se bâtir une légende austère (celle du bolchevik de fer), on ne s'attend guère à trouver des pages entières consacrées aux délices de la lecture enfantine, aux vertiges de la trouvaille stylistique, ou encore aux ravissements de la dramaturgie théâtrale. Dans l'œuvre de Trotski, pourtant, de tels passages abondent.

Il faudrait relever, dans ses Mémoires, toutes ces micro-notations, ces détails qui rendent palpable la douceur des journées de lecture. On saisirait alors que, chez lui comme chez maints révolutionnaires, c'est dans la société des livres que s'est découvert le désir d'un monde différent : « Ma vie s'élargissait, non de jour en jour, mais d'heure en heure. Du divan troué de la salle à manger, des fils étaient tendus vers d'autres mondes. » Et que, réciproquement, c'est vers le livre que s'élance spontanément l'ardeur transgressive de l'enfance : « Le désir naissant de voir, de savoir, de conquérir, trouvait son issue dans cette infatigable absorption de textes imprimés. Mes mains et mes lèvres d'enfant étaient toujours tendues vers la coupe de l'invention littéraire. Tout ce que la vie devait me donner par la suite d'intéressant, de saisissant, de joyeux ou d'affligeant, était déjà contenu dans les émotions de mes lectures, en allusion, en promesse, comme une légère esquisse au crayon ou à l'aquarelle [2]. »

---

1. Léon Trotski, *Ma Vie*, 1930 ; rééd., Paris, Le Livre de Poche, 1953, p. 12 et 60.

2. *Ibid.*, p. 61 et 84. Sur les liens qui nouent le désir d'un autre monde au plaisir d'une lecture fugueuse, voir Michel de Certeau : « Lire, c'est être ailleurs, là où *ils* ne sont pas, dans un autre monde... », écrit-il dans *L'Invention du quotidien*, t. I, Paris, Gallimard, « Folio », 1994, p. 250. « *En figurant le monde*, la littérature l'ouvre au jeu, au rêve, à l'utopie, à l'uchronie. Devant elle, grâce à elle, le monde cesse d'être le lieu de la vérité unique, de la vérité d'état : il est aussi ce qu'il aurait pu,

« En allusion, en promesse » ; en luttant, en écrivant... Du début à la fin, Trotski se sera avancé sur la scène de l'écriture, comme sujet d'une pratique politique qui ne fit qu'un avec sa vocation de lecteur, sa mission de scripteur. Journaliste, essayiste ou pamphlétaire, fondateur de revues et de journaux, il aura construit sa vie comme un interminable corps à corps avec l'encre et le papier. Et avec le livre, en premier. Parmi ses frères de combat, l'ancien surréaliste Pierre Naville est sans doute celui qui fut le plus attentif à cette façon bien particulière que le « Vieux » avait de s'approprier la chair du texte : « Les livres lus par Trotski portaient toujours quelque marque, sans parler des journaux et revues, sillonnés de traits de couleur, d'encadrés et de signes divers. Un texte lu par lui (lettre, dactylographie ou imprimé) était *dépouillé* comme un lapin... », a noté Naville [1].

En atteste aussi la restitution nostalgique, par Trotski lui-même, des premiers moments consacrés à noircir du papier : « Je passais des nuits à griffonner mes manuscrits dans tous les sens, à la recherche d'une idée indispensable ou d'un mot qui manquait. Je devenais écrivain. » Ou encore le récit méticuleux des diverses étapes de son itinéraire de lecture. Lequel se confond avec la trajectoire du militant et du proscrit : « En prison, ayant une plume ou un livre à la main, je vécus des heures de satisfaction aussi complète que dans les

---

ce qu'il devrait être », écrit de son côté Danielle Sallenave, in *Le Don des morts*, Paris, Gallimard, 1991, p. 123.

1. Pierre Naville, *Trotsky vivant*, Paris, Les Lettres nouvelles/Maurice Nadeau, 1979, p. 115. C'est Naville qui souligne. Cette relation charnelle au texte, à laquelle Trotski a identifié sa vie, lui a-t-elle été fatale ? Pour tromper son attention, en tout cas, rien ne valait un tas de feuilles noircies. Et son bourreau le savait. Au moment d'être mortellement frappé dans son cabinet de travail, le « Vieux » n'était-il pas en train de déchiffrer l'article qu'un prétendu journaliste, Jacques Mornard, de son vrai nom Ramon Mercader, était venu lui montrer ? Commentant la passion avec laquelle le chef révolutionnaire se jetait dans une lecture « ultra-soigneuse, trop méticuleuse parfois pour la qualité du texte », Naville conclut : « C'est ce qui lui fit pencher la tête sur le griffonnage d'un misérable assassin... »

réunions de masses de la révolution », résume-t-il à la toute fin du même ouvrage[1]. Ainsi, entre mille exemples, dans le train glacial qui l'expulse d'Union soviétique sur ordre de Staline, en 1929, Trotski relit Anatole France. Au début des années 1920, alors que la guerre civile était à peine terminée, que la jeune république soviétique semblait déjà à bout de souffle, certains s'étonnèrent de voir le chef de l'Armée rouge consacrer de longues et précieuses semaines à la rédaction d'un livre intitulé *Littérature et révolution*. Quelques années auparavant, déporté en Sibérie pour sa participation à la révolution de 1905, Lev Davidovitch Bronstein avait passé le plus clair de son temps à rédiger « des feuilletons à la gloire de la littérature russe » et notamment de Tolstoï[2].

Un quart de siècle plus tôt, alors qu'il effectuait l'un de ses premiers séjours dans les geôles du tsar, le jeune agitateur s'était plongé « avec une inlassable avidité » dans la bibliothèque de la prison d'Odessa : là, il passa des jours et des jours à potasser les revues théologiques ainsi que des livres pieux et des recueils de commentaires portant sur les Évangiles.

À ce moment, Trotski a tout juste vingt ans. Il n'est encore ni communiste ni marxiste. Mais il est déjà gonflé d'indignation à l'égard du monde tel qu'il va, et tout à fait décidé à le changer. Avec d'autres jeunes gens, il avait par ailleurs pris l'habitude de se retrouver pour lire une « littérature illégale » propre à les faire communier dans une même insoumission : journaux, brochures et autres « pamphlets ardents ». Puis, au moment où retentit l'écho d'un puissant mouvement de grève déclenché par les tisserands de Saint-Pétersbourg, leur élan de solidarité les décide à

1. Léon Trotski, *Ma vie*, *op. cit.*, p. 671.

2. Comme le rappelle Maurice Nadeau dans sa préface à *Littérature et révolution*, Paris, 10/18, 1964, p. 11.

créer une petite organisation : « Nous savions que, pour établir la liaison avec des ouvriers, il fallait une grande *conspiration.* Nous prononcions ce mot sérieusement, d'un ton grave, presque mystique[1]. » Ici, comme souvent dans son autobiographie, le vocabulaire emprunte au lexique de la religiosité. Mais là plus qu'ailleurs, il doit être entendu au sens littéral. Et de fait, le premier groupuscule créé par Trotski est né d'un coup de foudre mutuel entre une communauté de lecteurs subversifs, d'un côté, et une petite troupe de fidèles chrétiens, de l'autre.

Restituons la scène originelle, telle qu'elle est rapportée dans *Ma vie,* selon la tradition des récits édifiants. Tout se passe très vite, en 1897, au milieu d'une rue, où Lev Davidovitch marche avec un camarade. Alors que l'Empire russe est secoué par la colère montante des travailleurs, l'un et l'autre se sont laissé convaincre que le prolétariat est seul à même de libérer l'humanité. « Il faut trouver des ouvriers, martèle Lev Davidovitch. – Je pense qu'on peut en trouver, lui répond son ami : je connaissais autrefois un gardien sur le boulevard, un érudit de la Bible. Je vais le voir... » Hélas, celui-ci a disparu. Mais c'est en se rendant chez lui que les deux jeunes gens rencontrent une femme, laquelle leur présente « un autre sectateur », par l'entremise duquel ils font enfin la connaissance de plusieurs travailleurs. Parmi ceux-ci, l'électricien Ivan Andréévitch Moukhine, bientôt présenté comme le principal membre de l'organisation, et qui s'adresse d'emblée à Trotski en ces termes : « L'Évangile, pour moi, dans cette affaire, c'est comme un hameçon. Je commence par la religion, je finis par la vie... »

Extase et grâce – ou comment s'authentifient les vraies vocations : « D'enthousiasme, j'étais en sueur, écoutant Ivan Andréévitch. Ça, c'était du vrai... », se

1. Léon Trotski, *Ma vie, op. cit.*, p. 132. C'est Trotski qui souligne.

souvient Trotski. Or, parmi les ouvriers que lui et ses camarades allaient ensuite retrouver en forêt, ou au bord de quelque rivière, pour de multiples « causeries » et lectures clandestines, beaucoup étaient, comme Moukhine, profondément croyants : « Au cours des premières semaines de nos entretiens, certains d'entre eux usaient encore de formules de sectes chrétiennes et cherchaient des analogies avec le christianisme primitif[1]... »

Soyons clair : de ce rapprochement, assez banal, entre religion et révolution, il a été souvent usé – et abusé. Certains, souvent à juste titre, s'en sont agacés. Contre cette tendance à l'« ecclésiomanie », ils ont pu qualifier d'« imposture » l'analogie entre société chrétienne et communauté socialiste, pour la ranger dans la « liste des métaphores fausses et des comparaisons illusoires » : « Il s'agit là d'une similitude de surface, d'effets partiels, d'épiphénomènes spectaculaires, mais restreints[2]... » Gardant cet avertissement en tête, nous utiliserons cependant l'analogie en question, dès lors qu'elle se trouvera mobilisée non par des observateurs extérieurs (tentés de rabattre l'élan révolutionnaire sur le déjà-vu du religieux), mais par les acteurs de l'histoire eux-mêmes.

Énoncée par eux, la métaphore religieuse ne signifie pas rien. Bien au contraire, elle est d'une pertinence frappante. Qu'elle sous-tende, entre autres, le discours d'un Hoang Don Tri (Ta Tu Thau et la femme adultère, la révélation trotskiste et la « brûlure » de *Ma vie*...), qu'elle traverse également l'autobiographie de Trotski, cela n'est guère indifférent. Y transparaît un souci des textes qui peut aller jusqu'à la sacralisation du support papier lui-même. Et ce qui nous

1. *Ibid.*, p. 135.
2. Roland Barthes, « À propos d'une métaphore (Le marxisme est-il une « Église » ?) », *Esprit*, novembre 1951.

intéresse en premier lieu, c'est cette ferveur originale à l'égard des idées imprimées en tant qu'elle détermine une tradition marginale de rébellion. En tant aussi qu'elle semble aujourd'hui sur le déclin. En tant, néanmoins, qu'elle est demeurée vecteur de transmission.

Car, après la brutale disparition de Trotski, ses héritiers ont entretenu, nourri, préservé son rapport singulier au papier. Et au livre en particulier. Comme tous dissidents minoritaires, ils ont accordé d'autant plus de prix aux écrits fondateurs qu'ils voyaient en eux à la fois une carte d'identité et un guide de survie. Survie physique, survie politique surtout, car c'est dans le retour attentif aux anciens discours que s'élabore une parole pour continuer demain. Et si cette conviction vaut pour toutes les périodes, elle se vérifie au mieux, pourtant, dans les moments d'extrême vulnérabilité : « Le vieux texte vit parce qu'il exprime une fidélité, une nécessité. Il faut que quelqu'un ne trahisse pas[1]. »

Soit donc, pour commencer, les années d'Occupation, durant lesquelles ce repli sur les textes se fait plus vital que jamais, les révolutionnaires s'y cramponnant comme à une bouée de sauvetage. Afin d'illustrer cela, nous rapporterons d'abord les témoignages de deux intellectuels aujourd'hui renommés. Pendant les années noires, tous deux étaient élèves au lycée Henri-IV, à Paris.

Le premier s'appelle Claude Lefort. Né en 1924, il fait remonter ses plus anciens souvenirs politiques à la période du Front populaire et de la guerre civile espagnole. D'emblée *« enthousiasmé par la lecture de Marx »*, l'adolescent n'a pourtant guère de sympathie pour le parti socialiste, auquel il reproche son soutien plus que timoré aux républicains espagnols. Il en

1. Victor Serge, *S'il est minuit dans le siècle*, Paris, Grasset, 1939, p. 85.

éprouve encore moins pour le Parti communiste, et pour l'univers stalinien dont ses membres brossent le tableau idyllique : « *Quand j'avais onze ou douze ans, le père de mon meilleur camarade de classe était un Juif russe, qui nous emmenait souvent dans un petit cinéma parisien situé près du Panthéon, spécialisé dans les films soviétiques. C'était l'époque de la grande propagande, avec le peuple enthousiaste, l'agriculture, les tracteurs... Cela ne donnait pas du tout l'image du socialisme, mais bien plutôt celle d'une uniformité insupportable, et ça ne m'a pas préparé à m'émerveiller devant la modernité de l'URSS...* », se souvient Lefort, qui sera plus tard le cofondateur du groupe Socialisme ou Barbarie (en 1947), et qui deviendra par la suite l'une des figures de référence de la pensée dite « antitotalitaire ».

Entre-temps, il aura lui aussi fait ses débuts politiques dans l'univers du trotskisme. Élève en classe préparatoire au lycée Henri-IV, jeune révolté au cœur des années noires, c'est à la suite d'une discussion avec le philosophe Maurice Merleau-Ponty, grand nom de la phénoménologie française, qu'il a pris pour la première fois contact avec ces militants :

> « *Durant ma classe de philosophie, Merleau-Ponty m'avait invité au café en face du lycée. Il m'avait fait parler, me demandant quelles étaient mes opinions sur ce qui se passait. Et il m'avait posé cette question : "Est-ce que vous connaissez des trotskistes ?" Je lui avais répondu : "Non, aucun." Et lui m'avait dit : "C'est drôle parce que ce que vous me dîtes, cela ressemble à des opinions trotskistes." Ce que j'avais dû lui dire, simplement, c'est que j'étais attiré par le communisme, mais que le communisme tel qu'il existait me répugnait. Donc il faut croire que j'avais des prédispositions à m'engager de la sorte. Or deux mois après je devais connaître un trotskiste, un garçon qui était sensiblement plus âgé que moi. Et à partir du début 1943, étant en hypokhâgne au lycée Henri-IV, j'ai eu une liaison régulière avec les trotskistes. Cela consistait principalement en*

une sorte d'enseignement parallèle. Nous avons dévoré toute la littérature sur le mouvement ouvrier, et nous avons réussi à faire passer une partie non négligeable de la khâgne sur nos positions. C'était une activité principalement livresque, avec des rendez-vous clandestins à travers Paris, pour discuter des événements, dans les endroits les plus sûrs, c'est-à-dire les plus fréquentés, un bistrot par exemple. »

Une activité principalement axée sur la lecture : sous Vichy, ce maigre contingent de militants n'avait pas vraiment d'autre choix. Sans doute quelques-uns ont-ils décidé de rejoindre la Résistance. D'autres, plus nombreux, ont également pris, nous l'avons vu, des risques inouïs en essayant de mettre sur pied une stratégie de « fraternisation » avec les travailleurs allemands sous l'uniforme. Mais, quelles qu'aient été leurs options sur le terrain, tous ont eu à cœur de perpétuer l'espérance révolutionnaire dans son esprit socialiste et démocratique. Dès lors, la tâche première consistait à sauvegarder les œuvres fondamentales de cette tradition.

Et tout se passe comme si le sérieux organisationnel et politique des divers groupes trotskistes n'avait pu se mesurer, alors, qu'à l'aune de leur vigilance livresque. C'est-à-dire de leur capacité respective à « escorter » le patrimoine intellectuel commun, à le préserver à travers la tempête. C'est du moins ce qui ressort des souvenirs de Pierre Broué. Historien bien connu du mouvement ouvrier international, Broué est mort en juillet 2005. Trois ans plus tôt, il nous avait raconté sa prise de conscience politique, en 1940, à l'âge de quatorze ans. Élevé en Ardèche, dans une famille de fonctionnaires profondément républicains, il s'était engagé dans les Jeunesses communistes, sous l'Occupation. Mais il en sera rapidement exclu, quand lui et ses copains de lycée voudront pousser l'enthousiasme internationaliste jusqu'à organiser un travail de propagande en direction des soldats allemands : *« Vous êtes des trotskistes »*, ont immédiatement accusé les responsables du Parti. *« Première nouvelle ! »*, ont répondu les proscrits, qui tombaient des nues. Intrigués, ils se tournèrent du coup vers ces obscurs révolutionnaires dont ils n'avaient jamais entendu parler auparavant.

Ils ne tardent pas à découvrir que les prétendus « hitléro-trotskistes », ces épouvantails révolutionnaires, sont alors divisés en deux petits groupes. D'un côté, les membres des Comités communistes internationalistes (CCI) et, de l'autre, ceux du Parti ouvrier internationaliste (POI). Leurs orientations ne sont pas toujours les mêmes, leurs méthodes non plus : les CCI passent pour très disciplinés, par exemple, tandis que le POI est réputé plus laxiste. Mais, dans le bref tableau qu'en fait Pierre Broué, on saisit que tous entretiennent néanmoins un même rapport, intense et solennel, à cet objet de culte collectif – le livre.

> *« Moi qui venais du PC, où j'avais l'habitude à la fois de grandes précautions et d'initiatives, je me trouvais avec des gens qui me paraissaient tous aussi fous les uns que les autres. Les uns me paraissaient prendre trop de précautions, et les autres me paraissaient d'une imprudence rare : d'une part, il y avait les "sectaires" du CCI, qui ne se déplaçaient jamais qu'à trois pour transporter un bouquin : un devant, un derrière... c'était leur activité le jour et la nuit. Et d'autre part, les militants du POI, qui semblaient très imprudents. Un jour, ils m'ont invité à une réunion à Vincennes. Il devait y avoir une quarantaine de personnes. On a parlé de philosophie... Je me suis dit : "Ils sont fous ces mecs !" Et en sortant j'étais avec une fille qui me demande : "Est-ce que tu as lu* Où va la France ? *"* [de Léon Trotski]. *J'ai demandé : "Tu l'as ?" Elle a dit : "Oui, viens chez moi je te le prêterai." Mais moi je ne voulais pas aller chez cette fille – c'était contraire à toutes les règles de la clandestinité. Et en même temps, c'était une occasion de lire Trotski. Résultat : j'y suis allé, et je le lui ai volé... »*

« Sectaires » ou « imprudents », ultravigilants ou plus ou moins mal avisés, donc, tous ces militants de l'ombre convergent vers une même mission : monter la garde devant les livres, encore et toujours, sauvegarder le don des générations sacrifiées. Au fond d'un troquet, dans un appartement retiré, ou au beau milieu d'une bibliothèque, on les voit donc se rassembler, en toute discrétion, pour faire vivre les textes où s'est réfugiée leur tradition. De cette discipline collective tournée vers le livre, c'est un troisième mouvement (à côté des deux déjà cités, POI et CCI) qui fournit sans doute l'exemple le plus accompli : l'Union communiste (UC), qui fut fondée pendant la guerre par Barta et Louise, et qui ne devait pas compter plus d'une dizaine de militants.

Sans grands moyens, les membres de cette minuscule organisation s'efforcèrent de nouer des contacts autour d'eux, avec l'espoir de recruter quelques jeunes. Mais ils s'employèrent à se perpétuer comme force politique embryonnaire, et à mettre sur pied un organe d'expression clandestin. Intitulée *La Lutte de classes*, cette simple feuille polycopiée recto verso parut régulièrement à partir d'octobre 1942. Pour le reste, leur effort consista avant tout à survivre politiquement, et donc à intensifier leurs activités de formation et d'éducation. Tant et si bien que le « groupe Barta » de cette époque peut être considéré, dans une large mesure, comme une sorte de cercle conspiratif presque entièrement voué à la lecture : « L'activité des camarades de *Lutte de classes* consistait surtout à faire lire [des] ouvrages et à organiser des cours politiques, des cercles de discussion », a récemment souligné Robert Barcia, alias Hardy, principal dirigeant de Lutte ouvrière [1].

1. Robert Barcia, alias Hardy, in *La véritable histoire de Lutte ouvrière*, Entretiens avec Christophe Bourseiller, Paris, Denoël, 2003, p. 98.

Revenant lui aussi sur cette période, mais cette fois au milieu des années 1970, Barta expliqua lui-même qu'avec le recul on aurait pu définir le bilan de l'UC comme ayant été fondamentalement d'ordre intellectuel : « Il s'agit avant tout d'idées, hélas, car aucun événement révolutionnaire (prise de conscience par les masses) ne s'est produit qui eût permis une action réelle. » Au bout du compte, résumait-il, la grande grève Renault de 1947 aura représenté la seule véritable occasion d'être à la hauteur des tâches que son groupe s'était assignées. Pour le reste, il semblait réduire toute l'aventure de la défunte Union communiste à une pure et simple épopée de papier : « Il ne faut pas confondre les paroles (même imprimées avec les plus grands risques) avec l'action réelle au niveau historique[1]... »

Quand il écrit ces lignes, on s'en souvient, Barta ne se considère plus comme un dirigeant révolutionnaire. Depuis le début des années 1950, c'est-à-dire assez peu de temps après la fin de l'épisode Renault, et alors que s'ouvrait une période de reflux pour l'ensemble du mouvement social, il a décidé de mettre un terme à l'aventure : « J'ai cessé de militer faute de combattants, [...] nos camarades sont tombés d'épuisement, comme d'autres sont morts sur les champs de bataille », notait-il dans une lettre datée de la même année. Est-ce pour cela que le Barta de 1976 tend à minimiser la portée de son action passée ?

À cette date, en tout cas, il n'est pas loin d'affirmer que, mise à part cette fameuse grève du printemps 1947, lui et ses camarades auraient affronté le siècle sans pouvoir faire beaucoup plus que des déclarations d'intention, ni laisser autre chose qu'un tas de tracts et de manifestes. Comme s'il s'était surtout agi, pendant toute cette période, de maintenir un collectif en

1. Barta, *Lettres à un jeune camarade, op. cit.*, p. 13-14.

éveil, constamment à l'étude. Barta « savait décortiquer les événements, les textes, et les éclaircir », se souvient ainsi Robert Barcia, qui a rejoint l'UC en 1944, à l'âge de seize ans : « Nous écoutions, nous essayions de comprendre et d'apprendre[1]. »

Quelques mois après avoir dressé un bilan plutôt désabusé, conclu que l'« arbre prolétarien » avait rejeté la « greffe révolutionnaire », et définitivement démenti tout lien de paternité envers le mouvement de Robert Barcia et d'Arlette Laguiller, Barta mourait. Restait cependant l'essentiel, à savoir son œuvre, dont les militants de Lutte ouvrière se réclamèrent alors, et continuent de se réclamer aujourd'hui, en dépit de tout : « Il écrivit ou inspira directement toutes les publications de ce groupe durant toutes ces années... », peut-on lire dans une notice nécrologique interne consacrée à Barta. Et la direction de LO de préciser : « Bien qu'il nous ait reproché en substance de nous les être appropriés, nous avons réédité depuis longtemps, et fait lire, une partie des textes écrits par Barta, textes qui sans cela seraient actuellement ignorés. Grâce aux militants de notre organisation qui aujourd'hui les connaissent, ils n'auront pas été écrits en vain... malgré la défection de leur auteur. Un drapeau abandonné appartient à celui qui le relève[2]. »

Ainsi, tout en jurant ne pas vouloir « lui imposer une filiation qu'il refusait de son vivant », les militants de LO ont conservé un attachement passionné aux textes de celui qu'ils ont désigné, malgré lui, comme leur père fondateur. Parmi ces textes signés Barta, outre les brochures théoriques du type *La lutte contre la deuxième guerre impérialiste mondiale* (novembre 1940) et les articles parus dans *La Lutte de classes* (de 1942 à

1. Robert Barcia, alias Hardy, *La véritable histoire de Lutte ouvrière*, *op. cit.*, p. 106-108.
2. « À propos de la mort de Barta », repris in *Lettres à un jeune camarade*, *op. cit.*, p. 56-57.

1947), il faut distinguer un texte d'allure assez singulière, paru en juillet 1943 et intitulé « Rapport sur l'organisation ». S'y trouvent tracés les contours d'une morale collective pour le moins sévère, dont Barta rappellera plus tard qu'elle était étroitement liée au contexte de la guerre et de la clandestinité, mais qui n'en a pas moins constitué le socle de la doctrine organisationnelle professée par Lutte ouvrière jusqu'à aujourd'hui. Bien plus, les consignes édictées par ce « Rapport » de 1943 sont devenues l'alpha et l'oméga d'une discipline de vie structurant toute la communauté militante, jusqu'à former une véritable « règle » de conduite, assez comparable, on va le voir, à celles qui ordonnaient l'existence quotidienne des moines à l'époque médiévale.

Sans nous étendre davantage sur le texte en question, qui réaffirme l'exigence d'un fonctionnement de stricte tradition bolchevik-léniniste, soulignons simplement ceci : au cœur de cette morale militante, Barta place la question de l'instruction. Et donc celle de la sélection (politique, théorique) qui doit viser à « dégager un type de révolutionnaire opposé au monde bourgeois ». C'est la cohésion du groupe qui assure le sérieux du tri effectué parmi les jeunes recrues, affirme-t-il, ce tri devant ensuite faire place à « une nouvelle sélection des éléments réellement révolutionnaires ». Ici, la clef du succès réside dans un effort permanent pour rehausser le niveau culturel et théorique de chacune et de chacun, bref, dans la chasse au dilettantisme : « Seule l'organisation centraliste bolchevik permet l'éducation dirigée des membres. »

À l'horizon de cette instruction dirigée, conclut le Barta de 1943, on ne trouve pas seulement une forme de professionnalisme politique, ni même un moyen d'être plus efficace en tant que combattant révolutionnaire. Car dès l'instant où chacun saisit que « le parti représente une forme supérieure d'association humaine », et que cette association protège ses fidèles des mauvaises influences extérieures, il est possible d'entrevoir qu'un tel code collectif constitue le meilleur viatique pour ce qu'on appelle, parfois, la vie heureuse. La route qui y conduit est certes longue, « pénible » même. Mais le bonheur auquel elle mène est si incomparable que Barta choisit de le désigner par un terme ô combien chargé de symbolique religieuse : « félicité ».

Voici donc les derniers mots du « Rapport sur l'organisation », qu'il faut citer *in extenso* : « Ce qui caractérise le révolutionnaire, c'est qu'il n'attend de son activité qu'une seule récompense, c'est la reconnaissance tôt ou tard que celle-ci a été conforme aux intérêts de l'humanité. C'est pourquoi il peut résister à toutes les épreuves : s'il est relativement facile de donner sa vie d'un seul coup, il faut savoir aussi la donner peu à peu dans la lutte opiniâtre que nécessite le renversement de la bourgeoisie. Ce type d'individu n'est pas rare. Le parti dégage ce sentiment de sacrifice total, de dignité et, si l'on veut, de félicité [1]. »

Résumons-nous. Selon les principes énoncés par Barta, la petite société des camarades doit former une communauté soudée, discrète et disciplinée, tendue vers un effort éducatif de tous les instants, dans un double mouvement de rupture morale et de redéploiement politique, visant d'une part à se préserver du siècle, et d'autre part à précipiter l'avènement d'un monde plus juste. Et nous voici de nouveau au beau milieu de la scène religieuse. Au cœur de l'idéal monastique, plus précisément. Car ce double mouvement, cette prédication à la fois solitaire et groupée, qui exige une forme de dégagement collectif, voire d'automarginalisation volontaire, n'est pas sans rappeler la pratique

1. Barta, « Rapport sur l'organisation, juillet 1943 », Quaderni del Centro Studi Pietro Tresso, 1992, p. 14.

missionnaire des moines au Moyen Âge, qui partaient ensemble à la recherche du « désert ». Chez eux aussi, la « fuite du monde » était un moyen de se replier sur une parole d'espérance chérie et menacée, et qu'il fallait d'urgence recueillir et conserver pour pouvoir de nouveau la propager.

On pourrait d'ailleurs multiplier les éléments de comparaison : les premiers moines ne se considéraient-ils pas comme une véritable élite révolutionnaire refusant les compromissions de l'Église avec l'ordre établi ? Leur tâche ne consistait-elle pas, très précisément, à sauvegarder l'esprit subversif du christianisme originel en mettant sa lettre à l'abri ? Dans la rhétorique du monachisme primitif, il serait aisé de relever maintes considérations que n'aurait pas reniées un Barta. Ainsi de cette idée centrale : la préparation du glorieux événement (révolution, rédemption...) exige moins l'héroïsme d'un jour qu'une capacité à se sacrifier « peu à peu », sur la durée, comme l'affirme le « Rapport » de 1943. Les théoriciens du mouvement monacal ne disaient pas autre chose, lorsqu'ils se présentaient comme les ultimes dépositaires de l'héritage christique, allant jusqu'à « opposer le bref instant de la gloire dans l'arène au martyre plus vertueux, car plus difficile, que représentait une souffrance interminable, jour après jour, année après année, dans le désert[1] »...

Gare aux anachronismes, gare aux fausses comparaisons, dira-t-on. N'est-il pas abusif, voire trompeur, de comparer l'engagement politique de tel ou tel groupe militant contemporain avec la vocation spirituelle d'une communauté de moines médiévaux ? Une fois de plus, c'est seulement en nous appuyant sur la parole même des principaux intéressés que

1. Cité dans l'article « Moines et religieux », in Jean-Claude Schmitt et Jacques Le Goff, *Dictionnaire raisonné de l'Occident médiéval*, Paris, Fayard, 1999, p. 742.

nous userons de l'analogie « monastique ». Or les fondateurs de Lutte ouvrière sont les premiers à revendiquer cette filiation symbolique, et parfois même à s'en prévaloir. Pour le vérifier, attardons-nous d'abord sur les pratiques de lecture en vigueur dans l'organisation d'Arlette Laguiller. Nous en viendrons ensuite au discours explicite de ses dirigeants, qui ne dédaignent pas de se présenter ouvertement comme des « moines-soldats »...

Commençons donc par les « pratiques liseuses ». Celles-ci constituent l'une des grandes originalités de LO. On y lit beaucoup, en effet, et ardemment, de façon volontariste et planifiée. Tout comme dans les cloîtres médiévaux, cette pratique y apparaît à la fois comme une injonction individuelle permanente, et comme un exercice collectif qui fait l'objet de prescriptions impérieuses. Cette présence « scripturaire » de tous les instants se traduit par deux types d'opération qui structurent entièrement l'édification des nouveaux militants, dès lors que ceux-ci se retrouvent pris en « liaison ».

D'un côté, ils se voient remettre des ouvrages lors de rendez-vous individuels et réguliers (au moins un par semaine) qui permettront à leurs tuteurs de vérifier qu'ils ont bien compris les textes en question. D'un autre côté, ces jeunes néophytes sont convoqués à des « stages » de lecture intensive, où quelques militants plus expérimentés les encadrent pendant une ou deux semaines. Durant cette période, l'existence du groupe se déroule selon un emploi du temps simple et répétitif, entre le dortoir, le réfectoire, la bibliothèque et les quelques pièces dénudées où chaque camarade reçoit le livre du jour, selon un programme bien précis. Seuls les repas pris en commun viennent interrompre les séquences studieuses : le matin comme l'après-midi, en silence et sous le regard vigilant des aînés, les ouvrages sont dévorés avant d'être discutés collectivement, le soir venu.

Comment ne pas rapprocher la froide topographie de cet « espace liseur » avec la sévère simplicité propre aux cloîtres médiévaux ? Surtout, comment ne pas faire l'analogie entre le dispositif de ces stages révolutionnaires et la lecture collective, muette et surveillée qui était de rigueur dans certains monastères ? Dans les « couvents » de LO comme dans ceux des bénédictins, on entend les mouches voler, le silence est d'or et la discipline de fer, les mauvais sujets et les cancres étant rappelés à l'ordre, voire tout bonnement chassés...

Et cet acquiescement partagé est adossé à la méditation des écrits anciens, c'est-à-dire à l'assimilation puis à la rumination des textes qui font autorité. L1, L2, L3, L4 : chaque stage est baptisé de la manière la plus sobre, et la progression chiffrée reflète une acculturation planifiée, où la liste des titres à connaître est soigneusement réglementée. Ainsi les apprentis militants se voient-ils tracer un programme de lecture qui peut aller des écrits fondateurs jusqu'aux plus grandes œuvres de la littérature mondiale.

Lors d'un premier stage, par exemple, ils auront à se pencher sur des ouvrages de base comme le *Manifeste du parti communiste*, de Karl Marx, sur *Les Trois Sources du marxisme*, brochure signée du socialiste allemand Karl Kautsky, ou encore sur *La Conception matérialiste de l'histoire*, du marxiste russe Gueorgui Plekhanov. Dans un second moment de formation, ils devront creuser des essais théoriques plus ardus, consacrés aux lois de l'économie politique, par exemple, ou aux aspects organisationnels de l'activité révolutionnaire – le *Que faire ?* de Lénine, entre autres. Certains stages pourront être tout entiers consacrés à la lecture intégrale de grands monuments de la littérature politique, par exemple l'*Histoire de la Révolution française*, de Jules Michelet.

D'autres enfin seront l'occasion de faire retour sur telle ou telle période déterminante pour le mouvement ouvrier : afin de comprendre les leçons de la Commune de Paris, on épluchera l'*Histoire de la Commune*, de Prosper-Olivier Lissagaray, et *La Commune de 1871,* de C. Talès. Et, pour saisir les enjeux de la révolution russe, on s'emparera des *Dix jours qui ébranlèrent le monde*, de John Reed. La lutte antifasciste sera approchée via le « classique » de Daniel Guérin (*Fascisme et grand capital*), mais aussi à travers les *Souvenirs d'un perruquier*, du militant communiste italien Giovanni Germanetto. Et, sur la guerre civile espagnole, on lira en priorité *Hommage à la Catalogne*, de George Orwell.

Ainsi, une fois articulées les lectures individuelles, telles qu'elles sont prescrites à chaque militante et à chaque militant tout au long de l'année, avec les lectures collectives, telles qu'elles sont pratiquées lors de stages réguliers, c'est dans une véritable course de fond bibliographique que doit se lancer quiconque souhaite intégrer le petit noyau de l'avant-garde : « Tous ceux qui aspirent à la condition de moine ne sauraient ignorer leurs lettres », avait posé saint Ferréol, abbé-évêque d'Uzès et auteur, au VIe siècle, d'une règle monastique. Et il en va de même pour toutes celles et tous ceux qui aspirent au plein statut de militant LO. La différence est qu'en lieu et place des Écritures et des Pères de l'Église, ceux-là auront plutôt à s'emparer des fondamentaux de la tradition socialiste : traités d'économie politique, classiques du marxisme, biographies des grands ancêtres...

Mais cet itinéraire initiatique en forme de parcours culturel ne serait pas complet si l'on omettait de signaler qu'à Lutte ouvrière on ne lit pas seulement des essais ou des témoignages. Tout au contraire, dans la longue liste des ouvrages qu'un aspirant révolutionnaire doit absolument avoir assimilés pour prétendre entrer dans le saint des saints, le roman est en très bonne place. Et même à la place d'honneur. Car les dirigeants de LO ont toujours insisté sur le fait que seule la littérature donne vraiment à comprendre les contradictions qui rendent l'Histoire si déroutante. Héritiers d'une tradition politique qui est allée de désillusion en désillusion (Octobre 1917, Juin 1936, Mai 1968..., autant de « révolutions manquées »), ils ont appris à se méfier des pronostics et des prophéties définitives. Aussi tentent-ils de perpétuer une espérance qui doit désormais compter avec l'incertitude consubstantielle à tout projet de libération sociale.

Cette incertitude fondamentale des rapports sociaux, c'est la pédagogie romanesque qui est la mieux à même d'en rendre compte. Telle est en tout cas la conviction qui prévaut dans l'organisation d'Arlette Laguiller. Ainsi, pour ne donner que quelques références, la grandeur et la décadence des bourgeoisies seront envisagées à travers les œuvres de Balzac, de Zola ou encore de Sinclair Lewis, tandis que la difficile prise de conscience des classes ouvrières sera étudiée dans les romans d'Henry Poulaille (*Le Pain quotidien*), de Louis Guilloux (*La Maison du peuple*) ou de Jack London (*Le Talon de fer*). Dans l'imaginaire d'un militant de LO, la Première Guerre mondiale sera immédiatement associée aux livres signés Erich Maria Remarque (*À l'Ouest rien de nouveau*), et Charles Exbrayat (*Jules Matrat*). La barbarie nazie évoquera d'emblée *La Septième Croix*, d'Anna Seghers, et *La Muraille*, de John Hersey, et la terreur stalinienne renverra aux écrits de Victor Serge (*S'il est minuit dans le siècle*) ou de Vassili Grossman (*Vie et destin*). De même, la révolution chinoise convoquera André Malraux (*La Condition humaine*), l'apartheid en Afrique du Sud André Brink (*Une saison blanche et sèche*), et le climat en France pendant la guerre d'Algérie fera signe vers Claire Etcherelli (*Élise ou la Vraie Vie*).

Tout se passe donc comme si la phalange bibliophile d'Arlette Laguiller se méfiait des ouvrages abstraits, pour faire du roman l'outil privilégié d'une âpre lucidité. L'écriture romanesque est valorisée parce qu'elle permet d'explorer les événements passés, sans ôter aux acteurs leur épaisseur existentielle, leur poids d'humanité ou de perversité. Et si la littérature n'est pas vouée, ici, à la seule célébration des générations sacrifiées, elle n'en permet pas moins de rendre hommage à l'épopée des anonymes, de saluer celles et ceux qui sont tombés, et que la fiction rend si proches : plus que n'importe quelle somme érudite, la lecture de quelques bons romans est source non seulement de culture, mais aussi de révolte et de passion, dans le sillage de l'héroïsme d'antan. Telle est la puissance inégalable de l'expérience esthétique, qui peut « inciter si puissamment à l'identification avec un modèle ou à l'engagement au service d'une grande cause [1] ».

Et, encore aujourd'hui, il est certains écrivains, largement méconnus, qui appartiennent en propre au « corpus LO ». S'il fallait n'en citer qu'un, on choisirait volontiers l'allemand Ernst Glaeser (1902-1963), auteur d'une forte trilogie romanesque : d'abord *Classe 22*, fresque consacrée à la Première Guerre mondiale (vue du côté allemand) ; *La Paix*, ensuite, sur la répression de la révolution allemande de 1918 ; et enfin *Le Dernier Civil*, qui constitue une plongée dans l'Allemagne des années 1920, déjà rongée de l'intérieur par la gangrène nazie. Ces titres sont désormais difficiles à trouver, mais chaque nouvelle recrue

1. Hans Robert Jauss, *Pour une esthétique de la réception*, Paris, Gallimard, coll. « Tel », 1978, p. 148.

de LO apprend encore à les connaître sur le bout des doigts, et à les entourer du plus grand soin. En effet, comme beaucoup d'autres volumes rares, les livres de Glaeser seront souvent recouverts d'un papier épais et uni, selon une habitude que l'on retrouve chez de nombreux militants de LO. Par mesure de discrétion, bien sûr. La clandestinité n'est-elle pas le propre de toute lecture digne de ce nom [1] ?

Mais, plus généralement, il y aurait beaucoup à dire sur le culte des vieux manuscrits, du livre « épuisé », au sein de cette singulière communauté. Comme si la fonction de l'écrit dans la tradition révolutionnaire (survivre, maintenir une continuité, transmettre l'héritage) devait nécessairement se traduire par une valorisation du papier menacé, abîmé, et pour tout dire meurtri. Un texte inspirerait alors d'autant plus le respect qu'il aurait lui-même souffert le martyre, et qu'il en serait devenu presque indéchiffrable.

Cette passion du papier jauni a été joliment restituée dans le roman de Thierry Jonquet, *Rouge c'est la vie.* Victor, le personnage principal (nous le connaissons déjà) est issu d'un milieu communiste. À quatorze ans, le voilà révolté, boulimique de lectures, considérant la bibliothèque de son quartier comme « le centre du monde ». D'abord attiré par les Jeunesses communistes, il finit par frapper à la porte de l'école Lutte ouvrière, au lendemain de Mai 68. Après une longue série d'épreuves politiques et théoriques

1. Mise en abîme : parmi les « classiques » que LO a repris à la bibliothèque du PCF des années 1920, on trouve les *Souvenirs d'un bolchevik (1896-1917)*, d'O. Piatnitsky. Originaire de Vilkomir et tailleur pour dames de profession, l'auteur raconte ses tribulations à travers le continent européen, et décrit le mouvement de Lénine d'avant 1917 comme un réseau dont la « tâche la plus urgente » est d'organiser la circulation souterraine de la « littérature révolutionnaire ». Valises à double fond, mais aussi jupes et corsages « spéciaux » pour les femmes et gilets-« cuirasses » pour les hommes..., il dit toutes les astuces inventées pour échapper aux polices : « Rester en été cinq jours dans cette cuirasse, c'était épouvantable, mais en revanche quelle joie quand la littérature arrivait aux organisations ! » (Paris, Bureau d'éditions, 1931, p. 74)

(lectures, commentaires de textes...), et une fois devenu un militant plus expérimenté, il obtient enfin le droit de jeter un œil aux textes fondateurs de l'organisation. Des articles et brochures datant pour la plupart de la Seconde Guerre mondiale, et signés par un père présumé et disparu : « Barta faisait figure d'ancêtre vénéré dont on ne prononçait le nom qu'avec d'infinies précautions, ange tutélaire qui veille tout là-haut, au paradis des maîtres à penser », se souvient Victor/Jonquet. Lequel souligne aussi l'aura mystérieuse qui entourait les œuvres du pionnier, diffusées au compte-gouttes et seulement aux plus fidèles d'entre les fidèles, sous la forme de vieux imprimés quasi illisibles, propres à inspirer la dévotion : « Tout cela était éminemment conspiratif. Il était entendu que la divulgation de ces feuilles ronéotées et rongées par les mites équivaudrait à un crime de haute trahison[1]... »

Parmi les grimoires proposés à la dilection des lecteurs de LO, citons encore un autre exemple, tout aussi significatif : la brochure de Rosa Luxemburg parue en Pologne en 1905, intitulée *Église et socialisme*, et que « Rosa la rouge » avait publiée sous le pseudonyme de Jozef Chmura afin de déjouer la censure. À l'époque, pour rallier à ses idées des ouvriers profondément catholiques, elle leur présentait ses propres camarades communistes, dissidents du socialisme officiel et soumis à la répression policière, comme les authentiques successeurs des anciens prédicateurs chrétiens, trahis par un clergé adorateur du veau d'or.

Or ce texte consacré à l'« évangile du communisme », les militants de Lutte ouvrière ne le font pas circuler sous n'importe quelle forme. La version qu'ils se passent de main en main reproduit une vieille traduction de 1937, qu'illustrent plusieurs images pieuses

1. Thierry Jonquet, *Rouge c'est la vie*, *op. cit.*, p. 117.

empruntées à l'iconographie chrétienne. Parmi celles-ci, on relève une représentation de saint Bernard s'installant « avec ses moines » à l'abbaye de Clairvaux, et une autre restituant le plan du célèbre monastère bénédictin de Saint-Gall. Autant de représentations édifiantes qui viennent renforcer ce vibrant hommage : « Au Moyen Âge, les couvents constituaient le refuge des peuples [...]. Les cloîtres ne refusaient pas le pain et la nourriture à ceux qui avaient faim », affirmait Rosa Luxemburg. Et lorsqu'ils avaient « produit du blé, des légumes, du bois, etc. plus qu'il n'en fallait pour la consommation des moines... », ces valeureux soldats du message christique faisaient don du surplus aux indigents, assurait-elle encore. L'hommage importe, dans un texte que les militants de LO lisent collectivement, selon des modalités dont on a dit combien elles sont proches des usages monastiques.

Mais venons-en maintenant au discours que tiennent les militants quant à cette « lecture de salut », afin d'établir comment ils recourent eux-mêmes à la référence monacale[1]. Parmi les membres de LO que nous avons interrogés, celui qui a spontanément mobilisé cette comparaison est aussi celui qui se trouve le plus haut placé dans la hiérarchie : il s'agit de Georges Kaldy, dont nous avons déjà croisé le chemin. Nous avons rappelé l'exil de l'adolescent hongrois après l'écrasement de la révolution à Budapest en 1956, et sa rencontre avec le petit groupe qui diffusait les bulletins Voix ouvrière à la porte des usines, à la fin des années 1950. Il y avait là bien plus qu'une conviction

1. Sur l'analogie entre littérature d'Église et littérature de parti, on consultera Gérard Mauger, Claude F. Poliak et Bernard Pudal, *Histoires de lecteurs*, Paris, Nathan, coll. « Essais et Recherches », 1999. Sur la notion de « communauté de lecteurs » appliquée à un groupe de militants ouvriers, voir Nathalie Ponsard, « Quand l'histoire socioculturelle est aussi histoire orale. L'exemple des pratiques de lectures dans une communauté d'ouvriers des années trente à nos jours », *Genèses*, n° 48, septembre 2002.

théorique : un authentique *credo*, une évidence de vie, où l'attachement aux anciennes modalités du « lire » constitue ce qu'il y a de plus vivace.

Le livre chéri, le livre béni comme on bénit la survie : pour une communauté vouée à la perpétuation d'une culture politique marginalisée, il n'y a pas plus urgent que cet entêtement partagé, ancré dans l'obsession collective d'un corpus intellectuel à sauver. Nul hasard, en ce sens, à ce que Georges Kaldy, lorsqu'il évoque l'effort commun de ses camarades, se réfère d'emblée à la silhouette du moine dans son atelier. À sa vocation de passeur, à son geste premier : copier et recopier, encore et toujours.

> *« Nous, on veut faire l'effort en permanence. Est-ce que cela se traduira par quelque chose ? On ne peut pas faire de prévisions, mais on pense que ça vaut le coup d'essayer. Les moines du Moyen Âge, qui recopiaient des textes en pleine période de recul, il fallait parfois des siècles pour que cela serve à la Renaissance. Ceux-là ont fait quelque chose d'utile pour la société. Nous, on travaille pour l'immédiat, à rendre les travailleurs les plus conscients possible. Mais, en même temps, on préserve des idées. On fait ce qui est nécessaire pour le petit filet qu'on est, qui continuera après nous, et dont on espère qu'il s'élargira à nouveau demain. Imaginons une maladie qui tuerait tous les savants : s'il fallait tout reconstituer à partir des bouquins, ce serait un sacré pari. Eh bien, dans le mouvement ouvrier, on a connu cette situation : des générations de révolutionnaires ont été massacrées par le stalinisme. Mais on a quand même hérité d'une bibliothèque... »*

Dans les bouleversements du haut Moyen Âge, effectivement, au sein des « cellules » monacales, les exercices codifiés et le formalisme volontariste des comportements, loin d'être réductibles à une quelconque sclérose, furent surtout les instruments d'un puissant mouvement de résistance spirituelle. La priorité consistait à conjurer, ou tout au moins à ignorer les tourments de l'époque. Se mettre à l'abri des tempêtes, se replier sur l'enseignement des maîtres, et se consacrer, corps et âme, à la reproduction vitale des manuscrits[1].

Où l'on retrouve la « règle » primordiale qui ordonne le quotidien de tout collectif spirituel voué à une transmission disciplinée. Entre l'ancien labeur des moines copistes veillant sur le savoir antique à travers les « siècles obscurs », d'une part, et la besogne des militants trotskistes soucieux de perpétuer l'esprit d'Octobre au milieu de la pénombre stalinienne, d'autre part, l'articulation est manifeste. Il y va d'un certain art d'hériter ensemble, c'est-à-dire de se constituer collectivement en réserve culturelle, en foyer de sauvegarde contre l'obscurantisme ambiant. Une fois de plus, ici, l'angoisse s'appelle « rupture de continuité », et l'espérance « passage du témoin »[2].

« Theodore le Moine et l'abbé Hadrien enseignèrent à Aldhelm l'art de la grammaire, Aldhelm instruisit Bède, Bède (par l'intermédiaire d'Egbert) instruisit Alcuin, celui-ci instruisit Hraban et Smaragde, celui-ci Theodulfe ; après lequel viennent Heiric, Hucbald, Remi, celui-ci avec de nombreux disciples [...] » : on pourrait pasticher cette inscription retrouvée sur un

1. « Il écrit sur ses genoux, la plume étant tenue entre trois doigts étendus ou légèrement repliés. Comme les deux autres doigts sont repliés et inopérants, le poids de la main repose entièrement sur l'index. L'avant-bras n'a pas d'appui », rappelle Michel Banniard, in *Genèse culturelle de l'Europe*, Paris, Le Seuil, coll. « Points Histoire », 1989, p. 50.

2. Au cœur de cet art d'hériter, il y a l'infinie circulation des textes entre les générations. Et donc, très explicitement, le geste du copiste. Ainsi fera-t-on un sort particulier à la façon dont Hardy, chef historique de Lutte ouvrière, se remémore ses premières lectures politiques, sous l'Occupation. Enfermé à la prison de la Santé comme résistant, le jeune militant, qui n'est pas encore marxiste, se voit remettre un premier texte subversif par un « camarade » : « Je reçus un cahier où le *Manifeste* était manuscrit et l'on me dit : "Tu peux et tu dois le lire, mais il faut penser aux autres et tu dois le recopier." Nous avions de l'encre et un porte-plume sergent-major, et il me remit un autre cahier, vierge. [...] Lire Karl Marx en prison ! Et la joie aussi de rendre service à des camarades inconnus ! » se souvient-il. Cité in *La véritable histoire de Lutte ouvrière*, *op. cit.*, p. 61.

manuscrit médiéval d'Adhémar de Chabannes[1], et reconstituer de la même manière toute la généalogie intellectuelle et militante d'un groupe comme Lutte ouvrière. Les pseudonymes des uns et des autres seraient alors mis côte à côte, de façon tout aussi lapidaire que les noms des clercs sur le manuscrit d'Adhémar, pour montrer comment l'esprit révolutionnaire se diffuse au long d'une immense chaîne de lecture.

Soit, par exemple, cette simple et unique référence : Balzac. Et quatre pseudonymes, attachés à des militants appartenant à trois générations différentes : Korner/« Barta », Faget/« Louise », Kaldy/« Muro » et enfin Marangaby/« Krikor[2] ». Schématiquement, cela devrait se décliner à peu près comme suit : « Barta le trotskiste enseigna à Louise l'art de lire Balzac en révolutionnaire, Louise instruisit Muro, après lequel vient Krikor, celui-ci avec de nombreux camarades. »

Développons brièvement cette lignée balzacienne. Nous connaissons déjà le couple pionnier, cofondateurs de l'Union communiste pendant la Seconde Guerre mondiale : Louise joua un rôle irremplaçable dans l'animation de leur future organisation, mais c'est Barta, de quelques années son aîné, qui lui dispensa une formation théorique. En particulier, c'est lui qui l'emmena à la bibliothèque Sainte-Geneviève, entre autres, et qui lui fit lire Honoré de Balzac.

Un peu plus tard dans le siècle, Georges Kaldy se retrouve à son tour à Paris. Après deux ans passés dans des camps de réfugiés, on s'en souvient, le jeune Hongrois fait la rencontre des militants de Voix ouvrière. Nous sommes à la fin des années 1950, et voici comment Kaldy raconte les premiers instants de

1. Cité par Jacques Le Goff in *La Civilisation de l'Occident médiéval*, Paris, Arthaud, 1964, p. 399.

2. Nous avons nous-même attribué ce surnom à Marangaby, dont nous ignorons le pseudonyme.

l'élève « Muro » sur les bancs de l'école révolutionnaire :

> *« Moi, quand j'ai commencé à militer, j'étais immigré fraîchement débarqué, et j'ai été marqué par une militante de la génération 1940. Elle m'a dit : "Si tu veux comprendre Marx, un jour, il faut que tu lises tout Balzac." J'étais lycéen, je suis parti en vacances avec dix ou quinze romans de Balzac, et j'ai lu religieusement en pensant : "Si elle dit ça, c'est que ça doit être vrai." Et elle avait raison... »*

On aura deviné que cette militante chevronnée n'est autre que Louise elle-même. Laquelle n'allait pas tarder (comme Barta lui-même) à s'éloigner de Voix ouvrière, bientôt rebaptisée Lutte ouvrière. Malgré cela, la chaîne balzacienne ne fut pas rompue lorsque, à la fin des années 1970, atterrit à Paris un jeune homme du nom de Mohammed Marangaby. En Afrique, il avait milité au sein d'une organisation armée nommée le Front de libération nationale du Tchad (Frolinat). Désormais inscrit à la faculté de Saint-Denis, en région parisienne, il continue à faire un peu de politique à l'intérieur d'une association d'étudiants tchadiens. Et c'est au cours d'une réunion organisée à Antony, toujours en banlieue, qu'il fait la connaissance d'un militant de Lutte ouvrière – un certain Kaldy. D'emblée, il le trouve *« politiquement très qualifié, et humainement très attachant »*.

Bientôt gagné aux idées révolutionnaires, Marangaby décide de devenir militant à plein temps. Très vite, et tout au long des années 1980-1990, ses terrains d'intervention seront aussi bien l'université que les foyers d'immigrés Sonacotra, ou encore la lutte aux côtés des sans-papiers. Et, dès le début, il bénéficiera des leçons individuelles et intensives que lui donnera Kaldy, semaine après semaine, en tête à tête et le plus souvent au fond d'un petit troquet. Avec lui, il discute, il échange des arguments. Surtout, il lit : John Steinbeck, Maxime Gorki, notamment. Et puis Honoré de Balzac, aussi. Rencontre décisive, dont Marangaby souligne encore l'impact revivifiant, et dont il dit être sorti métamorphosé. Et, pourquoi pas ? ressuscité...

> *« Moi je suis arrivé au trotskisme par un cheminement personnel. Ça a été d'abord le fruit d'une rencontre. J'avais milité en Afrique dans une organisation nationaliste. Là-dessus, je suis venu en France, je me posais énormément de questions sur l'échec de ce que j'avais vécu politiquement. Et j'ai rencontré les copains de LO, avec lesquels j'ai commencé à discuter. Au bout de ces discussions, j'ai trouvé en quelque sorte le chemin de mes rêves. Pour moi, ça a été comme une sorte de seconde naissance. Kaldy, je lui dois tout. J'ai beaucoup appris auprès de lui, je peux dire qu'il m'a formé. Quand je l'ai rencontré pour la première fois, il a placé la barre très haut. J'ai lu les classiques russes, je me suis intéressé à la littérature américaine, à celle de l'Amérique latine, à celle des pays d'Asie, et bien sûr à la littérature africaine, qui a été pour moi un objet d'étude pendant des années et des années. Je n'ai jamais autant lu de ma vie... »*

3

Rencontrer

Du coup de foudre en politique

On doit tout à un être parlant quand on lui doit un tour de langue.

Jean-Claude Milner,
Le Pas philosophique de Roland Barthes, 2003.

Ils ne sortent jamais sans leurs papiers. Comme toutes les femmes, comme tous les hommes de foi, les révolutionnaires vivent une existence constamment doublée par l'écrit. C'est tout un rapport au monde qui est ici en jeu : une façon d'aller à la rencontre de l'histoire, d'affronter sa violence et ses contradictions, ses ironies aussi. De lui faire face, donc, avec pour tout viatique le souvenir des luttes passées, tel qu'il se trouve préservé dans quelques imprimés : dans les livres où repose la parole des anciens, et dans les journaux, les tracts où se dessine, au quotidien, un avenir autre pour demain.

Mais dire que la pédagogie de l'espérance, en son essence même, relève de cela, ce n'est pas vouloir la réduire à une activité exclusivement livresque, à un « moulinage » abstrait, sans prise avec le réel. Tout ce qui précède devrait suffire à le montrer : l'élan révolutionnaire est affaire de sentiments et de passions, tout autant que de textes, d'arguments. Il se maintient au fil d'une continuité dont nous avons souligné combien elle est humaine, voire charnelle, aussi bien qu'intellectuelle. S'il y a une sensibilité propre aux grands révoltés, elle s'éprouve d'ailleurs dans la capacité à conjuguer ces registres. C'est-à-dire à incarner pour autrui, jour après jour, le souffle d'un refus éclairé, irréductible au monde présent. Un soulèvement de l'âme, voué à se cultiver en même temps qu'à se répandre, d'un seul geste, à tout moment.

Car il suffit d'un visage. Il n'y faut parfois qu'une phrase. Ou même un simple mot, prononcé à voix basse, sur une chaîne d'usinage ou dans une classe de lycée. Un de ces mots de passe qui éveillent, bousculent et font rébellion. De par sa longue marginalité, le courant trotskiste a été amené, plus que d'autres, à soupeser la valeur décisive de ces paroles-là : « le moindre mot avait son écho », notait déjà Léon Trotski à propos des réunions secrètes que lui et ses jeunes camarades organisaient avec des ouvriers, dans les bois ou au bord d'une rivière, bien des années avant le fracas d'Octobre [1]. Réduits à une sévère clandestinité, ceux qui se réclamèrent ensuite du « Vieux » ont été contraints de tout miser sur la propagation des idées. Avec cette conviction qu'à l'instant même où une proposition subversive est formulée, reprise, diffusée..., les choses ont déjà commencé à changer.

Car, si la littérature militante fait le lien entre les générations, l'objet de ce nouage (l'espoir vivant) reste plus décisif que le lien lui-même. Et, en dernier ressort, livres, journaux et bulletins d'usine ne sont que le support d'une initiation qui intéresse au moins autant le cœur que l'esprit, et dont le véhicule est avant tout l'oralité. La cause n'en est pas seulement que les textes appellent sans cesse commentaires et

1. Léon Trotski, *Ma vie, op. cit*, p. 135.

débats. C'est le mouvement même de la révolte qui confère à la parole son statut privilégié. Dans l'insurrection d'une conscience contre le monde présent, les sentiments l'emportent d'emblée sur la théorie, et le cri précédera toujours l'écrit : « Ceux qui viennent à la révolte par la théorie, s'en vont par la théorie, à l'exemple de ceux qui y viennent par le ventre ou par l'ambition, et qui s'en vont par le même chemin », a prévenu l'écrivain Panaït Istrati, en 1929, après un long et pénible voyage au cœur de l'URSS stalinisée [1].

Dans ces conditions, avant d'être mise en œuvre selon un ordre ou un « programme » élaboré, l'éducation révolutionnaire commence sur le tas, dès le premier sursaut d'indignation, à la minute où le désir de justice demande à être partagé. Rien de tel qu'une rencontre, dans ces conditions, pour faire tourner le soleil à l'envers. À quatre-vingt-quatorze ans, Maurice Nadeau en sait quelque chose. Célèbre pour ses activités de journaliste, de critique littéraire et d'éditeur, il a bâti son existence à la manière d'un chasseur de talents : sur la scène de l'engagement comme sur celle de l'écriture, il a passé sa vie au milieu des hommes et des manuscrits, dans les cafés et dans les imprimeries, toujours à l'affût des prochaines séditions. Alors que ces auteurs étaient encore inconnus, n'a-t-il pas publié les textes de Walter Benjamin et de Roland Barthes, de Malcolm Lowry ou de Georges Perec ? Nadeau n'a pas son pareil pour reconnaître les mots qui disent « non », les signes ténus où s'annoncent les dissidences. Militants ou écrivains, il n'aura jamais cessé de les suivre, de se rendre disponible à leurs embardées, « dans le soulèvement des mots ou dans le soulèvement des foules, c'est tout un [2] ».

1. Panaït Istrati, *Vers l'autre flamme*, Paris, Gallimard, coll. « Folio/Essais », 1987, p. 17.

2. Maurice Nadeau, *Grâces leur soient rendues. Mémoires littéraires*, Paris, Albin Michel, 1990, p. 331.

Or cette sensibilité particulière, cette curiosité intransigeante et généreuse, Nadeau les a acquises auprès des surréalistes et des trotskistes. Pupille de la nation (son père est mort à Verdun), élevé par une mère illettrée et domestique, ce pur produit de l'école républicaine a d'abord défilé au sein des cortèges pacifistes, au début des années 1930, avant de participer aux activités du cercle communiste de l'École normale supérieure de Saint-Cloud. Il en sera expulsé pour ses velléités d'indépendance, et notamment pour son scepticisme croissant à l'égard de la politique alors menée par le PC allemand, qui renvoyait dos à dos les nazis et les « sociaux-fascistes », c'est-à-dire les socialistes. Or le jeune normalien avait fait un long voyage à Francfort, et ce qu'il avait vu là-bas (devant chaque bureau de vote, des chemises brunes) ne le laissait plus en paix. À son retour, il fit état de ses doutes aux membres de sa cellule : alors que le fascisme balayait l'Europe, la priorité n'était-elle pas de s'opposer aux bandes hitlériennes ? À peine avait-il posé la question qu'il était exclu.

Il faut dire que depuis quelque temps, Nadeau avait déjà commencé à braver les interdits : deux ans auparavant, à la gare de Saint-Cloud, il avait acheté un exemplaire du journal trotskiste *La Vérité*, qui émettait sur la question allemande un tout autre son de cloche que *L'Humanité*. De même avait-il commencé à lire les livres de ce fameux Trotski qui passait pour un traître auprès de ses camarades de l'École. Et Nadeau raconte comment c'est paradoxalement sur une pile perdue de la librairie de *L'Humanité*, tenue par l'écrivain Paul Nizan, qu'il était tombé sur les ouvrages du proscrit.

Située rue Lafayette, à Paris, cette librairie n'est pas n'importe quel lieu : c'est l'espace des rencontres électives et des « pétrifiantes coïncidences ». On la retrouve notamment dans la séquence inaugurale de *Nadja*, le récit d'André Breton. Nadja, qui s'appelle ainsi « parce qu'en russe c'est le commencement de l'espérance, et que ce n'en est que le commencement ». Aussi faut-il relever ce « hasard objectif » : l'écrivain surréaliste raconte cette scène dans des termes proches de ceux qu'utilise Nadeau, dont il fut l'ami : « Après m'être arrêté quelques minutes devant la vitrine de la librairie de *L'Humanité* et avoir fait l'acquisition du dernier ouvrage de Trotski, sans but je poursuivais ma route dans la direction de l'Opéra[1]... »

Politique de l'errance, fécondité des pas perdus. *Nadja*, ou la recherche convulsive d'une « vie à perdre haleine ». Jamais très loin des livres, de leurs espaces familiers, l'intuition que quelque chose doit se passer, et qu'on va croiser le chemin de « la créature toujours inspirée et inspirante ». L'être qu'on aime et qu'on écoute, en confiance. Pour Nadeau, ce sera Pierre Naville, pionnier du surréalisme et figure fondatrice des trotskismes français.

Issu d'un milieu huppé, Naville avait rompu avec ses parents pour venir habiter un appartement modeste de Ménilmontant. Étudiant à la Sorbonne, il avait participé à l'ébullition intellectuelle des années 1920, devenant l'un des artisans du rapprochement entre surréalistes et marxistes, notamment autour de la revue *Clarté*. D'abord militant du Parti communiste, il en sera exclu en 1928 après un voyage en Union soviétique, où il prit fait et cause pour Léon Trotski. Celui-ci le chargera de diffuser les idées de l'« opposition de gauche » en France comme à l'étranger. Avec quelques autres, dont l'écrivain libertaire Victor Serge, il tentera de révéler ce qu'était la réalité du monde stalinien. Après avoir de nouveau rencontré Trotski, mais cette fois en son exil de Prinkipo, Naville fut de ceux qui lancèrent l'hebdomadaire *La Vérité*, en 1929[2].

1. André Breton, *Nadja*, Paris, Gallimard, 1928 ; rééd., coll. « Folio », 1964, p. 63.
2. Sur Pierre Naville, voir notamment la notice que lui a consacrée Alain Cuenot

Six ans plus tard, c'est donc la rédaction de ce journal plutôt confidentiel que le jeune Nadeau, fraîchement banni du PCF, essaie de contacter. En retour, il est convié à la permanence de la petite organisation trotskiste. Arrivé sur place, il découvre un « local sombre, vide et poussiéreux ». Au milieu, dans la demi-obscurité, une femme et un homme, affairés à plier des journaux : il s'agit de Pierre et Denise Naville. Très vite, Nadeau est séduit par ce couple cultivé, qui vit au rythme des activités politiques. Il décide alors d'entrer dans leur sillage, pour entamer auprès d'eux une nouvelle formation :

> « *Intellectuellement, j'étais attiré par Naville, parce qu'il avait été l'un des premiers directeurs de* La Révolution surréaliste. *C'était un homme de caractère, qui avait une connaissance philosophique. Il pouvait me parler de Hume, de Locke, des gens que je ne connaissais pas. Il me faisait lire ! Son père était le biographe et le bibliographe de Gide. Sa femme, Denise, était une germaniste qui avait traduit Clausewitz et Rilke. Il y a ce côté-là, qui fait que je me colle à lui, si vous voulez. C'est-à-dire que s'il a besoin de quelqu'un, c'est moi qui accours. Ce côté fidèle, quoi ! C'est Naville qui faisait* La Vérité, *c'est moi qui corrigeais. C'était un homme apparemment assez sec, comme ça. Sa lignée, c'est le protestantisme. Et le milieu protestant suisse, en plus... On ne se rend pas compte de la qualité non seulement politique, mais, enfin, humaine de ces gens. Ils n'étaient pas révolutionnaires par goût de la politique, mais parce que ça faisait partie de leur être. Pas de leur vie, mais de leur être même.* »

Lorsqu'il mourut, en 1993, Pierre Naville laissa une œuvre de militant et d'intellectuel, quelque quarante ouvrages de réflexion sociologique et politique, et une traduction du *Behemoth* du philosophe anglais Thomas

---

dans le *Dictionnaire biographique du mouvement ouvrier français*, sous la direction de Jean Maitron, Paris, Éditions ouvrières, 1987, t. 37, p. 228.

Hobbes. Dès la Libération, pourtant, il avait cessé d'être trotskiste. Mais aujourd'hui encore, lorsque Maurice Nadeau évoque sa mémoire, c'est pour en faire son camarade de toujours et son *« éveilleur essentiel »*, comme il dit. Depuis l'Assistance publique jusqu'à Normale sup, il en avait connu, pourtant, des pédagogues et des professeurs. Mais aucun ne l'aura marqué comme Naville, qui lui aura appris, du combat politique, et la pratique et la théorie.

La pratique, c'est-à-dire le militantisme en ses aspects les plus concrets : défilés et réunions en bataille, collages d'affiches et diffusions de tracts au petit matin, sur les marchés et devant les usines, le centre de toutes les préoccupations demeurant toutefois la conception de *La Vérité*. Nadeau y écrira quelques chroniques littéraires. Mais il en assurera avant tout la correction et la fabrication, tous les jeudis, chez un petit imprimeur du faubourg Saint-Martin. La gorge serrée, qui plus est, car semaine après semaine le « Vieux » (Trotski) ne cessait de pester depuis son refuge norvégien, s'emportant contre la moindre erreur, contre la plus petite coquille...

Et, quant à la théorie, Naville était là pour parfaire la formation du jeune marxiste dont il fallait aiguiser l'esprit, tout en l'ouvrant à d'autres perspectives, en particulier à celles que traçait le mot d'ordre surréaliste : « changer l'homme, changer la vie ». Car, en 1938, Léon Trotski et André Breton s'étaient rencontrés, à Mexico, afin d'écrire ensemble le fameux *Manifeste pour un art révolutionnaire indépendant*. Refusant le « réalisme socialiste » et la prétendue « littérature prolétarienne » prônés par Staline, ce texte défendait l'indépendance des artistes face aux tentatives d'instrumentalisation par les pouvoirs politiques. Contre toute police de l'esthétique, il mettait en avant une conception libertaire de la création, parfaitement résumée par le slogan : « Toute licence en art ». Ainsi

Maurice Nadeau fut-il envoyé par Naville auprès de Breton, pour l'aider à construire une « Fédération des artistes révolutionnaires indépendants » et à inventer ce qui en constituera l'organe papier. Ce sera la revue *Clé*, publiée dans le compagnonnage du poète Benjamin Peret, surréaliste et trotskiste « hérétique », qui avait participé à la guerre civile espagnole et qui allait demeurer un ami pour la vie.

L'écriture, la révolution, deux objets impossibles, deux expériences limites pour un même acte de foi : « Je crois à la résolution future de ces deux états en apparence aussi contradictoires que sont le rêve et la réalité en une sorte de réalité absolue, de surréalité », écrivait Breton dans son *Manifeste du surréalisme.* En un tel « point sublime », on ne s'installe pas. Mais on peut y atteindre, un bref instant, et le militant comme l'écrivain savent que pour cela il s'agit de ne pas démériter. De se rendre disponible à l'inconnu d'une aventure personnelle qui engage la sensibilité collective, à l'excès d'un pari où s'imagine le devenir commun. Sortir de soi, donc, et se projeter vers autrui. Qu'on explore les apories du langage ou qu'on ferraille avec les contradictions de l'histoire, voici donc le seul événement, humble et rédempteur à la fois (amour, rébellion), celui dont *Nadja* décrit la surprise comme les périls, « pourvu que le sens le plus absolu de l'amour ou de la révolution soit en jeu ».

À l'œuvre, tout le temps, la volonté de remettre l'homme debout. Et, au cœur de cet espoir, l'avènement d'une présence enseignante, le sans-prix d'une possible rencontre. Les trotskistes ne pouvaient guère tabler sur autre chose, eux dont le cercle était des plus restreints. Lorsqu'il évoque ces années, Nadeau puise dans son franc-parler pour raconter, lèvres rieuses, à demi pincées, les premières réunions auxquelles il a participé, et les arrière-salles de bistrots où ses « copains » aimaient à se retrouver. Des assemblées très confidentielles, puisque l'ensemble de la région parisienne ne comptait pas plus d'une quarantaine de trotskistes : « *Bon, c'était pas l'afflux des masses, à l'époque*, marmonne Nadeau. *Mais si on n'a pas été trotskiste à vingt ans, on a eu tort, à l'époque, ça, c'est sûr...* »

Ce sentiment d'avoir la vérité pour soi, et de devoir se sacrifier pour la faire éclater, est de ceux qui nourrissent les plus solides vocations. Chez les trotskistes, on l'a vu, il a fondé une démarche proche de la prédication. Et, pour eux comme pour les missionnaires religieux, le travail de conviction passe non seulement par l'argumentation, mais encore par l'exemple d'un comportement individuel qui irradie au quotidien. Être un militant révolutionnaire, ce n'est pas se contenter d'égrener nobles principes et références glorieuses. Ni même se démener pour organiser la grève qui, en se généralisant, préparera un éventuel grand soir. C'est d'abord manifester publiquement une volonté de rupture, indissociable d'un certain choix de vie.

Ainsi faut-il prêter l'oreille à la manière dont Maurice Nadeau rend hommage à l'un de ses vieux camarades, désormais à la retraite, et qui continue à lui écrire chaque année. Dans la France du Front populaire, celui-ci était salarié aux usines Gnome et Rhône, une entreprise qui fabriquait des moteurs d'avion, et qui deviendra plus tard la SNECMA. Ce que Nadeau souligne ici, c'est le rôle essentiel des rapports humains dans l'activité politique, et l'influence déterminante qu'un militant, même isolé, peut avoir sur son entourage, ses collègues de travail, dès lors qu'il croit à ses idées.

> « *Quand un trotskiste est quelque part, c'est tout le milieu qui change. En tant que petite organisation, nous avions cette comparaison : on est le levain qui fera lever la pâte. Chez Renault, par exemple, il n'y avait pas des masses de trotskistes : un, deux, trois, peut-être même pas trois. Mais*

il suffisait d'un pour lever une armée de gens qui disent : "Il a raison, mais oui, mais en effet !" C'est comme ça que ça se passe, moi j'étais le premier étonné. Le copain que j'avais chez Gnome et Rhône, c'était lui le levain. D'abord il avait mauvaise réputation : il s'était marié avec une Martiniquaise, elle était noire, et chez les ouvriers de cette époque, c'était mal vu... Rien que pour ça il faisait lever la pâte. On disait : "Celui-là, il est pas comme les autres." Il n'était même pas trotskiste, mais il était perméable à ce qu'on pouvait lui dire. Un anonyme parmi des milliers de gens, ça peut faire beaucoup de boulot. Parce qu'il y a une caisse de résonance, autour de quelque chose de vrai qui est dit. »

Être le petit noyau d'où tout vient à renaître, le levain qui fera lever la pâte, le simple anonyme dont l'appel entraîne une mobilisation de masse... Ces images sont communes à bien des avant-gardes, politiques mais aussi religieuses ou esthétiques. De fait, les trotskistes ont eu très tôt partie liée avec les mouvements qui tentaient de remettre en cause l'ordre établi, que cet ordre soit social ou culturel. Mais, alors que le surréalisme ne concerne qu'un cercle restreint, où se retrouvent des femmes et des hommes le plus souvent issus de la bonne bourgeoisie, voire de la haute aristocratie, l'avant-garde trotskiste mêle les énergies de révoltés venus à la fois des milieux intellectuels et ouvriers. On peut même dire que cette mixité sociale maintenue et renouvelée aura constitué l'une des principales originalités de cette « école » : tout au long du XXe siècle, et jusqu'à aujourd'hui, des travailleurs qui n'avaient pas eu la possibilité de pousser très loin leur scolarité y trouvèrent une forme d'université populaire, où leur furent transmis une culture, un savoir et une discipline d'esprit fondés sur l'appropriation active et partagée des textes.

Tour à tour représentant de commerce, livreur de bois, ouvrier dans une teinturerie de plumes ou dans une usine aéronautique, nous l'avons vu, André Essel a toujours dit sa gratitude à l'égard de cette tradition éducative d'un genre un peu particulier. Contraint d'abandonner ses études en même temps que le foyer familial, il avait dû entamer, dès le milieu des années 1930, un apprentissage professionnel et politique qui devait le mener, vingt ans plus tard, à fonder la FNAC avec un autre ancien trotskiste, Max Théret. Entre ce passé militant et l'esprit originel de la FNAC, il faisait spontanément le lien : *« Expliquer et convaincre, c'est tout ce que je savais faire ! Et puis : défendre le pouvoir d'achat des gens, dire la vérité, avoir le souci de la culture, créer un journal, gagner des adhérents... Tout ça, nous l'avions hérité de notre formation militante ! Si nous n'avions pas été trotskistes, il n'y aurait jamais eu de FNAC ! »* insistait-il deux ans avant sa disparition, soulignant le rôle décisif que cette formation avait joué dans sa vie.

Aussi Essel était-il de ces anciens militants qui ont le sentiment d'avoir fait leurs classes au sein du mouvement révolutionnaire, et qui n'en parlent jamais sans saluer avec émotion tout ce qu'ils lui doivent d'enrichissement et de bonheur culturels :

> *« C'est une véritable université, le trotskisme. La lutte de tendances entre des gens très calés obligeait à lire. Il fallait être capable de discuter économie, connaître les socialistes utopiques, Proudhon et compagnie, mais aussi Marx, Engels, Lénine, Trotski, et même Platon ! Tout ce qui était d'avant-garde était représenté chez les trotskistes. Dans notre organisation, il y avait des partisans du freudisme, il y avait des surréalistes, des peintres modernes... Et cela nous a donné une connaissance presque universitaire, mais beaucoup plus large, parce qu'en même temps on se battait, on était proches de la réalité concrète. C'est là que j'ai fréquenté assidûment la bibliothèque Sainte-Geneviève. N'ayant pas de diplôme, je n'avais pas accès à la Bibliothèque nationale... J'avais mon travail, les réunions le soir, mais j'avais toujours quelques heures chaque jour pour aller à Sainte-Geneviève. »*

Une école d'avant-garde, un enseignement dans et par les luttes. Comme beaucoup de ses camarades, Essel en était sorti avec la conviction d'avoir beaucoup appris, la satisfaction d'un autodidacte auquel le militantisme a permis de faire pièce aux déterminismes culturels. En tant que tel, ce phénomène d'acculturation par le militantisme n'est pas propre à l'expérience trotskiste. Au sein du mouvement ouvrier, on pourrait en trouver de multiples exemples. Parmi les groupes libertaires, et plus encore, bien sûr, dans l'univers du Parti socialiste et surtout du Parti communiste.

À cette même époque, en effet, le Parti communiste, qui dispose déjà d'un puissant appareil de propagande, a mis en place ses propres institutions éducatives. Un système de formation sans équivalent, à la fois hiérarchisé et très centralisé (on passe de l'école « élémentaire » à l'école « de section », et des écoles « fédérales » aux écoles « centrales »), où les militants s'entraînent à prendre des notes et à citer les textes de référence (*L'Humanité*, les rapports de l'Internationale communiste...) afin d'étayer une intervention orale ou un exposé écrit. On y bûche sur des manuels, des abrégés qu'il faut connaître sur le bout des doigts : *Le Léninisme, théorie et pratique*, de Joseph Staline, par exemple. Et aussi l'*Histoire du Parti communiste (bolchevik) de l'URSS*, diffusée à des dizaines de milliers d'exemplaires, où sont énoncées les « lois de l'histoire » qu'il est conseillé de méditer.

Or, parmi ceux qui passent par les écoles du PCF, dont certains feront le voyage de Moscou pour suivre les cours de l'École léniniste internationale, beaucoup sont des ouvriers du rang, qui souvent n'ont pas poursuivi leurs études au-delà de l'école élémentaire, et qui trouvent là comme une seconde chance de formation. Des autodidactes, donc, que le parti de Duclos et de Thorez aide à compléter leur instruction, en leur fournissant journaux et brochures, romans et essais théoriques. Sans parler des écarts d'effectifs, quelle différence y a-t-il vraiment, demandera-t-on alors, entre cette solide éducation « de masse », d'un côté, et la pédagogie mise en œuvre par les trotskistes, de l'autre ? Le contraste tient ici à la fois du fond et de la forme.

Sur le fond, d'abord : le système scolaire du PCF se dote de véritables structures au moment même où ce parti se « stalinise » résolument. Dans ces conditions, l'enseignement qui y est dispensé sera de plus en plus dévolu à la glorification de la politique soviétique. Au sein de ces « classes » un peu particulières, on forme les militants de base, on sélectionne les futurs cadres, et on écarte les mauvais éléments en traquant la moindre « déviation » politique. Il importe de garder ceci à l'esprit : avant même les procès de Moscou, c'est-à-dire dès le début des années 1930, le Parti communiste inculqua à ses militants une solide culture d'allégeance et de soumission, propre à faire avaler bien des couleuvres, et dont les retombées se feront parfois ressentir, sur la scène intellectuelle française, jusqu'à aujourd'hui [1].

Sur la forme, ensuite, l'école du PCF a cette spécificité qu'elle est à même d'offrir de multiples gratifications et rétributions, qui ne sont pas uniquement symboliques. À la sortie, les « premiers de la classe » peuvent espérer décrocher un poste de permanent ou de cadre au sein d'une organisation satellite du Parti. Voire – pourquoi pas ? – un mandat d'édile municipal ou de parlementaire. Dès les années du Front populaire, et surtout au lendemain de la Libération, le PCF a ainsi propulsé de nombreux travailleurs à de hautes fonctions de responsabilité, phénomène très

1. Yasmine Siblot évoque ainsi le « contrôle qui s'exerce sur les écoles, et le dogmatisme qui caractérise les cours ». Voir *La Formation politique des militants ouvriers. Les écoles élémentaires du PCF de leur constitution au Front populaire*, Les Cahiers du Centre fédéral, FEN/UNSA, 1998, p. 120.

rare dans d'autres partis. Pour ceux-là, l'acculturation « marxiste-léniniste » s'est traduite par une fulgurante ascension sociale, qui n'était pas toujours exempte de déchirures intimes[1].

Sur ces deux points, l'enjeu de la pédagogie trotskiste est très différent. N'étant pas ordonnée aux politiques fluctuantes (et de plus en plus extravagantes) du Kremlin, elle n'a pas fait de la crédulité et de la volte-face idéologiques ses principaux critères d'excellence. Aussi les héritiers de Trotski furent-ils parmi les premiers à dénoncer vigoureusement les crimes de la tyrannie stalinienne, dont la police politique assassinait les dissidents jusqu'en plein Paris.

Quant aux récompenses symboliques ou matérielles, aux « débouchés » professionnels, que pouvait bien espérer un jeune révolté de l'entre-deux-guerres, à l'instant où il rejoignait le minuscule cénacle du trotskisme français ? Sa seule certitude, pour l'avenir, était qu'il allait recevoir des coups. Animée par un faible nombre de militants aussi isolés que désarmés, cette école ne promettait aucun plan de carrière. La satisfaction d'y faire ses classes était avant tout d'ordre intellectuel et humain : on y goûtait l'art de sauvegarder une vieille espérance, au moment où celle-ci était défigurée de la pire façon.

Bien sûr, cette pédagogie d'avant-garde ne va pas sans une certaine forme d'élitisme, voire sans un vague sentiment de supériorité. À la manière des surréalistes, les trotskistes se reconnaissent comme une minorité élue, appelée à bouleverser l'état des choses

1. Sur le rôle ambivalent de l'autodidaxie dans le « système culturel stalinien », voir Bernard Pudal, *Prendre Parti. Pour une sociologie historique du PCF*, Paris, Presses de la Fondation nationale des sciences politiques, 1989. Jusqu'au début des années 1990, conclut quant à elle Nathalie Ethuin, « si de nombreux militants sont devenus si totalement conformes à ce que l'institution voulait qu'ils soient, c'est parce qu'elle leur permettait d'accéder à autre chose que ce que le destin social leur réservait » (« De l'idéologisation de l'engagement communiste », *Politix*, n° 63, 2003, p. 168).

présent. Cette infime phalange, en tant qu'elle se considère comme dépositaire du feu sacré, est sans cesse obsédée par l'urgence de le maintenir vivace et de le faire circuler. Plus le groupe est physiquement menacé, plus il est numériquement faible aussi, et plus ce passage du témoin doit s'effectuer à travers des liens interpersonnels, d'individu à individu.

De ce point de vue, les trotskistes sont plongés dans une apparente contradiction : d'un côté, ils revendiquent leur ancrage dans la culture d'un mouvement ouvrier où il est d'usage de raisonner en termes collectifs, renvoyant les émotions individuelles dans l'enfer de la « sensiblerie » petite-bourgeoise. De l'autre, leur courant fut si durement marginalisé qu'il s'est retrouvé porté par un petit noyau de militants. Si bien que sa quête de continuité devait fatalement privilégier les relations personnelles. Cette situation de vulnérabilité a rendu nécessaire une pédagogie en face à face, ancrée dans la familiarité d'un compagnonnage commun. Tous les espoirs de transmission, ici, ont reposé sur quelques sentiments : confiance, admiration, fidélité.

Ainsi peut-on affirmer que le trotskisme n'a pu survivre, comme esprit et comme tradition, qu'à la faveur d'une cascade de « coups de foudre » chaque fois différents, et toujours décisifs. Nous en avons déjà signalé quelques-uns. Celui du jeune Mohammed Marangaby avec son maître de Lutte ouvrière, à la fin des années 1980 : *« Kaldy, je lui dois tout »*... Ou encore celui de l'étudiant Krivine, au milieu des années 1960, avec son aîné de la IVe Internationale, Pierre Frank, l'ancien complice de Trotski, qui exhortait son élève à avoir *« une peau d'éléphant »*.

Une entente spontanée, une attirance intellectuelle, une envie de se rendre indispensable, d'être celui qui se précipite en cas de besoin, bref, un désir de se « coller » à l'autre, de s'en remettre à lui...

Combien de vocations se sont ainsi dessinées, chez les révolutionnaires, au hasard des rencontres, par attachement aux anciens ? Entre l'indignation brute qui prédispose à l'engagement et la décision ferme de se jeter en avant, il faut une personne-déclic, un éveilleur, un maître à admirer. Voilà pourquoi les grands noms qui auront marqué la saga trotskiste désignent tous des figures de pédagogues au long cours, conscients que l'espérance, c'est l'attente et donc, avant tout, la transmission permanente.

Ceux-là ont hérité des défaites passées. Ils ont appris à en méditer les leçons, une à une, et savent que la précipitation ne sert à rien. Eux-mêmes n'ont-ils pas connu de multiples revers, et plus d'une désillusion ? Aussi ont-ils compris les vertus d'une « lente impatience », qu'ils veulent enseigner pour demain. S'adressant aux jeunes révoltés, ils ont à cœur de propager le souci du monde, la passion des idées, ainsi que leur tendresse à l'égard des formes écrites où ce souci, cette passion convergent dans une même énergie. Ils connaissent la valeur d'un livre, d'un journal ou d'un simple bout de papier, lorsque s'y déploie l'élan souverain d'une vocation vraie.

De ces figures de passeurs, nous voudrions pour finir donner deux exemples distincts qui ont marqué, l'un comme l'autre, le second XXe siècle des trotskismes français. Le premier s'appelle Ernest Mandel, dit « Germain ». Né en 1922 à Francfort, disparu à Bruxelles en 1995, c'est un intellectuel de haute volée qui dirigea longtemps le Secrétariat unifié de la IVe Internationale, à laquelle appartient la LCR. Le second se nomme Claude Bernard, alias « Raoul ». Né et mort à Paris un an avant Mandel (1921-1994), il restera comme l'un des dirigeants les plus charismatiques de la tendance rivale, dite « lambertiste ». Tous deux, avec des méthodes différentes, auront incarné le personnage du pédagogue révolutionnaire dans ce qu'il a de plus dévoué – et aussi, dans le cas de Raoul, de plus désespéré.

Tournons-nous d'abord vers Mandel. Plutôt austère, vêtu d'un éternel costume trois pièces, cet économiste polyglotte (il parlait couramment flamand, anglais, allemand et italien) a laissé une œuvre théorique considérable. Un *Traité d'économie marxiste*, entre autres, dont les quatre volumes en format poche ont été potassés par des générations de militant(e)s. Amateur de polars et lui-même auteur d'un essai sur le roman policier, il fut surtout un matérialiste et un *Aufklärer* irréductible, qui avait foi dans le triomphe futur des Lumières sur la barbarie. Pendant la Seconde Guerre mondiale, il combattit d'ailleurs l'occupation nazie, et fut arrêté puis transféré dans un camp de travail, d'où il réussit à s'évader. À la Libération, il milita au sein de la gauche syndicale et socialiste belge, avant de vivre tous les engouements (mais aussi toutes les déceptions) de son époque.

Profondément ancré dans la tradition du mouvement ouvrier, en effet, ce représentant de la vieille garde révolutionnaire était à l'affût de la moindre brèche au sein du bloc soviétique (il rencontra Tito en Yougoslavie), comme de chaque nouveau front anti-impérialiste (il dialogua avec Che Guevara). À la fin des années 1960, et alors que la guérilla latino-américaine semblait tendre la main aux révoltes de la jeunesse européenne, son enthousiasme révolutionnaire le conduisit à énoncer quelques prophéties un rien hâtives. « Mandel nous promettait une révolution en Europe avant cinq ans », se souvient Daniel Bensaïd. Et le jeune normalien fit tellement confiance à son aîné qu'il décida de ne pas présenter les concours, pour se consacrer tout entier à la préparation des événements à venir : « Au diable l'agreg ! Ce n'était même plus la peine de remplir ses feuilles d'impôt », ironise-t-il, rappelant avec tendresse les réunions internationales organisées au domicile bruxellois de Mandel. « Nous discutions dans un petit salon aux meubles garnis de coquets napperons en dentelle de Bruges. Dans la bibliothèque s'alignaient, en rangs serrés, les lourds volumes reliés de la *Neue Zeit* [la revue théorique de la social-démocratie allemande, créée en 1883 et dirigée à l'origine par Karl Kautksy]. Il régnait une atmosphère de musée du mouvement ouvrier européen[1]. »

Mais le dirigeant de la IVe Internationale n'était pas seulement un monument de culture militante, auprès duquel chacun pouvait venir se ressourcer, se nourrir. C'était surtout un globe-trotter de la révolution, qui parcourait sans cesse la planète pour y semer les graines de la rébellion. Nombreux sont ceux qui ont bénéficié de son enseignement. Parmi ses élèves, on dénombre beaucoup d'étudiants, puisque la JCR (future LCR) fut longtemps de composition majoritairement petite-bourgeoise. Mais on trouve aussi des ouvriers, qui ont rencontré Mandel pour ne plus jamais l'oublier. Ainsi André Fichaut, dit « Max », véritable coqueluche de la LCR, où, aujourd'hui encore, beaucoup le désignent d'un simple et affectueux « Dédé » Fichaut. Et celui-ci est sans doute le mieux à même d'honorer la mémoire du « professeur » Mandel.

Fichaut naît à l'engagement très tôt, dès l'Occupation, dans la fraternité clandestine des auberges de jeunesse, où il fait la connaissance de militants de toute tendance. En 1947, envoyé au Maroc comme soldat, le jeune brigadier-chef, déjà imprégné d'idées internationalistes et antimilitaristes, refuse d'abord de devenir sous-officier. Puis il opte pour l'insoumission lorsqu'on lui ordonne de lancer son véhicule

1. Daniel Bensaïd, *Une lente impatience*, *op. cit.*, p. 140 et 162.

contre des travailleurs « indigènes » en grève. Les sanctions ne tardent pas : *« Ils m'ont cassé »*, résume-t-il. À son retour, il rejoint le petit parti trotskiste réunifié, qui se réorganise péniblement, et entre alors dans les chantiers navals de Brest, où il construit des navires de guerre, tout en faisant ses classes au sein du Syndicat de la métallurgie. Il y restera jusqu'en 1958, date à laquelle il sera embauché à EDF.

Au moment où il nous accueille, chevelure d'argent, polo, pantalon de velours et grosses sandales de cuir, André Fichaut a pris sa retraite, mais il demeure membre du Comité central de la LCR. *« On m'appelle parfois l'"ouvrier du CC" »*, aime à plaisanter celui qui se présente comme *« l'un des plus vieux de la boutique »*. Et de fait, depuis le combat anticolonialiste contre la guerre d'Algérie (qui lui vaudra d'être arrêté), dans les années 1950, jusqu'aux manifestations contre le Front national au lendemain du 21 avril 2002, cet agitateur aura participé à toutes les luttes menées par son courant[1]. En 1969, lorsque la toute nouvelle Ligue communiste décida de présenter un candidat à l'élection présidentielle, André Fichaut fut d'ailleurs pressenti, lui qui était déjà l'une des figures les plus aguerries du petit groupe trotskiste. Il déclina l'invitation, et c'est Alain Krivine qui dut se lancer, comptant sur les conseils de ces grands aînés de la Ligue que furent Pierre Frank et Ernest Mandel. Pour le métallo Fichaut comme pour l'étudiant Krivine, ces deux-là furent des maîtres irremplaçables : *« Frank, c'était une bête politique. Il n'avait rien à côté, pas de vie sentimentale, rien ! »* se souvient Fichaut. Tout en précisant que, pour la formation théorique, *« le gros intello, c'était Mandel »* :

1. Voir André Fichaut, *Sur le pont. Souvenirs d'un ouvrier trotskiste breton*, Paris, Syllepse, 2003.

« C'est lui qui m'a le plus marqué. C'était un sacré orateur. Moi je l'ai vu en meeting au palais des Sports, à Paris, il soulevait les foules. C'était un pédagogue extraordinaire, ce type. J'avais énormément d'admiration pour lui, pour sa capacité de travail. Il pouvait s'adresser à une assemblée d'éminents docteurs aussi bien qu'à une boîte de travailleurs de la base. Il s'expliquait clairement partout, il savait se mettre à la portée. En plus, il parlait huit langues. Et comme on n'avait pas les moyens pour la traduction simultanée, il faisait quatre, cinq fois ses discours. Mais il m'a aussi appris ce que c'était qu'un intellectuel pur. Il ne fallait pas lui confier un tournevis : y avait un mort ! Un jour il est venu à Brest, on lui a donné des crabes. Il fallait taper dessus avec un marteau. Je me suis dit : il va casser la table, ou ses mains, mais jamais les pattes du crabe ! Il ne savait pas conduire. Quand il était dans sa voiture, sa femme était au volant et lui il était à l'arrière, avec une pile de journaux à découper... »

D'Ernest Mandel, André Fichaut a retenu le souci de peser ses mots, une certaine éloquence argumentative, et aussi une tendresse particulière pour la littérature d'idées : ouvrages à annoter, journaux et autres papiers à « découper ». Aujourd'hui encore, il part chaque année avec sa compagne, en Europe de l'Est, à bord d'un camping-car où les bouteilles de vin à offrir se perdent au milieu des piles de bouquins à lire. Dans sa maison brestoise, toujours ouverte aux militants du monde entier (des « Amis du *Monde diplomatique* » aux indépendantistes kanak), brochures et livres sont omniprésents. Sur les rayons de sa bibliothèque, les ouvrages de Primo Levi côtoient les classiques du marxisme et les romans d'Erich Maria Remarque voisinent avec les deux tomes de *La CGT dans le Finistère*, la photo des petits-enfants en gilet de sauvetage s'adossant quant à elle aux sommes d'Ernest Mandel. Dans le discours de Fichaut lui-même, chaque idée s'appuie sur une référence, chaque discussion puise à la source d'une mémoire collective, qui est aussi une bibliographie. Comme un hommage à ses camarades, et à cette tradition pédagogique dont il s'enorgueillit :

> *« Moi j'ai quitté l'école très tôt. Mais être trotskiste, ça force à lire, à étudier. Le travail de conviction, d'agitation, de propagande... on ne peut pas y aller les mains vides ! Alors on sort des kilos de papier, des textes, des machins, et on passe des heures et des heures à discuter. Mais quand on a pris une décision, ce n'est jamais à la légère, on sait où on va. Et là-dessus, quand on regarde ce que font le PS ou le PC, on n'a pas honte de ce qu'on est. Chez les staliniens, il suffit de payer sa carte. On leur donne des tracts à distribuer, et ils ont juste à dire : "Le Parti a toujours raison", "c'est* L'Huma *qui le dit donc c'est vrai..." Moi j'ai connu des gens qui sont allés un an à Moscou* [sous le stalinisme] *et qui n'y ont rien vu de mal ! On leur bourre le crâne de trucs appris par cœur. Et quand je discute avec des gens du PS, c'est méprisant ce qu'ils savent de la politique : "Comment je vais jouer mon rôle de député", "Comment je vais être réélu la prochaine fois"... voilà leur seul objectif. Mais la politique ? Et comment on va faire pour changer la société ? Ils s'en foutent complètement ! »*

Après des décennies de lutte et de persévérance, voilà donc Fichaut le métallo, l'autodidacte, plutôt fier de lui. Heureux d'avoir fait ses classes là, parmi des femmes, des hommes venus de mille horizons, et d'avoir à son tour passé le témoin. N'a-t-il pas, en tant que responsable syndical, formé des dizaines de jeunes gens ? *« Tous les militants du Finistère sont passés entre mes pattes »*, sourit-il, avec le sentiment du devoir accompli. En Mai 68, Fichaut sera d'ailleurs à la tête de la vaste grève d'EDF Nord-Finistère. Et pour ce Breton profondément révolté, qui n'évoque jamais « Brest la rouge » sans marquer un silence nostalgique (Juin 1936, marins et ouvriers de l'arsenal main dans la main...), ce grand Mai des travailleurs est resté comme un lumineux souvenir. Un précieux moment de brassage social et de curiosité partagée :

> « *Mai 1968, ç'a été une vie intense, on n'avait plus de problème. Moi je faisais des réunions sur l'économie politique. Les mecs voulaient savoir comment ça se faisait que l'or n'était plus l'étalon de la monnaie. Je faisais une réunion là-dessus au Nouveau Théâtre, il y avait trois cents personnes. On faisait de la formation de masse. On se mettait à trois à la tribune, on disait "quel sujet aujourd'hui ?" et on parlait deux heures. Personne ne quittait la salle. C'était une ouverture d'esprit absolument extraordinaire. Les gens ne comprennent pas ça, aujourd'hui, y compris dans le mouvement des jeunes : quand il y a une mobilisation de ce niveau-là, les esprits s'ouvrent à la politique, et c'est à ce moment-là qu'on peut expliquer les choses. Faire que les gens deviennent collectivement intelligents.* »

Restons là, quelques instants, au beau milieu des amphis, dans l'ébullition du Mai français. La parole y circule, libre et parfois déchaînée. Partout dans les facs, on s'en prend au régime, à sa police, à son système éducatif aussi : « Ne dites plus "Monsieur le professeur", mais dites "crève, salope !" » pouvait-on lire sur certains tracts diffusés alors. Mais au moment même où la révolte estudiantine visait les institutions académiques, s'en prenant parfois avec violence aux enseignants, une autre école continuait de se construire, comme souterrainement, au cœur du mouvement. Porteurs d'une mémoire inscrite dans la longue durée, les trotskistes conservaient, sans doute plus que d'autres, le sens de la gratitude à l'égard des aînés. Ne se vivaient-ils pas comme des élèves « disciplinés », toujours prompts à « citer » telle ou telle référence, fiers de leurs « acquis », bref, très à cheval sur le « programme » ? Quels que soient leur âge, leur envie de tout changer, ces jeunes premiers du cursus révolutionnaire ne partageaient pas tout à fait la furie de ceux qui voulaient d'abord « casser » l'université.

Engagé à seize ans contre la guerre d'Algérie, Henri Weber en était, on s'en souvient. Membre des Jeunesses communistes au lycée Jacques-Decour, à Paris, il allait devenir l'un des fondateurs de la nouvelle JCR. En 1966, celle-ci est née de l'explosion de l'Union des étudiants communistes (UEC), que de multiples courants d'extrême gauche avaient volontairement investie. C'est donc avec la nouvelle JCR qu'il va rencontrer de « vieux » camarades comme André Fichaut et Ernest Mandel. Et, plusieurs décennies après, celui qui est devenu sénateur socialiste, et par ailleurs « responsable de la formation » au PS, continue à chérir la fraternité de ces années-là :

> *« Pour moi, le trotskisme a été une remarquable école théorique et intellectuelle. C'était la méthode Freinet, ou la méthode active en éducation, pratiquée sur une grande échelle. À l'intérieur de l'Union des étudiants communistes, par exemple, il y avait des orthodoxes du PCF, des « togliattistes »* [les partisans du PC italien], *des « prochinois », des castristes, et enfin toutes les variétés de trotskistes. Entre ces courants, le débat était permanent, vif, extrêmement riche, et sanctionné par des votes, des prises de pouvoir. Pour y prendre part, il fallait lire, trouver des arguments, être convaincant. C'est un rapport au texte infiniment plus actif que la simple étude en bibliothèque. Moi, j'avais Raymond Aron comme enseignant. On lui portait la contradiction. Jeu auquel il se prêtait très volontiers, et auquel il était très fort, d'ailleurs, mais il ne nous impressionnait pas du tout... »*

Une école ouverte sur la vie, porteuse d'émancipation, tel était le projet de l'« instituteur révolutionnaire » Célestin Freinet (1896-1966). Au début des années 1930, en effet, Freinet entreprit de fonder une « école libre » à Saint-Paul-de-Vence, dans les Alpes-

Maritimes, en rupture avec les usages pédagogiques du système français tels qu'ils avaient été codifiés à l'époque de Jules Ferry. Suppression de l'estrade, rédaction de « textes libres », développement de l'« esprit critique », élaboration d'un journal par les enfants eux-mêmes et constitution d'une « coopérative scolaire » : toutes les mesures préconisées par ce franc-tireur visaient à développer une éducation mutuelle fondée sur la confiance, la responsabilité, mais aussi sur la liberté d'expression et le débat d'idées. « C'est la vie elle-même qui enseigne à nos petits écoliers... », écrivait le « maître-camarade », qui fut très vite rappelé à l'ordre puis mis en congé.

Ce n'est pas parce que Henri Weber rapproche spontanément la pédagogie trotskiste et la tradition Freinet qu'il faut tirer un trait d'égalité entre les deux[1]. Mais entre l'« école Mandel » (celle de la LCR) et l'« école Raoul » (celle de l'OCI), entre l'enseignement du vieil intellectuel européen et celui de l'aventurier parisien, c'est peut-être cette tradition qui peut nous permettre de faire un lien. Car, dans les années 1950 et 1960, elle a inspiré maints courants d'innovation pédagogique. Notamment les Centres d'entraînement aux méthodes d'éducation active (CEMEA), où sont formés, encore aujourd'hui, de futurs directeurs et moniteurs de colonies de vacances. Dans ces centres liés au scoutisme et au mouvement d'éducation populaire, on insiste également sur la nécessité de laisser une large place à l'initiative de l'élève. Or dans les années 1950, c'est au sein de ces

1. On pourrait creuser la comparaison. En se définissant lui-même comme « celui qui a imaginé l'imprimerie à l'école », et en voulant organiser la communauté scolaire autour d'un journal conçu par les élèves, Freinet mettait au centre de son dispositif des objets et des gestes dont on a vu combien ils structurent toute la pédagogie trotskiste. En revanche, ses charges contre l'« enseignement livresque » opposent radicalement son programme d'instruction aux conceptions éducatives propres à la tradition socialiste révolutionnaire. Voir Liliane Maury, *Freinet et la pédagogie*, Paris, PUF, 1988.

mêmes CEMEA que l'on retrouvera un autre trotskiste, qui s'apprêtait à rejoindre le parti de Raoul et de Lambert, et qui devait connaître plus tard, au moment de l'« affaire Jospin », une certaine célébrité.

Né à Dantzig (aujourd'hui Gdansk, en Pologne) en 1921, installé en France depuis 1938, Boris Fraenkel a une trentaine d'années, et déjà une « âme de pédagogue », lorsqu'il fait son entrée aux CEMEA, comme instructeur bénévole tout d'abord, puis comme moniteur à part entière. Encadrant stages de formation et colonies de vacances, il consacre le reste de son temps à son emploi de « premier secrétaire en date » chez le peintre Sonia Delaunay. Personnage atypique et franc-tireur de la politique, cet ancien sioniste était devenu trotskiste pendant la guerre. Mais c'est seulement en mai 1958, au moment du retour de De Gaulle au pouvoir, qu'il décida de rejoindre le groupe Lambert, accompagné par deux apprentis profs de gym rencontrés aux CEMEA.

Et il semble que, pour recruter de jeunes militants, ses nouveaux camarades lui aient donné carte blanche. Fraenkel se tourna alors vers les écoles normales d'instituteurs de la région parisienne, afin d'y développer une agitation antimilitariste, laïque et libertaire, dont l'un des principaux axes n'avait pas grand-chose à voir avec l'orthodoxie bolchevik, puisqu'il reposait sur l'œuvre de Wilhelm Reich. Disparu en 1957, ce psychanalyste autrichien avait fui le nazisme pour s'installer aux États-Unis, et il avait laissé plusieurs ouvrages importants, notamment *La Révolution sexuelle*. Présentant le combat pour la libération sexuelle comme indissociable de la lutte générale pour l'émancipation sociale, cet essai fera bientôt partie des classiques de 68. Mais, dans les années qui précédèrent le mouvement de Mai, il fut d'ores et déjà le manuel de base de la curieuse pédagogie improvisée par Fraenkel, telle que ce dernier nous l'exposa lui-même :

« J'essayais de former de façon freudo-marxisto-trotskiste les futurs instituteurs. En Suisse, j'étais devenu "reichien", et je pensais que les jeunes avaient besoin de se poser des questions et d'essayer de pratiquer la liberté sexuelle. J'ai donc loué une chambre en face de l'école normale d'Auteuil. L'après-midi, je pouvais baratiner les jeunes (j'aime beaucoup ce terme-là), et la nuit, ils avaient au moins un endroit où coucher avec leur petite amie. Personne ne me contrôlait. Lambert était "paf" d'admiration des "ravages" que je faisais parmi une fraction de la jeunesse intellectuelle. C'étaient des gens qui professionnellement n'étaient pas encore entrés dans la vie avec un grand V, et qui étaient donc ouverts à écouter des choses qui leur ont paru séduisantes parce qu'elles étaient objectivement séduisantes. »

Parmi les jeunes que Fraenkel eut la possibilité de *« baratiner »* se trouvait un élève de l'ENA, auquel son statut de haut fonctionnaire d'État allait bientôt donner une place à part au sein du collectif lambertiste. Rencontré par un « camarade » lors d'une réunion familiale en Bourgogne, Lionel Jospin avait été présenté à Fraenkel afin qu'il complète sa culture politique par une série de « cours particuliers ». Ordinairement baptisées GER (groupe d'études révolutionnaires), ces séances de formation pouvaient se dérouler en tête à tête, lorsque les conditions de confidentialité l'exigeaient. S'agissant d'un énarque appelé à de hautes responsabilités au sommet de l'État, cette discrétion s'imposait. Ainsi, le GER de Jospin fut assuré par un lambertiste hétérodoxe et freudo-marxiste, qui se désigne lui-même comme le *« précepteur trotskiste »*, voire le *« cornac »* de l'ancien Premier ministre. Mais lorsqu'il évoque le cas de l'élève Jospin, aujourd'hui, c'est avec les accents tendres et glacés d'un maître déçu, pleurant son disciple évanoui :

« D'après moi, il a tout oublié. Le Lionel Jospin que moi j'ai connu, a-t-il eu un accident ou autre chose ? Est-il mort ? Je ne sais pas, mais il a disparu de la circulation. Terminé ! Les relations publiques avaient à ses yeux une importance plus grande que les relations privées, c'est-à-dire une amitié entre deux garçons. C'est une défaite personnelle extraordinaire pour moi. C'est une blessure. Je suis comme Jésus, la blessure saigne tout le temps... »

Au printemps 2001, au moment où les confessions de Boris Fraenkel font éclater l'« affaire Jospin », les commentateurs insistèrent surtout sur la « duplicité » et le « mensonge » politiques d'un Premier ministre qui avait appartenu au courant lambertiste et qui peinait à présent à l'assumer. Aux yeux de Fraenkel et de beaucoup d'autres, ce drame relevait moins de la trahison que de l'ingratitude. Ce qu'il lui reprochait, ce n'était pas tant d'avoir changé d'avis, de programme ou de parti, que de nier la dette sentimentale qui pour toujours le liait à ses précepteurs révolutionnaires.

La chose est d'autant moins compréhensible qu'après avoir été instruit par Fraenkel, Lionel Jospin s'était lui-même attelé à transmettre le flambeau. Et qu'il l'avait fait, semble-t-il, avec patience et talent. Il avait su à son tour proférer une parole enseignante, prononcer les mots qui orientent une vie. En témoigne par exemple Michel Broué, qui milita chez les lambertistes de 1970 à 1984. Né à la conscience politique au moment des guerres coloniales, ce mathématicien a grandi dans une famille résolument marquée à gauche, et son père, Pierre Broué, était, jusqu'à sa récente disparition, l'un des représentants les plus connus du trotskisme français. Dans les années 1950, chez les Broué, on croisait tel dirigeant indépendantiste algérien venu se réfugier en lieu sûr, ou encore tel ancien garde du corps de Léon Trotski. Pourtant, ce n'est qu'au moment de Mai 68 que l'étudiant Michel Broué est vraiment entré en politique. Il achevait alors sa thèse de doctorat, et, pour le convaincre de sauter le pas, il aura fallu, là encore, une rencontre :

> « *J'ai vu arriver un grand type frisé, dont j'ai su plus tard qu'il s'appelait Lionel Jospin. On se rencontrait tous les mardis soir, les discussions duraient environ deux heures, et on se faisait un certain nombre d'exposés. Si je cherchais vraiment, je retrouverais les notes prises à cette occasion, parce que c'étaient des discussions sérieuses. J'ai surtout trouvé un type étonnamment ouvert, décontracté et spontané, qui pas une seule fois ne m'a donné une réponse langue de bois, toute faite, en forme d'argument d'autorité. C'était une vraie discussion respectueuse. Eh bien, voilà, on a vraiment accroché, et il est devenu une sorte de partenaire pour moi, qui respectait mes questions et les orientait, en répondant de manière positive. À l'issue de ces deux, trois mois, je lui ai dit : "J'accepte de me considérer dorénavant comme un militant de l'OCI parce que dans ce parti il y a des gens comme toi." Et ça m'est resté et ça me reste encore en travers de la gorge, maintenant qu'il n'est plus en politique. J'ai pris cet engagement parce qu'il y avait des types comme lui.* »

Parce que c'est moi, parce que c'est lui... En réécoutant les souvenirs de Michel Broué, c'est un autre témoignage, à la fois proche et différent, qui nous est revenu à l'esprit. Dans son discours, fond et forme réunis, nous avons peu à peu reconnu les mots de Pierre, l'historien, son père. Des mots qui semblent circuler non seulement de génération en génération, mais encore de père en fils, pour dire le rendez-vous décisif où pivote une existence. On s'en souvient, Pierre Broué n'avait rejoint les trotskistes, à Paris, sous l'Occupation, à l'âge de dix-huit ans, qu'après avoir été exclu des Jeunesses communistes. Mais le lycéen avait déjà découvert les œuvres de Trotski, quatre ans plus tôt. Et ce contact initial se fit sous le signe de la pédagogie : un jour qu'il accompagnait sa mère chez

Élie Reynier, vieux professeur d'histoire et militant pacifiste assigné à résidence par le régime de Vichy, le jeune Pierre se voit proposer de piocher dans la bibliothèque du vieil enseignant. « *J'ai pris les quatre tomes de l'*Histoire de la révolution russe*, de Trotski. Sans doute parce qu'ils étaient rouges...* », se souvenait-il.

Voici pour la première relation, livresque, avec la tradition marxiste antistalinienne. À quatorze ans, donc. Plus tard, en 1944, lorsqu'il aura rallié les trotskistes, il sera frappé par le charisme tout particulier d'un autre pédagogue, surnommé Raoul. Celui-ci était seulement de cinq ans son aîné, et sa prestance en fit d'emblée une référence à ses yeux. Quand il en parlait, c'est sur un mode qui nous est désormais familier :

> « *Dans cette organisation, le premier militant que j'ai rencontré à cette époque, c'est Raoul, qui était responsable du secteur de Puteaux-Suresnes. C'était un mythe, parce que c'était un très grand organisateur, qui avait fait un beau travail parmi les Indochinois de France, c'est-à-dire un travail ultraclandestin, qui exigeait beaucoup d'audace, et impliquait des risques énormes. Lui savait aligner ça. Il avait ce qu'on appelait alors l'"élan du bolchevisme", c'est-à-dire la capacité d'improvisation et la rigueur dans l'organisation. En même temps c'était un type humain extraordinaire, beau comme un dieu ; il était l'amant de Rita Hayworth en 1945. Courageux, intelligent, parlant un argot incroyable. C'était un phénomène, Raoul. En le voyant, je me suis dit : "Je suis dans une organisation où il y a des mecs extraordinaires"...* »

Raoul, donc. De son vrai nom Claude Bernard. Bien que très différent d'un Ernest Mandel, qu'il côtoya un temps à la direction de la IVe Internationale au lendemain de la Libération, cet instructeur d'un autre genre n'en a pas moins représenté une authentique figure de passeur et de témoin, qui a marqué des générations de militants. Plutôt que de telle théorie inédite, de telle innovation programmatique, ils sont nombreux à se souvenir de sa silhouette romanesque, de son bagout inimitable, de son rire moqueur et aussi des cigarettes américaines qu'on lui voyait toujours aux lèvres. Lors d'un hommage organisé par sa compagne en 1994, peu après sa mort, plusieurs de ses anciens camarades étaient venus saluer la mémoire d'un homme généreux, fougueux et incontrôlable, qui ne cessa jamais, à leurs yeux, d'être un dissident parmi les dissidents[1] : « sans compromis devant la médiocrité », Raoul était « le contraire absolu de l'indifférence », a témoigné l'un d'entre eux. « Ça a tout de suite fait "tilt" entre Raoul et son éternelle cravate noire et moi. Il a passé ce demi-siècle en pédagogue, sans jamais penser à se faire une "situation" », a raconté un autre, qui l'avait connu au lycée.

Né à Tours en 1921, Claude Bernard avait grandi à Angoulême, où son père avait délaissé la sculpture sur bois pour ouvrir un bureau de tabac. De ses parents, Raoul retiendra d'ailleurs une certaine conception de la dignité, qu'il aura par la suite à cœur de maintenir vivante. Cette façon de « se tenir » dans la vie, il la résuma beaucoup plus tard, en 1970, à l'usage de sa propre fille, dans une lettre qui fait entendre, mieux que tout autre texte, ce qui de Raoul est vraiment resté – un style : « Ces gens qui m'ont précédé, que j'ai connus, m'ont appris un certain nombre de choses, non politiques d'apparence, dont il est bon de se souvenir. Ces gens ont en général traversé ce monde en sachant se tenir. [...] Ils ont en bref, avec les moyens dérisoires dont ils disposaient, essayé de ne pas être des chiens. Et ça, plus la politique, ça peut donner de bons révolutionnaires. La politique sans cela n'est plus qu'un grouillamini de mangemerdes à la recherche d'un alibi et d'un décorum[2]. »

---

1. *Hommage à Raoul (Claude Bernard) 1921-1994*, décembre 1994, édité par Christiane Tranchant.

2. Cité in « Raoul », numéro spécial des *Cahiers Léon Trotsky*, n° 56, juillet 1995, p. 7.

Voilà pour le ton, que Claude Bernard/« Raoul » avait adopté très tôt : à l'époque du Front populaire, alors qu'il était encore adolescent. À quatorze ans, il s'était engagé au sein des Jeunesses communistes, avant de rejoindre un petit groupe anarchiste d'Angoulême, avec quelques copains exclus du Parti. Ensemble, ils approfondissent leur sensibilité libertaire au contact de militants originaires des quatre coins de l'Europe, venus se réfugier à Angoulême après avoir combattu sur le front de la guerre civile espagnole. Pensionnaire au lycée Lakanal, à Sceaux, dans la région parisienne, le jeune Claude Bernard fait également la rencontre d'étudiants socialistes et révolutionnaires qui organisent des réunions et des conférences. Il y entendra par exemple l'écrivain Victor Serge, qui témoignait déjà de la terreur en Union soviétique, ou encore l'un des premiers compagnons français de Trotski, le syndicaliste Alfred Rosmer.

Mais c'est de retour à Angoulême que le futur Raoul deviendra définitivement communiste et antistalinien. Cette évolution fut assez progressive, cependant, et longtemps la révolte demeura chez lui à l'état brut, prenant des formes moins théoriques que spontanées, et se manifestant parfois de façon violente. Personne n'en parle mieux que son ami Hoang Don Tri. Arrivé en France au milieu des années 1930, cet ingénieur centralien avait dû rejoindre Angoulême après la débâcle, au moment où les élèves des grandes écoles étaient évacués de Paris. C'est là qu'il fit la rencontre de Claude Bernard. Son premier souvenir avec lui remonte au mois de juin 1940. Les troupes de la Wehrmacht occupaient la ville, et son camarade se montrait déjà quelque peu imprudent :

> *« Raoul c'est un numéro. Je suis le premier à l'avoir connu. C'était en 1940, à Angoulême. Il n'était pas encore trotskiste, c'était juste un gars qui voulait se battre. Il venait*

d'avoir une bagarre avec un membre de la Cagoule[1]*. Il avait dix-huit ans. Plein de fougue. Il m'emmène chez lui, au grenier, et il me montre son fusil astiqué, en me disant : "La révolution, c'est ça !" À une époque où les armes étaient interdites par les Allemands... il était complètement inconscient ! À Paris, il a suivi des cours de philosophie, et c'est là qu'il va contacter les trotskistes. Moi je n'avais jamais pensé faire de la politique, et je dois dire que c'est lui qui m'a appelé. Cet homme, il m'a tout donné... »*

C'est donc sous l'Occupation et dans la clandestinité que Claude Bernard fit réellement ses classes. Au sein du Comité communiste internationaliste (CCI), il est intégré à une cellule de « stagiaires », dirigée par un autre militant à peine plus âgé que lui : un certain « Lejeune », dont le véritable nom n'était autre que Pierre Boussel, qui deviendra bientôt « Lambert ». Dès lors, Raoul va se consacrer à l'activité de propagande dans le secteur auquel l'organisation l'avait affecté (le « rayon » Puteaux-Suresnes), où se trouvaient plusieurs usines importantes et de nombreuses cités ouvrières. Bientôt, il s'occupera également, et de plus en plus, de ce qu'il nommait le « travail indo ». C'est-à-dire la coordination des activités d'alphabétisation et de politisation des travailleurs indochinois détenus dans les camps d'internement du sud de la France. Il sera d'ailleurs l'un des fondateurs de la « commission coloniale » de la IVe Internationale.

Au sortir de la guerre, il continuait à animer des séances de formation pour les Vietnamiens, donnant des cours réservés aux formateurs bilingues. Et ce à un rythme plutôt soutenu, comme il l'expliquait dans unc lettre postée depuis la ville de Sorgues, en Provence. C'était en 1946, Raoul avait vingt-cinq ans : « Cela me

1. Fondé à l'époque du Front populaire et surnommé la Cagoule, le Comité secret d'action révolutionnaire (CSAR) était un mouvement d'extrême droite de composition plutôt bourgeoise, et dont les actions terroristes visaient à renverser la République afin de déjouer le « complot communiste ».

fait un rude boulot, préparer leurs cours avec eux et faire les miens propres [...]. Mais je t'avoue que travailler dans ces conditions, c'est cent fois mieux que des vacances. Je te jure que ça a de la gueule de voir les gars par chambrée l'après-midi discuter ferme pour arriver à comprendre au maximum [...]. Malheureusement je ne peux pas vivre avec eux continuellement because repérage [...]. »

Ce « travail indo », qui permettra à la section vietnamienne de la IVe Internationale de compter près de cinq cents militants, restera comme l'un des grands faits d'armes de Raoul. Bien plus tard, dans les années 1970 et 1980, il captivait encore les jeunes militants en leur faisant le récit du combat mené aux côtés de ceux qu'il appelait « mes Viets ». Et, bien qu'il n'ait jamais mis les pieds en Asie, il leur faisait aussi partager, des heures durant, l'expérience des paysans vietnamiens et la mémoire vivante des affrontements coloniaux, dans les villages et jusqu'au cœur des rizières, brossant également le portrait de tel dirigeant, de tel opposant, avec un si beau talent de conteur que personne ne doutait de l'authenticité du « témoignage »...

Est-ce parce qu'il avait l'âme d'un comédien, parce qu'il possédait une formidable capacité d'improvisation, que Raoul se vit confier la direction du fameux « rayon spectacle » du parti lambertiste, au lendemain de Mai 68 ? C'est en tout cas, avec l'agitation à Puteaux-Suresnes et le « travail indo » pendant la guerre, le troisième grand moment de la « légende Raoul ». Dans un secteur culturel où la puissance du Parti communiste était particulièrement pesante, le « rayon spectacle » regroupait des militantes et des militants qui tentaient d'y maintenir une culture politique révolutionnaire et antistalinienne. Parmi d'autres noms devenus célèbres, on y trouva par exemple le chef-opérateur Pierre William Glenn, les cinéastes Marco Pauly et Alain Corneau, le metteur en scène Bernard Murat ou encore les acteurs Juliet Berto, Dominique Labourier, François Marthouret.

Et si le cinéaste Bertrand Tavernier demeura un simple compagnon de route, le comédien Alex Métayer en fut, lui, un membre des plus actifs. Né en 1930, élevé en Algérie, cet ancien jazzman était venu au trotskisme assez tardivement, dans l'après-68, par l'entremise de son meilleur ami, le dessinateur humoriste André Barbe, au terme d'une grève à la télévision. Atteint d'un cancer, le comédien est mort en 2004. Mais nous avions eu la chance de le rencontrer auparavant, et il nous avait raconté ses indignations de jeunesse (l'écrasement du soulèvement de Budapest, la guerre d'Algérie), ses années d'engagement (depuis la fin des années 1960), et sa nostalgie profonde de l'expérience au sein du « rayon spectacle ». On y faisait des exposés (sur la situation du disque, sur l'évolution de tel ou tel métier...), on y préparait les luttes, on y discutait tous ensemble, techniciens et metteurs en scène, décorateurs et acteurs, sans distinction de catégories. Cette façon de se mêler les uns aux autres, cette mixité sociale étaient rares dans le milieu. Et c'était une initiative de Raoul, qui s'était battu pour en finir avec les « cellules » séparées : d'un côté les « petites mains », de l'autre les « stars »...

Précieux et discret, cet aîné était pour tous indispensable. Alex Métayer était de ceux qui savaient imiter ses intonations si particulières, son « déraillé » si exagérément populaire. Qu'il remontât les bretelles à un camarade ou qu'il partît dans une longue digression sur le destin de la bourgeoisie dans l'œuvre romanesque des frères Goncourt, ses interventions se faisaient toujours à la fois chaleureuses et teintées d'ironie. À la manière de ces grands pédagogues qui n'ont pas besoin d'expliquer pour se faire entendre, il avait réussi à incarner, corps et âme, paroles et silence, ce que les élèves heureux nomment une présence enseignante :

« Il y avait un jeu chez lui, comme chez tous ceux qui ont à convaincre souvent, et qui utilisent des tons, des silences. Des silences de comédien. En cellule, il y avait un ordre du jour : les rentrées de pognon, l'action syndicale, la vérification du travail de chacun d'entre nous... Moi je me souviens très bien que j'avais fait un exposé sur la situation du disque. Raoul n'était pas le responsable du "rayon spectacle", mais, pour nous, il était le conseil, la caution, la référence. Alors, un jour, il est venu en cellule et il s'est mis en colère, parce qu'il trouvait que nos discours avaient une rigidité scolaire. On était scolaires ! C'est inévitable dans le milieu du spectacle. Prenez un homme comme moi, solitaire, avec deux régisseurs et peu de contacts avec les autres comédiens : mes convictions ne sont pas alimentées par un rapport où on dit : "Tiens, on va faire la grève. Va voir Bedos, va voir Devos, tous les comiques dans la rue !" C'est impossible. Ça reste du domaine de la lecture, du domaine de ce qu'on a pu apprendre. Et Raoul, lui, disait : "Quand je vous entends parler, on est à l'école. Sortez, bon Dieu ! Voyez comment les choses se passent..." »

TROISIÈME PARTIE

Au plus près du feu

La leçon était très dure, dure et blessante jusqu'au dépit. De jeunes camarades « faisaient la cour » à un aîné, mus par un amour immense envers lui, et il apportait tout à coup dans cet amour une atmosphère d'intrigue, il leur donnait le sentiment de n'être pas des frères cadets, mais des jobards qu'on mène par le bout du nez, des pions qu'on peut déplacer à son gré […].

Cette jeunesse amoureuse reçoit de l'objet de son amour un amer enseignement.

Lénine,
« Comment l'*Iskra* a failli s'éteindre », 1900.

1

Dedans/dehors,

ou les spectres de l'épuration

Où veux-tu en venir, face bovine, gendarme, jésuite ? Ah, comment expliquer que la révolution ait pu engendrer par milliers ces êtres-là, leur donner des pistolets automatiques, des insignes, des portraits de Marx et des œuvres de Lénine reliées de rouge, leur insuffler ce contentement d'eux-mêmes, ce monstrueux pharisaïsme de geôliers ?

Victor Serge, *S'il est minuit dans le siècle,* 1939.

Sortir. Aller voir dehors, comment les choses se passent. Avec le recul, le conseil donné par Raoul s'interprète de diverses façons. En tout premier lieu, bien sûr, l'éducateur rappelait ses élèves à la nécessité de ne pas se payer de mots, de bousculer leurs idées toutes faites, leurs préjugés communs, en allant chercher ailleurs de quoi nourrir leur engagement. Aller y voir, dehors, c'est d'abord rompre avec son propre milieu, découvrir d'autres horizons, apprendre à mesurer les contradictions de la société telle qu'elle est.

Mais, pour qui connaît la trajectoire politique du révolutionnaire, l'exhortation peut aussi s'entendre autrement. Car, au moment où il s'adresse de la sorte à ses camarades, cela fait déjà bien longtemps que Raoul étouffe. En secret, en souffrance, il est le premier à chercher une issue. Un moyen d'échapper à la fièvre collective, à ce brasier militant qui tout à la fois le fait vivre et menace de l'asphyxier. Sans se résoudre à s'y engouffrer tout à fait, il guette une brèche, une ouverture possible, ce qu'il nomme souvent, en privé, une « porte de sortie ». Dès lors, sa consigne (*« sortez, bon Dieu ! »*) résonne non seulement comme une invitation à prendre l'air, à se dégager de son univers ordinaire, mais encore comme un appel à se libérer du groupe politique lui-même. Le carcan dont il s'agit de s'émanciper, ce ne serait donc plus, ici, l'entre-soi du cocon familial ou professionnel, mais celui du cercle partisan.

Très tôt, en effet, ce passeur avait repéré les failles du mouvement auquel il se dévouait corps et âme. L'école du trotskisme était un lieu de résistance et de continuité, oui : contre la confiscation du « programme » communiste par la propagande du Kremlin, cette école marginale avait voulu préserver une pédagogie de liberté. Mais elle n'en restait pas moins menacée de sclérose, à tout instant, comme si ses méthodes n'étaient pas sorties indemnes du système enseignant contre lequel elle s'élevait. En effet, là où elle devait former des esprits indépendants, on retrouvait trop souvent l'allégeance et la soumission. En lieu et place d'une autonomie de pensée, le dogme imposé à coups de blâmes, de sanctions et d'exclusions : « Vacherie des vacheries si on n'a pas su faire autre chose de nos peaux et de notre programme. En tout cas, on a jeté dans le coup une autre génération, et à partir de ce moment-là, on n'a plus le droit... », écrivait-il dans un texte privé en novembre 1965[1].

Mais c'est dès les années 1950, et alors que les petits groupes trotskistes vont de discorde en scission, que Raoul confie son désarroi. Auprès de ses proches, il s'alarme de voir l'agitation propagandiste remplacer la

1. Cité in « Raoul », *Cahiers Léon Trotsky*, *op. cit.*, p. 177.

vigilance théorique : « Survivre, agir est devenu un leitmotiv d'ordre mystique où l'action tient lieu de pensée, voire refoule les inquiétudes. » Bien plus, il souligne l'atmosphère de caporalisme qui obscurcit les perspectives de son courant. Exactement comme au Parti communiste, par exemple, le réflexe premier consiste à disqualifier toute divergence au moyen d'étiquettes stigmatisantes. Au premier rang desquelles le label « petit-bourgeois » et ses corollaires (« intellectualisme », « opportunisme », « défaitisme »...), couramment utilisés, chez les trotskistes aussi, pour faire taire la moindre contestation interne. Ironisant à propos de cette « guerre sainte » contre la petite bourgeoisie, qui n'est jamais qu'une « création de petits-bourgeois », Raoul pourfend la rhétorique de la suspicion qui fait « de l'école du militant une farce du type stalinien » [1].

Ces mots sont écrits en 1954. C'est dire combien furent précoces, chez Raoul, les doutes à l'égard de son parti. Et, pourtant, il est resté. Pratiquement jusqu'à sa mort, il aura continué à être membre du groupe lambertiste. Sans jamais renoncer à son image de forte tête et d'irréductible, certes, puisque, des décennies durant, les nouveaux venus trouveront en lui l'un des seuls militants capables de s'opposer au chef. Mais le fait demeure : Raoul n'a pas franchi le pas. Même déçu, écœuré, ce bouillant révolutionnaire ne pouvait se passer de l'organisation. Lorsqu'il prit vraiment ses distances, en 1989, après cinq décennies de bons et loyaux services, ce ne fut que sur la pointe des pieds. Et encore fut-il largement poussé vers la sortie. Celui qui se retrouvait enfin « dehors » était un homme cassé, auquel il ne restait plus que cinq ans à vivre.

Cette incroyable endurance, cette impossibilité de s'en aller pour de bon, Christiane Tranchant les

1. *Ibid.*, p. 69-70.

a vécues auprès de Raoul, entre accablement et colère. Pour désigner celui-ci, elle se contente souvent d'un simple *« mon mec »*. À travers un épais nuage de fumée, toujours une gitane à la main, elle nous a raconté l'intense compagnonnage qui fut le leur, et qui commença quelque part à la fin des années 1950. Longtemps employée d'une compagnie d'assurances, cette militante aux convictions inaltérées a grandi dans un milieu de tradition catholique et plutôt conservateur : *« On est d'une famille de droite, mais les gosses ont tous le cœur à gauche »*, glisse-t-elle avec un sourire de satisfaction, pour raconter comment elle est venue à la rébellion politique durant la guerre d'Algérie, en lisant les lettres effrayantes que son frère lui expédiait du front. Après avoir spontanément proposé ses services à l'équipe du journal *France Observateur,* elle décide bientôt d'engager toutes ses forces dans la lutte contre la « sale guerre ».

Et c'est au sein du petit Parti socialiste unifié (PSU), où quelques trotskistes s'étaient investis, qu'elle rencontra « Bernard » pour la première fois : *« Physiquement et intellectuellement, Raoul était fascinant. Le discours et le mec m'ont séduite en même temps. J'ai continué à me former à ses côtés »*, se souvient-elle. Définitivement gagnée aux idées révolutionnaires, elle entama alors le cursus propre à l'Organisation communiste internationaliste (OCI), avant de devenir une militante fidèle, au point d'être nommée trésorière du groupe dans les années 1970. Mais, contrairement à son compagnon, Christiane Tranchant décida de rompre dès 1978. Aujourd'hui encore, elle n'en finit pas de méditer la rage silencieuse de Raoul, toujours sur le départ, jamais vraiment « dehors », alors même qu'il fut l'un des premiers à identifier la déviation sectaire de son mouvement. Pour elle, cette incapacité à rompre doit être envisagée comme la rançon d'un espoir de transmission. Si Raoul ne s'est pas résolu à sauter le pas, c'est qu'il gardait foi dans la relève à venir, dans le passage de témoin entre les générations :

> « *Raoul n'aimait pas le pouvoir, il aimait convaincre. La politique était sa raison de vivre. Et il n'avait aucune illusion sur le parti. Sur le sectarisme, il a été en contradiction pratiquement toute sa vie. Il passait son temps à me dire : "On la verra pas, la révolution. On n'est qu'une fourmi dans l'histoire de l'humanité, on travaille pour les générations futures. Les vieux cons comme moi vont être balayés, mais c'est pas grave. Il faut former, former les jeunes, leur apprendre à avoir leur propre pensée, à ne pas être des béni-oui-oui." Et là, il s'est planté de première, car tous les gars de sa trempe ont été poussés dehors, et c'est tout. On lui a beaucoup reproché cette erreur. Ça l'a rendu malade, ça l'a brisé. Il s'est éloigné, d'année en année, mais le reproche était justifié. Car il était trop lucide pour continuer à cautionner. Dans les moments de découragement, il me disait : "Je sers de tampon hygiénique au parti." Moi, je lui disais : "Mais, bon Dieu, pourquoi tu restes dans cette organisation ?" Il répondait : "Où veux-tu que j'aille ?"* »

Demeurer au sein du groupe, sous peine de se perdre entièrement. « C'est un combat qui se mène de l'intérieur », martelait Raoul le rebelle, Raoul l'incandescent. Pour lui, quitter le corps de l'organisation signifiait cesser de respirer. En cela, et malgré ses anciennes affinités libertaires, ce révolutionnaire demeurait un léniniste classique, pour qui la survie du parti doit primer sur tout, y compris et a fortiori lorsque celui-ci s'égare. En tant que marxiste, Raoul pensait que seuls les opprimés pourraient changer le monde. En tant que socialiste de tradition bolchevik, il était convaincu que la clef du succès résidait dans la cohésion du groupe. Préparer l'avènement d'un autre monde exige d'abord de construire une cohorte de combattants, un détachement de partisans soudés par de puissants liens humains.

Dans les conditions d'extrême marginalité qu'a

connues le mouvement trotskiste, on comprend que cette politique de la fraternité (rangs serrés, confiance disciplinée) ait entraîné querelles et scissions en cascade. Dès 1937, l'écrivain Victor Serge rapportait en ces termes l'« atmosphère irrespirable » qui distinguait les débats au sein de la IVe Internationale : « l'impression d'un mouvement de secte, dirigé par des manœuvres d'en haut, atteint de toutes les dépravations mentales contre lesquelles nous avions lutté en Russie : autoritarisme, fractionnisme, intrigues, manœuvres, étroitesse d'esprit, intolérance [1] »... Et, de fait, parmi les héritiers de Trotski, les discussions internes se caractérisaient rarement par leur sérénité.

En voici une illustration. Dans un texte daté de 1955, Raoul revient sur un épisode qui l'a blessé. Nous sommes au début de la guerre d'Algérie. De vifs débats ont divisé son organisation et, comme d'autres, il a exprimé ses divergences avec les options de la direction. Sans entrer dans le détail de ces polémiques, citons quelques lignes significatives, où s'exprime la stupeur de Raoul et de ses camarades devant la violence avec laquelle leurs positions s'étaient trouvées d'emblée discréditées. Il écrit : « Que reste-t-il en définitive des crétinisantes accusations d'"hésitation", pour ne pas dire de lâcheté, lancées dans la discussion algérienne ? Du vent, sinon une tendance intolérable [...] à éluder les divergences par le "rapport de force", [...] pour ne pas parler des responsables qui se livrent à des offensives systématiquement destructrices des notions élémentaires de respect de la dignité des militants dans un parti révolutionnaire. [...] Nous avons la naïveté d'avouer que ces méthodes puent [...]. [2] »

1. Victor Serge, « Ma rupture avec Trotski », repris in *Mémoires d'un révolutionnaire et autres écrits*, Paris, Robert Laffont, 2001, p. 823-824.
2. « Raoul », *op. cit.*, p. 90.

Raoul est outré. Mais il reste. Tout comme il restera, presque deux décennies plus tard, lorsque l'OCI sera secouée par une crise d'une brutalité exceptionnelle, au cours de laquelle se déchaîneront pleinement les méthodes nauséabondes en question. Dans l'histoire des trotskismes français, cette crise est restée comme l'« affaire Varga », du nom de Varga, alias Balasz Nagy, militant hongrois réfugié en France après l'insurrection de 1956, et membre du bureau politique de l'organisation lambertiste. Ayant exprimé ses désaccords sur l'orientation internationale de l'OCI, Varga fut exclu. Du jour au lendemain, ses anciens compagnons l'accusèrent alors d'avoir été un « provocateur » et un « espion ».

Imaginez. La scène se passe quelque part en 1973. Depuis des années, vous êtes militant de base au sein d'une organisation trotskiste. Comme chaque semaine, vous participez à votre réunion de cellule. Vous vous apprêtez à rendre compte de votre activité : vous avez vendu tant de journaux, obtenu tant d'abonnements, recueilli tant de signatures pour la pétition nationale. Vous avez également rencontré un sympathisant prometteur, qui viendra certainement au prochain meeting central. À peine entré, pourtant, vous êtes saisi par l'atmosphère glacée qui règne ce soir dans le local. Et vous comprenez d'instinct que l'ordre du jour doit comporter quelque chose d'exceptionnel. Très vite, d'ailleurs, le responsable de cellule entre dans le vif du sujet. La teneur de son propos est à peu près celle-ci : « Camarades, le militant que vous connaissez tous sous le nom de Varga vient d'être démasqué. Les faits sont clairement établis : depuis dix ans, ce traître abusait de notre confiance. Il n'était en réalité qu'un agent double, non seulement stipendié par la CIA, mais encore téléguidé par le Guépéou[1]. »

1. Née après la révolution d'Octobre 1917, la police politique deviendra bientôt un élément central du pouvoir stalinien. D'abord baptisée « Tcheka », elle fut ensuite désignée comme le « Guépéou », en 1922, avant de devenir le NKVD en

Voilà. Il ne vous reste plus qu'à rentrer chez vous, pour passer toute cette histoire au crible de votre conscience. Car de deux choses l'une : soit Varga n'a effectivement jamais été qu'un « truqueur », soit votre organisation est en train de reproduire ce que Trotski lui-même appelait la « technique de l'amalgame grossier », c'est-à-dire, en miniature, de misérables procès de Moscou.

Il ne saurait être question de revenir sur les péripéties qui ont ponctué l'« affaire Varga ». Notre objet est tout autre. À travers cet épisode peu glorieux, c'est une intime contradiction qu'il s'agit de sonder, telle qu'elle a tourmenté des milliers de révolutionnaires : d'un côté, ils sont venus à la politique par une double révolte à l'égard du monde capitaliste et du totalitarisme stalinien ; de l'autre, ils ont vu renaître, sous leurs yeux, parmi leurs propres camarades, les mots et les réflexes propres à ce que l'écrivain Arthur Koestler appela la « philosophie du commissaire ». Aussi faut-il sinon expliquer, du moins exhiber ce qui est en jeu ici. Tenter de se mettre à la place des militantes et des militants qui les ont vécues, ces enquêtes en hérésie. Eux y étaient. Et, qu'ils aient trouvé cela normal ou en aient été indignés, ils ont souvent tenu. Malgré tout, ils sont restés.

Rares sont les témoins qui ont accepté d'aborder pour nous la question. Ceux qui ont bien voulu l'évoquer devaient faire preuve d'un certain cran, pour essayer d'élucider, avec le recul, leur propre cécité. Parmi eux, Alex Métayer fut l'un des plus émouvants.

1934. Dans le dossier à charge monté par la direction de l'OCI contre Varga, celui-ci est désigné comme « agent provocateur du Guépéou ». Ce dossier demeure disponible auprès des militants lambertistes, sous la forme d'une brochure intitulée *Provocation dans la IVe Internationale. Itinéraire du provocateur Varga* (Documents de l'OCI, n° 2, Paris, éd. Selio, sans date). On y trouve des extraits de textes et de lettres présentés comme des archives personnelles de Varga, et comme autant de preuves de sa « culpabilité ».

Lorsqu'il nous reçut chez lui, à Paris, quelques mois seulement avant sa disparition, le comédien avait l'air plutôt serein : *« Je suis un homme heureux. Mon enthousiasme révolutionnaire est intact. Je demeure convaincu que ça ne peut plus durer »*, nous avait-il confié d'une voix pudique. Engagé au lendemain de Mai 68, il avait été actif jusqu'à la fin des années 1980. Depuis lors, il s'était consacré à son métier d'humoriste, peaufinant son célèbre personnage vêtu de lin blanc, enchaînant castings et tournées, sans jamais cesser de se considérer comme un *« compagnon de route »* du lambertisme.

Son premier vrai show public, en 1976, s'était intitulé *Nous, on s'aime...* De son rapport à la politique, Métayer parlait avec un sourire à la fois grave et joyeux : d'un côté, il riait de ses propres tics, des réflexes acquis au sein du parti qu'il s'étonnait de conserver jusque dans les détails de sa vie quotidienne – une façon de ponctuer son propos avec certains gestes, une manière particulière de lire la presse, ou encore la tentation coriace de repérer, parmi les convives d'un dîner, le sympathisant potentiel à qui proposer de s'abonner, de signer, de laisser ses coordonnées... Mais, d'un autre côté, il tenait à souligner son refus de blaguer sur le sujet. Bien que comédien et humoriste, Métayer s'était toujours interdit d'afficher ses idées sur scène : *« Je ne veux pas de superficialité là-dessus »*, disait-il simplement. Au point que certains critiques de journaux, ignorant tout de ses engagements, croyaient pouvoir lui faire reproche de ses silences politiques, pour lui opposer l'exemple de comiques « engagés » comme Guy Bedos...

Au moment de l'« affaire Varga », Métayer faisait ses débuts de militant. Dans le cadre du « rayon spectacle », il côtoyait déjà Raoul, dont l'influence fut pour lui décisive. En tant que comédien, il aurait pu être particulièrement sensible à la dramaturgie de l'épuration. Déchiffrer la brûlante mise en scène de l'exclusion. Pourtant, Métayer est passé au travers. Lui, dont l'ultime spectacle s'appellera *Alex Métayer perd la tête*, n'avait pas saisi d'emblée la sinistre farce dans laquelle il avait joué son rôle :

> *« Les méthodes staliniennes peuvent se glisser en dehors du stalinisme, et cette explication, sur l'improbable culpabilité de Varga, je ne l'ai eue qu'après coup. À l'époque, j'étais convaincu : en cellule, on vous parle de Varga, quelqu'un que vous estimez. Bon, le responsable qui le dit est celui qui m'a instruit : s'il le dit, il dit pas de connerie. C'est ce qui s'est passé pour plein de militants sincères, à qui on disait : "Méfie-toi, n'aie pas de relations avec un tel, c'est un agent de la bourgeoisie, un dénonciateur" ou je ne sais quoi. Et là, je reconnais une faille dans mon intellect. Quand vous êtes stalinien, il y a des prébendes, des appartements, un chauffeur, une secrétaire... on peut comprendre ! Mais dans une petite organisation, c'est difficile de supposer qu'il y a une lutte d'influences, que Varga va être lourdé parce qu'il ne s'entend pas avec Lambert. Moi j'ai vu des choses incroyables : par exemple un responsable de "secteur" contesté par mon responsable de cellule, qui avait envie de prendre son poste. Attendez ! C'est que du boulot en plus, pas de pognon, pas de bagnole, rien ! Par moments vous êtcs un peu épouvanté. Mais la révolution se fait avec des hommes. Et les hommes restent les hommes... »*

Le pouvoir pour le pouvoir, aussi symbolique soit-il. Voilà ce qu'Alex Métayer distinguait, en dernier ressort, dans les batailles d'appareil qui ont dévoré la petite troupe lambertiste. Contrairement aux luttes de factions propres aux partis communistes, ces disputes microscopiques n'avaient pas pour enjeu un quelconque avantage matériel. Et c'est ce qui les rend d'autant plus passionnantes. Par leur pureté presque chimique, elles exhibent un aspect souvent négligé des collectifs d'engagement : jusqu'à l'absurde, et pour des hochets dérisoires, un invincible désir de domination.

On retrouvera certes ce phénomène dans toutes sortes d'associations, bien au-delà de la sphère militante. Mais, pour qui s'intéresse aux mouvements d'émancipation, il y a là un problème qui devrait faire l'objet d'une attention toute particulière. Car changer le monde, cela demande un minimum d'organisation. Il faut s'y mettre à plusieurs. Se donner la main, se promettre fidélité dans le projet commun. Comment s'associer ? La question du parti est inséparable de toute volonté politique digne de ce nom. Elle se pose d'emblée à quiconque ne se satisfait pas de l'ordre présent. Bientôt, cependant, le problème se déplace. On découvre non seulement que pour être efficace, l'indignation doit être disciplinée, l'élan libérateur canalisé. Mais aussi qu'à partir d'un certain point c'est le parti lui-même qui devient suffocant.

La tentation est forte de se débarrasser du problème en rabattant la chose sur une pure causalité conjoncturelle : cette obscure pulsion hégémonique, dira-t-on alors, ne concerne que les phases de recul qui accompagnent toute contre-révolution ; si nombre de communistes ont cédé à telle ou telle dérive autoritaire, c'est simplement parce que, depuis que le monde est monde, l'échec des insurrections fait proliférer la réaction, et avec elle les instincts les plus vils. Cependant, on peut aussi choisir de regarder le problème en face. Et essayer de souligner les manifestations de la bassesse totalitaire, telle qu'elle se tapit au creux des espérances émancipatrices. Il ne s'agit plus, dès lors, de diagnostiquer une pathologie ou une autre pour en faire l'un des symptômes de la « dégénérescence stalinienne », mais de reconnaître que celle-ci contamine jusqu'à ceux qui prétendent la surmonter : « Nous charrions la vérole bureaucratique », constatait Raoul avec la lucidité du désespéré.

Une lucidité qu'il garda pour lui, cependant, et qu'il n'exprimait vraiment qu'à quelques proches.

Et dans le même temps, à ses jeunes camarades du « rayon spectacle », il continuait de transmettre la foi du militant chevronné. Parmi eux, cependant, quelques-uns héritèrent bientôt de cette clairvoyance malheureuse, qui lui avait ouvert les yeux sur la réalité du parti, tout en le retenant de le quitter. C'est le cas d'Alex Métayer. C'est aussi celui d'un autre homme de théâtre : le comédien et metteur en scène Bernard Murat. Issu de la bourgeoisie d'Afrique du Nord, petit-fils de résistant et fils d'un intellectuel socialiste proche de Pierre Mendès France, ce militant lambertiste a passé une partie de sa jeunesse à Oran. Révulsé par la guerre d'Algérie, l'adolescent rejoint d'abord les Jeunesses socialistes, puis se sent attiré par les communistes, mais il est rebuté par les prises de position de la gauche traditionnelle à l'égard d'une guerre à laquelle il doit bientôt participer, à partir de 1960, au sein d'un régiment d'infanterie.

Vient Mai 68, et c'est le déclic. Actif au sein de la CGT, le jeune comédien participe à une réunion qui le marquera à vie : Georges Séguy, le dirigeant de la centrale communiste, explique aux responsables de la toute-puissante Fédération du spectacle qu'il y a *« trop de bordel »*, que l'ennemi prioritaire n'est pas le régime gaulliste mais le *« gauchisme »*, et que tout doit être fait pour *« casser »* celui-ci : *« Moi, les bras m'en tombent. Et à partir de ce moment-là, je suis une tête chercheuse, je suis en quête de quelqu'un qui puisse m'expliquer le pourquoi de tout ça »*, se souvient Murat. Très vite, il fait la connaissance d'une comédienne qui l'introduit dans le giron lambertiste.

Des années durant, les lectures, les discussions et les rencontres alternent alors à un rythme soutenu, son GER (groupe d'études révolutionnaires) étant pris en main par Raoul lui-même. De ce dernier, Murat aime, lui aussi, évoquer les profonds silences. Et le réalisme politique : *« Il disait souvent : quand on est attaqué par une bête fauve, on prend n'importe quoi, n'importe quel paveton, pour se défendre.* » Comme son éducateur, Murat était sensible aux dérives autoritaires de l'organisation. Mais, comme lui également, il préféra longtemps rester dans ce groupe dont la principale qualité, à ses yeux, était justement l'implacable cohésion : « *J'aimais bien le fait d'entrer dans un truc costaud, où il n'y avait pas une tête qui dépasse, et où on pouvait faire bloc* »... Si bien qu'au moment de l'affaire Varga, en 1973, Murat est de ceux qui serrent les rangs, acceptant sans rechigner la version officielle : les manigances du traître Varga prouvent que l'OCI mène une politique juste, et qu'elle représente un danger réel pour tous les ordres établis. Sinon, pourquoi les services secrets américains et soviétiques chercheraient-ils à infiltrer cette petite organisation ?

Mais le plus frappant est ailleurs. Le jour où il nous reçoit, dans son bureau parisien du théâtre Édouard-VII, cela fait déjà un bon moment que Bernard Murat a quitté son ancienne organisation. Depuis le milieu des années 1980, le dramaturge porte du reste sur elle un jugement des plus sévères. Personnalité reconnue de la scène artistique française, il se définit désormais comme un « *social-démocrate convaincu* », lui qui fut l'un des plus fervents soutiens de Lionel Jospin durant la campagne présidentielle de 2002. Or le même Murat n'en considère pas moins son engagement lambertiste comme « *la plus belle aventure intellectuelle* » de sa vie. Au fur et à mesure que l'entretien progressait, on percevait chez lui une tendresse quasi inébranlable pour la fraternité militante. Malgré l'ancienneté de sa rupture avec le trotskisme, on le sentait nostalgique d'une certaine expérience collective du combat. Si bien que, trois décennies après l'« affaire Varga », la thèse de la « provocation » et du « complot » semblait encore trouver un large crédit à ses yeux :

« Ça a toujours existé, ça existe encore aujourd'hui. Moi je pense que la vie est profondément désespérante, que tout le monde peut trahir, tout le monde peut être retourné tout le temps. C'est mon fond philosophique. Quand on est militant à la CGT, on le vit tous les jours, on voit ça à longueur de congrès dans l'appareil stalinien. Sur l'"affaire Varga", c'est vrai qu'on ne s'est pas posé beaucoup de questions. Ça semble incroyable, et pourtant on y croit. Mais dans l'histoire du trotskisme, il y en a eu d'autres avant. Alors on se dit : oui, ça peut arriver. Et puis il faut relativiser les choses : on le déporte pas, on le fusille pas... »

De fait, Varga ne sera pas fusillé. Lui et ses fidèles seront néanmoins bannis, puis méthodiquement pourchassés. En 1976, en marge d'un meeting parisien tenu à la Mutualité, certains d'entre eux finiront à l'hôpital, le visage tuméfié, le corps brisé. Mais laissons cela. Ce qu'il convient de pointer, c'est avant tout la tension intime qui plie en deux le témoignage de Murat : d'un côté, l'ancien révolutionnaire manifeste une telle fidélité sentimentale à son passé militant, que pour un peu il reprendrait presque à son compte les thèses les plus extravagantes du groupe lambertiste ; mais, de l'autre, il n'a aucun mal à affirmer que le groupe en question usait et abusait de procédés violents, reconduisant à sa manière les pires recettes *« staliniennes »*.

Pour expliquer cette dérive, Murat invoque le contexte des années 1970, c'est-à-dire une période où ses camarades et lui devaient constamment affronter la violence des militants « communistes ». Et, plus profondément, il décrit l'embrasement mimétique dans lequel se trouve fatalement entraînée toute lutte antitotalitaire : quelles que soient les précautions dont elle s'entoure, elle finit toujours par se brûler au contact de l'ennemi.

« Il faut voir comment ça se passe ! Il y a des souvenirs qui me mettent encore la trouille au ventre. Un jour, je me retrouve rue La Fayette [au siège de la fédération CGT du spectacle], *dans un couloir, avec des gros bras de Billancourt. Ils avaient éteint les lumières, je ne savais pas ce qui allait se passer, et j'ai été sauvé de la castagne dure par Michel Piccoli et Delphine Seyrig. Une autre fois, on va à la cité des Quatre Mille, à La Courneuve. Les mecs du PC sont sur les toits, ils nous balancent des parpaings... Ça soude une organisation, ça ! On peut vous raconter n'importe quoi quand vous échappez à un truc pareil. Et il ne faut pas oublier que cette organisation, qui lutte avec détermination contre le stalinisme, est aussi le produit du stalinisme, d'une certaine manière. C'est le mot de Danton : "Vous avez fait de nous des brutes et des bêtes, nous nous conduirons comme des brutes et des bêtes." Voilà, ce sont des organisations qui se battent au plus près du feu. »*

Nous voici au cœur du sujet. Se battre *« au plus près du feu »*, cela signifie se tenir tout contre l'enfer stalinien, et ce qu'il représente en termes de perversions – cynisme, mensonge, violence systématiques. Par-delà le phénomène historiquement circonscrit baptisé « stalinisme », ce feu-là désigne quelque chose de bien plus fondamental : les charmes irrésistibles d'une croyance disciplinée, le pouvoir de séduction de toute intransigeance en acte, bref, la fascination des politiques de l'absolu.

Au sein du mouvement trotskiste, ils furent quelques-uns à apercevoir le danger : face à un ennemi sans foi ni loi, en effet, comment maintenir une dignité ? Toutefois, il y a sans doute ici une spécificité du courant lambertiste : il fut le seul à se jeter en toute conscience dans une rivalité symétrique avec les zélateurs du Kremlin. Sans que ses dirigeants le formulent explicitement, il y avait chez eux la volonté de tirer toutes les leçons du passé, pour en finir avec la « naïveté » et l'« angélisme » des premiers héritiers de Trotski. Plus question de se laisser faire : il était temps de retourner les armes du stalinisme contre le stalinisme lui-même.

Mais Bernard Murat l'avait bien vu : d'une telle stratégie, seules les « brutes et les bêtes » peuvent sortir victorieuses. Et la tentation de battre les partis totalitaires sur leur propre terrain aboutit fatalement au triomphe des médiocres chéfaillons et autres épurateurs faramineux, ceux que Victor Serge nommait les « Malingres ». Au final, les groupes trotskistes étaient condamnés à rejoindre le décor partisan qui était censé leur servir de repoussoir : un bloc monolithique, où toute dissidence se voit immédiatement écrasée.

L'alignement sur le schéma stalinien était d'autant plus spontané que les uns et les autres partageaient en théorie le même modèle en matière d'organisation – celui d'une brigade de militants professionnels, dévoués corps et âmes au parti : « Petit groupe compact, nous suivons une voie escarpée et difficile, nous tenant fortement par la main. De toutes parts nous sommes entourés d'ennemis, et il nous faut marcher presque constamment sous leur feu », avait écrit Lénine dans *Que faire ?* en 1903, un livre sous-titré : *Les questions brûlantes de notre mouvement*[1]... Reprenant le flambeau du communisme par-delà sa « caricature » soviétique, la phalange trotskiste a voulu maintenir l'idéal d'un parti d'avant-garde. Et son exil dans l'exil (au sein du monde « bourgeois » comme au cœur du mouvement ouvrier) a décuplé pour elle l'angoisse de la « forteresse assiégée ». Se tenir « fortement par la main », tel était plus que jamais l'impératif premier. Dans ces conditions, on comprend qu'il soit particulièrement difficile, pour un militant, de quitter ces groupuscules minoritaires et sans cesse agressés. Quand bien même la direction du mouvement lui imprime une mauvaise orientation, voire un cours

1. Lénine, *Que faire ?*, Pékin, Éd. de Pékin, 1974, p. 11.

carrément sectaire, la décision de s'en aller ne peut se prendre sans un lourd sentiment de culpabilité.

C'est la raison pour laquelle la pauvre « affaire Varga » n'est pas aussi anodine qu'il y paraît. Apparemment farfelue, elle dévore une petite organisation dont militantes et militants ne peuvent attendre, rappelons-le, ni prestige social ni avantages matériels. Ce qu'ils y engagent, c'est d'abord l'élan d'une révolte passionnée, d'une infinie capacité de dévouement. Comment ces généreuses dispositions tournent-elles à la servitude volontaire, et par quelles ruses l'indignation morale se transforme-t-elle en obéissance aveugle ?

Longtemps permanent de l'OCI, Jacques Kirsner connaît bien la question. Issu d'un milieu d'artisans très politisés et résolument sociaux-démocrates, le jeune Kirsner, qui n'a pas dix ans, est inscrit aux Faucons rouges, un groupe de scouts socialistes bientôt radicalisés par la guerre d'Algérie. Avec quelques copains, il se rapproche alors des JSU, les jeunes du Parti socialiste unifié. Nous sommes au tout début des années 1960. Un matin, à l'entrée de la banque où il travaille pour payer ses études, l'adolescent tombe sur un homme qui distribue des tracts saluant la mémoire du soulèvement hongrois de 1956. Il s'agit de Louis Emmans, surnommé « P'tit Louis », copain d'enfance de Pierre Lambert et pilier de son courant. Kirsner a quatorze ans. C'est le vrai début d'une vie militante qui le mènera jusqu'au bureau politique de l'OCI. Lorsque éclate l'affaire Varga, en 1973, Kirsner, dit « Berg », est donc en charge de responsabilités importantes. Cinq ans plus tard, il sera lui-même banni par ses camarades. Mais, pour le moment, Berg est l'un de ceux qui approuvent l'exclusion de l'« espion » Varga :

> *« J'hésite très longtemps, et puis je finis par voter. C'est toute la difficulté d'appartenir à un appareil. Une organisation léniniste, c'est toujours le choix entre "je pars" et "je*

reste". Ou bien vous pensez que l'essentiel de ce qui vous y a amené est remis en cause ; ou bien vous pensez qu'il y a des coups de canif dans le contrat, mais qu'il reste valable. Ces psychodrames ne sont pas propres au stalinisme, mais à toutes les Églises, à toutes les organisations où l'essentiel de la vie se passe à l'intérieur. Pour des gens comme moi qui sont permanents, qui commencent à six heures tous les jours de la semaine, le seul univers, c'est l'organisation. C'est ça qui aboutit à des sectes : la notion de révolutionnaire professionnel, le type mal payé, très mal, qui se retire de la société pour servir l'organisation, laquelle est la médiation des intérêts généraux du prolétariat, qui, que, quoi... On est en plein délire. Alors ça donne le meilleur, le jésuitisme militant, et puis aussi les procès de Torquemada, l'Inquisition, inévitablement. »

« Délire » et *« psychodrames »*, *« sectes »* et *« inquisition »* : aujourd'hui, Jacques Kirsner ne mâche pas ses mots. Mais dans le même temps, proche en cela de son ex-camarade Murat, il conserve un faible pour cette aventure partagée et ce qu'il nomme lui-même le *« jésuitisme militant »*. Dans son discours, donc, le tableau cauchemardesque du sectarisme cohabite spontanément avec l'éloge chaleureux d'un sacerdoce de combat. Désormais scénariste et producteur de cinéma, et bien qu'éloigné du trotskisme depuis un quart de siècle, il affirme d'ailleurs être resté *« un militant, c'est-à-dire un homme de travail collectif »*. Et ce n'est pas sans fierté qu'il se remémore les prouesses de feu l'Alliance des jeunes pour le socialisme (AJS). Créée par les lambertistes au lendemain de Mai 68, cette organisation se distinguait par un ouvriérisme hermétique aux charmes de la « contre-culture jeune » façon pattes d'éph' et marijuana. Aussi l'apparence austère de ses dirigeants (cheveux courts et costumes sombres) contrastait-elle avec le look hippy de nombreux « gauchistes ». Dotée d'un journal nommé *Jeune révolutionnaire,* l'AJS fit preuve d'un incontestable dyna-

misme. De rencontres internationales en « états généraux » de la jeunesse, elle était capable de mettre sur pied des rassemblements où se retrouvaient des milliers de participants, étudiants, lycéens ou jeunes travailleurs, en France comme à l'étranger.

Saluant à la fois la montée de la lutte des classes en Europe et le soulèvement antibureaucratique du printemps de Prague, l'AJS croyait pouvoir annoncer l'« imminence de la révolution ». Mais, aux yeux de Kirsner, qui en fut le secrétaire national, ce groupe aura surtout constitué une remarquable école de formation, marquée par un véritable esprit démocratique : *« Ça discutait trop librement, ça les gênait, c'est pour cela qu'ils l'ont dissoute »*, lâche-t-il. Et, de fait, le sigle « AJS » fut enterré par les dirigeants de l'OCI en 1979. Est-ce vraiment parce qu'elle représentait une oasis de liberté dans un désert de soumission ? À lire la brochure qu'un autre jeune dirigeant trotskiste avait consacré à l'AJS huit ans plus tôt, il est permis d'en douter. Bien sûr, le texte en question est à prendre avec précaution, puisqu'il est signé par un certain Henri Weber, membre fondateur de la JCR, organisation rivale et sœur ennemie de l'OCI lambertiste. Il n'empêche : sobrement intitulée *Qu'est-ce que l'AJS ?*, cette ancienne analyse emporte largement la conviction.

Convoquant Marx pour explorer le phénomène sectaire (« La logique de la secte, c'est le fétichisme de ses propres différences »), elle vient d'ailleurs corroborer les souvenirs de Kirsner lui-même. Et ce au mot près, puisque l'analyse se porte ici sur le « délire lambertiste », tel que Weber en définit les causes (impuissance historique, marginalité politique), les formes (catastrophisme, rigorisme, paranoïa) et les conséquences pratiques (dogmatisme inquisiteur et « subtile casuistique ») : « Ils manipulent la falsification, l'amalgame, la calomnie énorme, avec un aplomb réellement étonnant. [...] Lorsque les calomnies et les faux ne suffisent pas, le militant lambertiste a encore les ressources du procès en sorcellerie. Vous dites ceci, mais n'est-ce pas parce qu'en réalité vous voulez dire cela ? Alors, pourquoi mentez-vous ? La presse lambertiste fourmille de ces procédés, notamment la récente compilation de Stéphane Just, *Trotskysme contre révisionnisme*, que nous recommandons chaudement aux amateurs [1]. »

L'ironie est cruelle, et elle sonne juste. Mais le propos de Weber est trop unilatéral pour rendre compte du paradoxe le plus brûlant. Car l'AJS-OCI n'était pas qu'une micro-bureaucratie sectaire et bornée : au moment même où, en interne, le groupe Lambert orchestrait ses épurations, « à l'extérieur » il animait un mouvement en faveur des droits démocratiques, non seulement en France, mais aussi au sein du glacis soviétique. Et c'est là que le clair-obscur de la passion révolutionnaire se distingue au mieux : militer à l'OCI, dans les années 1970, ce n'est pas seulement se jeter à corps perdu dans un activisme si obéissant qu'il débouche parfois sur la compromission. Cela signifie également participer à diverses campagnes de solidarité avec les victimes des dictatures africaines ou latino-américaines, par exemple, et multiplier les initiatives en défense des dissidents de l'Est.

Parmi ces initiatives, le succès du Comité des mathématiciens, constitué par Henri Cartan, Laurent Schwartz et Michel Broué, fut l'un des plus retentissants. Mis sur pied afin de soutenir les mathématiciens emprisonnés en Union soviétique, il aboutit notamment à la remise en liberté du savant Leonid Pliouchtch, et donna lieu à un meeting fameux à la Mutualité, en octobre 1975. Cette mobilisation alla jusqu'à rassembler nombre de célébrités médiatiques,

1. Henri Weber, *Qu'est-ce que l'AJS ? Contribution à l'analyse de l'extrême gauche*, Paris, François Maspero, 1971, p. 90-92.

bien au-delà de l'univers lambertiste, mais il reste que son principal artisan s'appelait Michel Broué et qu'il était membre actif de l'OCI. D'un côté, donc, un combat en faveur des droits de l'homme et de la démocratie, y compris au sein de l'empire soviétique, à une époque où la gauche osait rarement critiquer de front les régimes communistes ; de l'autre, les mœurs d'une organisation de plus en plus « bunkerisée » et intolérante.

Souvent, ces deux mouvements (élan de liberté, pulsion despotique) s'inscrivent d'un seul trait, sans se confondre, dans la conscience du militant. Et, s'il est déjà ardu d'exprimer une telle faille à l'oral, la poser sur le papier constitue une épreuve encore plus douloureuse. Ainsi s'éclaire le malaise qui parcourt les « fragments mémoriels » publiés par Benjamin Stora. Lui-même ancien membre dirigeant de l'OCI, l'historien garde en effet un souvenir heureux de son engagement révolutionnaire, dans le syndicalisme étudiant comme au sein des luttes internationalistes et démocratiques : « Après le bac, la fac de Nanterre, où j'ai passé les plus belles années de ma vie militante, de 1970 à 1973 », écrit-il. Mais au cours de ces années, comme il le précise lui-même, Stora s'est aussi mué en « homme de fer », prêt à fermer les yeux sur les « pratiques détestables » de son organisation. En 1973, c'est-à-dire précisément l'année où fut déclenchée la chasse à l'homme contre Varga, Stora est nommé permanent : « Je n'ai pas personnellement pris part à ces violences, mais, comme tous les autres militants et responsables, je les ai approuvées au nom du principe de sauvegarde du "parti menacé" par des forces occultes », confie-t-il dans une allusion à la brochure que les lambertistes avaient consacrée au « provocateur » Varga [1].

1. Benjamin Stora, *La Dernière Génération d'Octobre*, Paris, Stock, 2003, p. 91, 134 et 153.

Cette brochure couleur kaki avait été rédigée par un homme de la vieille génération. D'apparence glaciale, Stéphane Just était reconnaissable à ses lunettes, à son éternel polo et à sa voix puissante. Peu à peu, il était devenu le principal lieutenant du chef, dont il espérait mériter la confiance et même, qui sait ? l'amitié. Ouvrier à la RATP, Just était aussi un combattant professionnel, le meilleur soldat de l'avant-garde révolutionnaire, et donc, par surcroît, le magistrat instructeur des procès moscovites façon Lambert. Très à l'aise dans les joutes oratoires, il avait également appris à convaincre par écrit. À blesser, à éliminer, aussi. Parmi les dizaines de textes assassins signés par ce polygraphe enflammé, on peut citer, comme le faisait Henri Weber, *Révisionnisme liquidateur contre trotskisme. Défense du trotskisme*, dont le titre dit tout, en 1971. Et puis, deux ans plus tard, la brochure consacrée à Varga. Ou encore, fin 1978, cet article crûment intitulé : « Au XXIIe Congrès de l'OCI : l'extirpation d'une tumeur [1] ».

L'objet de cette opération chirurgicale ? Ce n'était autre que Charles Berg, c'est-à-dire Jacques Kirsner lui-même. Après avoir été dirigeant de l'AJS, au point d'être un temps pressenti comme dauphin de Lambert, Kirsner était à présent accusé de falsifier les chiffres des effectifs militants et d'avoir détourné les fonds de l'organisation. Là non plus, nous ne chercherons pas à connaître le fin mot de l'« affaire » – s'il y en eut jamais un. L'objectif est seulement d'observer d'encore plus près le grand feu épurateur, tel que Stéphane Just le mania longtemps, et tel qu'il en subit ensuite, à son tour, l'implacable déchaînement.

La chronologie est saisissante : en 1973, les référents Berg et Just pourchassent le « provocateur » Varga ; en 1979, le procureur Just « extirpe la tumeur » Berg,

1. *La Vérité*, décembre 1978.

avec les mots suivants : « L'OCI est une organisation saine qui a été capable d'exsuder pas mal de choses dans son histoire. L'OCI est une organisation saine parce qu'éduquée sur les principes du centralisme démocratique, elle a rejeté comme un corps étranger – en quelque sorte naturellement – les méthodes de Berg[1] »... Et en 1984, enfin, c'est Stéphane Just qui est ostracisé, pour s'être opposé à la transformation de son parti en un Mouvement pour un parti des Travailleurs (MPPT), ancêtre direct de l'actuel Parti des Travailleurs (PT).

Vingt ans plus tard, nous intéressant à ce curieux carrousel des exclusions, nous sommes allés trouver Jacques Kirsner, alias Berg, pour qu'il nous dise quelques mots de son ex-camarade et accusateur. Loin d'une charge au vitriol, le portrait qu'il nous en fit est plein d'une affectueuse compréhension.

> « *Stéphane était un homme passionnant, excessif en tout. Un intellectuel par défaut, qui avait rêvé de faire des études de physique. Jospin l'a bien connu, ils étaient dans la même cellule, il a contribué à sa formation. C'était un factionnaire des ouvrages théoriques. Il montait la garde devant Marx, Feuerbach, Hegel... Il était de ces quelques types, toujours minoritaires et écrasés, qui avaient résisté au stalinisme dans les années cinquante. Lui était ouvrier d'entretien à la RATP. Ce n'était pas rose tous les jours : ça voulait dire que personne ne vous adressait la parole, que vous étiez isolé par l'appareil du PC qui contrôle tout, et un peu mis à l'index par la hiérarchie. Just, c'est quelqu'un qui s'est toujours fait jeter dehors physiquement. À chaque fois, il demandait la parole, en sachant très bien qu'il n'aurait même pas le temps d'atteindre la tribune. Alors, ces types avaient pris tellement de coups, quand ils ont commencé à recruter des militants, évidemment... Un jour que nous déjeunions*

1. Stéphane Just, « Rapport politique pour le XXIIIe congrès du PCI », cité in Philippe Campinchi, *Les Lambertistes. Un courant trotskiste français*, Paris, Balland, 2001, p. 176.

ensemble, quelques années après son exclusion, Stéphane m'avait dit : "Jacques, heureusement qu'on n'a pas pris le pouvoir, parce que sinon..." Et il s'était passé la main derrière la nuque, d'un air de dire : on aurait fusillés des gens, ou on aurait été fusillé. Je crois qu'il avait raison. »

Stéphane Just est mort en 1997. Qu'il ait été ou non tel que Kirsner le décrit importe assez peu. L'essentiel est qu'apparaissent de nouveau, entre ces lignes, le grand cycle du dedans/dehors, le constant mouvement d'entrée et de sortie, d'assimilation et d'épuration, où risque de s'épuiser toute volonté organisée d'émancipation. Là ont éclaté non seulement les contradictions d'un Métayer, d'un Kirsner ou d'un Murat, mais aussi les tragédies personnelles d'un Raoul ou d'un Stéphane Just. Ces deux-là étaient à peu près de la même génération. Ils avaient connu l'ivresse du néophyte qui s'en remet à l'expérience des aînés, à leur connaissance des textes sacrés. Et, lorsque les choses se sont gâtées, ils ont pris sur eux. Malgré les déchirements, et chacun à sa manière, ils sont restés, fermant les yeux afin de préserver l'unité. Au point de cautionner activement l'exclusion de leurs camarades, parfois, avant d'être à leur tour écartés.

L'éviction fut certes plus cruelle encore pour Stéphane Just. Car il était de ceux qui avaient voué leur vie tout entière à Pierre Lambert. Non qu'il s'interdît de contester telle ou telle décision, voire, parfois, de le contredire publiquement. Mais il aura assuré la pérennité d'une domination personnelle, en administrant le système d'intimidation à la fois banal et élaboré qui permettait de détruire par avance toute divergence.

En général, les choses ne se font pas du jour au lendemain. Afin de discréditer un opposant potentiel ou avéré, la campagne interne s'étend souvent sur plusieurs mois. Elle s'appuie sur des insinuations, de petites révélations instillées au compte-gouttes, depuis le sommet jusqu'à la base du parti. Une contribution perfide dans tel bulletin intérieur, une « descente » de la direction au sein de telle cellule ; ainsi, peu à peu, l'esprit des militants est-il préparé à l'inéluctable. Puis, afin de préserver les apparences du débat démocratique, on insiste pour qu'ils se prononcent, on les somme de prendre position. Mais il s'agit surtout de les mettre au pied du mur, l'enjeu étant moins leur conviction personnelle que leur propre appartenance à l'organisation : soit vous prenez vos distances avec l'élément déstabilisateur, soit vous glissez avec lui sur la pente qui mène tout droit à l'exclusion.

Tant et si bien qu'après de longues semaines de dénigrements l'appareil pèse de tout son poids sur les consciences. L'essentiel, fait-on savoir, c'est de protéger l'intégrité de la communauté militante. Si nous excluons X ou Y, c'est qu'il s'est mis « de lui-même en dehors du parti », selon l'expression consacrée. Stéphane Just, comme d'autres, l'aura mille fois utilisée. Contre Varga, contre Berg, notamment. Jusqu'au moment où elle se retourna contre lui. Ce jour-là, l'effondrement de Just fut à la mesure de son zèle passé, comme en témoigne Pierre Dardot, qui y était.

Particulièrement révolté par la guerre du Vietnam, cet étudiant en philosophie à Nanterre avait coupé les ponts avec sa famille, et d'abord avec un père qui avait « fait l'Indochine » comme officier. D'abord engagé dans les rangs de la Ligue communiste en 1971, à dix-sept ans, il avait ensuite rejoint l'OCI lambertiste, sept ans plus tard. Aujourd'hui encore, il dit en conserver une profonde fibre internationaliste, ainsi qu'un goût prononcé pour les moments de fraternité militante. Il n'hésite plus, néanmoins, à parler de *« fonctionnement sectaire »*. Et, parmi les épisodes qui l'ont mené sur le chemin du doute, confie-t-il, la déchéance de Just ne fut pas le moins décisif :

« L'exclusion de Stéphane Just a été un moment particulièrement difficile à vivre, parce que Just n'est pas n'importe qui. Avec Lambert, il portait la mémoire de cette organisation, et pour les jeunes que nous étions, il constituait une référence. Donc c'était très pénible. Je me souviens du congrès, de l'atmosphère étouffante, du silence extrêmement pesant, lorsque l'exclusion a été prononcée. Just était sur la défensive. La logique d'appareil est telle qu'après avoir été procureur, quand on se retrouve accusé, on est dans une position de faiblesse, on ne peut faire autre chose que de se défendre, et de concéder certaines choses à l'accusation. Si bien que les cadres qui étaient réunis là avaient tendance à ajouter foi à la version officielle, nourrie par les aveux mêmes de l'accusé. Je me souviens particulièrement de la fin, du moment où Just a quitté la tribune en sanglotant. C'était un homme complètement brisé. On lui a tout juste donné la permission d'aller prendre ses affaires personnelles dans son bureau, avant de quitter définitivement le local dans lequel il avait vécu comme permanent pendant des années et des années. »

Faites entrer l'accusé. Humiliation publique, devoir d'autocritique, aveux circonstanciés. X incarnait la mémoire commune, X fut un dirigeant respecté, et le voici en larmes, tout près de ramper. Dans cette séquence, comment ne pas reconnaître le scénario type de tout procès stalinien ? À bien y réfléchir, Stéphane Just avait raison de se « passer la main derrière la nuque » quelque temps après son éviction. Pour que la similitude soit complète, il n'y manquait que la mise en scène institutionnelle, la contrainte pénale, en un mot, le pouvoir d'État. Il se trouve simplement que les trotskistes n'en disposaient pas.

Là est bien le plus déroutant : celles et ceux qui assistaient à ces purges avaient été formés dans la hantise des mascarades staliniennes. Appartenir à cette troupe vaillante et fragile qui en avait été la première victime, et qui avait su, avant tout le monde, les dénoncer haut et fort, tel était leur principal motif de fierté. Ils avaient lu Victor Serge, Vassili Grossman ou Artur London, pour ne citer que ceux-là, et s'étaient donc familiarisés avec ce que Merleau-Ponty a nommé la « maxime des procès de Moscou, selon laquelle opposition est trahison [1] ». Ces cérémonies d'inquisition, ces rituels d'expulsion n'auraient-ils pas dû sonner curieusement à leurs oreilles ? Certains d'entre eux avaient consacré leur vie à étudier l'histoire soviétique. Ainsi Jean-Jacques Marie et Pierre Broué, respectivement biographes de Staline et de Trotski, avaient-ils publié des centaines de pages sur les simulacres judiciaires du Kremlin.

Lors des affaires Varga, Berg, Just, ils étaient présents, pourtant. Comment admettre qu'ils n'y aient vu que du feu ? Pire : comment comprendre qu'ils aient joué avec ? Cette question, nous voulions d'abord la poser à Pierre Broué. Et ce pour au moins trois raisons : d'abord, parce qu'il appartenait à la vieille génération, compagnon d'armes de Lambert et de Raoul dès les années d'Occupation. Ensuite, parce qu'il fut longtemps un membre dirigeant de l'OCI. Enfin et surtout, parce qu'il était l'auteur de plusieurs ouvrages consacrés à l'histoire du mouvement communiste. Dans ses livres, Broué décrivait mieux que personne la brutalité des méthodes staliniennes. Mais il est resté. Alors, comment tient-on le coup, au milieu de tout ça, quand on est un intellectuel révolutionnaire, un trotskiste éduqué ? Nous étions donc allés voir Pierre Broué, et nous le lui avions demandé :

> *« C'est une bonne question ! D'abord j'ai commis certaines erreurs d'appréciation, notamment celle de croire que le*

1. Maurice Merleau-Ponty, *Humanisme et terreur. Essai sur le problème communiste*, Paris, Gallimard, 1947, p. 119. Dedans/dehors, toujours, et l'enfermement, encore : « Le politique et le pénal ne se distinguent plus, comme, dans une ville assiégée, un larcin devient un crime », ajoute Merleau-Ponty (p. 122).

vrai agent de la terreur interne était Just et non Lambert. Car ils se partageaient les rôles : Lambert était caressant et Just brutal. Quand Just a été écarté, eh bien, j'étais assez content. Soyons sérieux : quinze jours avant, Just m'écrivait qu'il allait sortir un texte d'opposition et qu'il voulait me le montrer. Moi qui suis un type réglo, je lui ai répondu : "D'accord, mais je te préviens que j'informerai auparavant Lambert. Je ne vois pas pourquoi je ferais des salades secrètes." Je suis allé voir Just, il m'a lu son truc. À la fin j'ai dit : "Excuse-moi, je suis prêt à signer mais il manque une ligne. C'est : 'Moi, Stéphane Just, je me reconnais responsable de la terreur que j'ai fait régner dans ce parti en hurlant contre toute tentative d'opposition.'" Il m'a dit : "Va te faire foutre." J'ai répondu : "Très bien, je voterai avec plaisir ton exclusion si l'occasion se présente..." »

A voté. Une fois de plus, en cette année 1984, Broué avait donc accompli fidèlement son devoir. Hélas, il se trouve toujours quelqu'un pour prendre la suite. C'est la loi des séries. En 1989, l'arroseur se retrouva arrosé. Et c'est à ce moment qu'il voulut voir en Raoul, rétrospectivement, son plus fidèle allié : « Raoul est parti de lui-même en 1989, après des exclusions qu'il ne pouvait accepter, dont celle de l'auteur de ces lignes », croyait-il pouvoir affirmer [1]. La version est-elle la bonne ? Nous n'en savons rien. Il reste que Broué comme Raoul ont non seulement épousé les sinuosités de la politique lambertiste pendant plus de quarante ans, mais encore traversé toutes les crises, toutes les purges internes à leur communauté militante.

Dès le milieu des années 1930, à Moscou, des femmes et des hommes avaient dû avouer, sous la torture, qu'ils étaient des « provocateurs », des « saboteurs », des « traîtres » et des « éléments antiparti », travaillant à la fois pour la Gestapo et pour l'Intelligence Service, sur les ordres d'un tout-puissant « centre trotskiste mondial ». Un peu partout dans le monde, et

1. « Raoul », *op. cit.*, p. 182.

tout spécialement à Paris, les sectateurs du grand Staline diffusaient ces sanglantes fantasmagories. Un demi-siècle plus tard, pour résumer les faits, les lambertistes n'en organisèrent pas moins la chasse aux « varguistes », agents « provocateurs » à la solde de la CIA et du Guépéou. Encore quelques années, et ils allaient traîner devant leur tribunal l'un de leurs jeunes espoirs, Kirsner/Berg, puis leur procureur en titre, Stéphane Just, ouvrier de la RATP et héros prolétarien de la lutte antibureaucratique...

À ces divagations, il ne saurait y avoir une seule cause. Chacune et chacun a agi en son âme et conscience, en fonction de son itinéraire, de ses motivations. Mais tous partageaient un même culte du parti, et un héritage idéologique qui les condamnaient à combattre le stalinisme en le reconduisant. Et s'ils n'ont pas su éviter ce processus de reproduction, c'est qu'eux-mêmes, au jour le jour, jusque dans leur langage même, participaient d'une terrible et délicieuse répétition. C'est du moins ce qu'affirme Pierre Dardot, qui a rompu avec l'organisation lambertiste en 1986, après quatre années passées au sein de ses instances dirigeantes :

> « *Quand je suis entré au Comité central (CC), j'ai compris qu'il n'y avait aucune contestation possible de l'intérieur. Le fonctionnement était tel que toute opposition qui y germait était* ipso facto *transformée en une opposition frontale au système lui-même. Et immédiatement se posait la question de l'appartenance, de l'exclusion. Cela se traduisait sur le plan de la terminologie, dans la mesure où il y avait une série de clichés, de mots de liaison qui venaient inconsciemment à l'esprit du militant, et qui l'immunisaient contre les surprises du réel. Toute une série de formules psalmodiées* ad nauseam, *qui avaient pour effet de poser tout de suite certaines limites indépassables, de fermer toute discussion. Il y avait dans la langue des tracts et du CC une répétition formelle vide de contenu, un ressassement de*

stéréotypes d'une pauvreté affligeante, mais qui servaient le pouvoir de Lambert. De telle sorte que si l'on venait à en contester le bien-fondé, alors quelque chose se fissurait dans les rapports de confiance, dans cette espèce de connivence faite justement non pas de pensées communes, mais de formules communes... »

Au cœur du phénomène totalitaire, il y a une brutale clôture du langage, le carcan d'une parole qui tourne en rond. Et quiconque menace de briser le cercle de mots figés se verra immédiatement enfermé dans un autre radotage : non plus celui de l'idéologie codifiée, mais celui des justifications et des interminables plaidoyers, que tous les systèmes d'inquisition imposent aux insoumis. Sur ce point, voyez les scènes d'exclusion déjà évoquées, où l'accusé est obligé de reprendre cent fois ses explications – en vain. À une tout autre échelle, et avec des conséquences autrement plus dramatiques, on pense ici aux épreuves subies par Artur London, auteur d'un témoignage crucial intitulé *L'Aveu*. Militant communiste au passé glorieux, London avait été responsable des Brigades internationales en Espagne, puis chef d'un réseau de résistance en France, sous l'Occupation, avant d'être arrêté et déporté par les nazis à Mauthausen. Devenu vice-ministre des Affaires étrangères en Tchécoslovaquie, ce fidèle parmi les fidèles fut soudain accusé d'être le chef d'une vaste « conspiration trotskiste » visant à détruire l'État, avec l'aide des services secrets américains, bien entendu.

Dans *L'Aveu*, il a tenté de restituer le déchaînement de la déraison bureaucratique lors de ce fameux « procès de Prague » (1952). Ainsi décrit-il les mécanismes à la fois brutaux et savamment élaborés d'une immense machine à extorquer faux témoignages et confessions abracadabrantes, dans le seul objectif de forcer les accusés à « dire ce dont le Parti a besoin ».

Or au centre de ce « royaume de la bureaucratie », London place ce qu'il baptise le « système de la répétition » : « Là, deux semaines durant, jour après jour, vingt heures d'affilée, je devrai raconter ma vie, de mon enfance à ce 28 janvier 1951 où deux voitures m'ont bloqué et où j'ai été kidnappé dans la rue, en plein Prague. Deux semaines durant, cette répétition. Cela fait six mois que je suis entre leurs mains, mais je n'ai pas encore saisi que je suis entré dans le monde de la répétition fastidieuse[1]... », écrit-il.

La répétition broie, la répétition aliène, et la folie épuratrice y a élu domicile : « C'est une histoire de fous ! Mais ces fous se déchaînent contre moi et me font subir les pires violences[2] », ajoute London. « Sommes-nous donc dans une maison de fous ? » avait demandé Trotski, une quinzaine d'années plus tôt, à propos des « impostures moscovites », c'est-à-dire des mascarades judiciaires mises en scène par Staline[3]. Conscient que celles-ci se trouvaient singées, même à un moindre degré, au cœur de son propre groupe, un militant comme Raoul s'indignait de voir ses camarades « ravaler les discussions dans le parti au niveau des tristes "jeux de cirque" où seuls des malades peuvent prendre plaisir à compter les coups ». Et à propos de Lambert, qu'il accusait d'avoir transformé son organisation en « école stérilisante », il demandait simplement : « Est-il cinglé ? »

1. Artur London, *L'Aveu. Dans l'engrenage du procès de Prague*, Paris, Gallimard, 1968, p. 195.
2. *Ibid.*, p. 154.
3. Léon Trotski, *Œuvres, op. cit*, t. 12, p. 274.

2

En lieu et place des dominés

Violence d'une substitution

Pour trouver quelques éléments de réponse à sa question, Raoul n'avait pourtant pas à chercher bien loin. Car sur les symptômes de la psychose totalitaire, c'est tout près de lui, au sein même de son organisation, qu'est né l'un des courants de réflexion les plus novateurs du XXe siècle. Fondée dès l'automne 1948, animée par des militants nommés Claude Lefort et Cornelius Castoriadis, la tendance « Socialisme ou Barbarie » (« SoB ») allait bientôt rompre avec le petit parti trotskiste, pour créer le groupe et la revue du même nom.

À plusieurs reprises, au cours des années 1950, Raoul hésita d'ailleurs à les rejoindre. Mais il ne put s'y résoudre, et ce qui l'en retint est au cœur de notre sujet : la dépendance vis-à-vis du parti, l'impossibilité à s'en extraire, d'autant plus forte qu'il s'agit d'un groupe avant-gardiste : « Raoul était avant tout et par-dessus tout un militant. Et, pour l'être pleinement, il avait besoin d'une organisation dont le mode de fonctionnement ("BL" ["bolchevik-léniniste"], comme il le disait avec un brin de fierté), la dimension même minimale, et les préoccupations dominantes lui fournissent un terrain d'action militante. C'est pour cela qu'il n'a jamais voulu couper son cordon ombilical avec l'organisation trotskiste, jusqu'au jour où elle le coupa pour lui », a écrit Castoriadis dans un hommage à son camarade disparu, en 1995[1].

Le cordon ombilical qui relie le corps individuel du militant au corps collectif du parti, ce cordon qui le nourrit avant de l'étrangler parfois, tel sera précisément l'un des grands thèmes de réflexion du courant « SoB ». Au lendemain de la Libération, celui-ci s'était posé en groupe d'opposition au sein de la mouvance trotskiste, contestant d'abord ses options immédiates dans le contexte d'après-guerre. Plus profondément, il remettait en cause les thèses de Trotski quant à la nature de l'État soviétique. Et, au-delà de telle ou telle définition sociale (État ouvrier « dégénéré », capitalisme d'État...), son questionnement allait se concentrer sur l'originalité du régime de domination qui était né à Moscou, et sur la généalogie sociopolitique de cette tyrannie inédite.

Ainsi Lefort et Castoriadis revisitaient-ils le récit officiel de leurs camarades, et en particulier l'opposition mythique entre un Trotski fidèle au souffle « démocratique » d'Octobre et un Staline médiocre apparatchik, fossoyeur de la révolution. Revenant sur la période décisive des années 1920, ils soulignaient par exemple les tergiversations de Trotski, et ses multiples compromis avec Staline, visant à préserver coûte que coûte l'unité du bolchevisme. En fin de compte, concluaient-ils, les contradictions dans lesquelles Trotski s'était enferré (au point de cautionner les pires répressions, de recourir aux plus extrêmes violences) pouvaient être essentiellement ramenées à cette cause fondamentale : le chef de l'Armée rouge partageait avec le futur despote du Kremlin un même « fétichisme du parti ».

Venu au trotskisme sous l'Occupation, on l'a vu, à

1. Cité in « Raoul », *Cahiers Léon Trotsky*, *op. cit.*, p. 189.

une époque où dans ce mouvement *« il n'y avait pas mille adhérents, même en faisant voter les morts »*, selon la formule consacrée, Claude Lefort avait été séduit par cette petite troupe marginalisée, largement repliée sur les livres, et qui tentait de sauvegarder une espérance communiste malgré la catastrophe soviétique. Parmi eux, il avait rencontré des individus capables de nager à contre-courant, à une époque où la toute-puissance du Parti communiste rendait la critique de l'URSS quasi impossible à gauche. Et, pourtant, lui et Castoriadis prirent assez vite conscience que leurs camarades n'avaient pu éviter de reproduire ce qu'ils disaient combattre. Sectarisme, dogmatisme, caporalisme : loin d'avoir échappé à la gangue stalinienne, ils en avaient seulement bâti une « minuscule réplique ». C'est ce que Lefort appellera par la suite, justement, l'« attrait de la répétition », pour montrer comment les héritiers de Trotski étaient demeurés prisonniers du modèle partisan qui avait mené le mouvement bolchevik au désastre. Un modèle élitiste et avant-gardiste, que lui avait de plus en plus de mal à accepter, comme il nous l'a assuré un demi-siècle plus tard :

> *« À une époque où la gauche soit était communiste, soit ménageait le communisme, le trotskisme a dénoncé l'imposture soviétique. Il a su capter des personnalités fortes, qui n'allaient pas comme des moutons vers le "grand-parti-de-la-classe-ouvrière"* [le PCF], *et qui avaient le goût de la critique. Mais en même temps il y avait le primat de l'unité, et cette espèce d'incorporation de chacun au sein du parti qui pour moi a très vite été insupportable. Les trotskistes se pensaient comme la direction révolutionnaire à venir, et cette adhésion à l'idée même du parti était aveuglante, avec tout ce que cela entraîne, c'est-à-dire la subordination. Certes, la discussion était permanente au sein du trotskisme. Je n'y serais jamais entré si ça avait été un lieu où on ne pouvait pas parler. Mais ma critique de la bureaucratie allait jusqu'à mettre en doute la légitimité d'une organisation*

séparée, qui puisse se poser comme détentrice de la connaissance, et comme capable de donner des directives à la classe ouvrière. Ça j'étais contre, et je suis sorti pour cette raison. »

Tout comme Raoul, donc, Lefort et Castoriadis étouffaient. Mais, contrairement à lui, ils ont trouvé la force de « sortir », dès 1948, pour animer à l'extérieur *Socialisme ou Barbarie.* Aujourd'hui, cette publication est souvent citée comme un lieu fondateur de la pensée dite « antitotalitaire ». Mais on oublie de rappeler que sa version initiale fut sous-titrée « organe de critique et d'orientation révolutionnaire », et qu'à l'origine elle procédait donc pleinement d'une critique interne au mouvement trotskiste. Ce faisant, on manque pour une part ce qui fit la force et la fécondité d'une telle aventure théorique : si Lefort et Castoriadis ont analysé avec tant de finesse les miasmes du souffle révolutionnaire, c'est aussi qu'ils l'avaient d'abord respiré à pleins poumons, à un moment décisif de leur formation.

Eux qui avaient appartenu à ce mouvement étaient d'autant mieux à même de saisir ce qui fait le charme comme les dangers de la camaraderie militante, dès lors qu'elle s'épanouit au sein d'un collectif microscopique et isolé, soi-disant dépositaire des intérêts universels de l'humanité. Dans toute communauté politique constituée, bien sûr, les « représentants » tendent sans cesse à se substituer aux « représentés ». Mais les marxistes-léninistes sont les premiers concernés par cette contradiction, eux qui se flattent de constituer un groupe dont la démocratie extrême est à la fois l'outil indispensable et l'objectif final. Or les militants qui se pensent comme les porte-parole des opprimés ont tendance à vouloir leur instiller « du dehors » la conscience qui leur manque : « la conscience politique de classe ne peut être apportée à l'ouvrier que de l'extérieur », martelait Lénine[1].

1. Lénine, *Que faire ?*, *op. cit.*, p. 98.

Cette tentation permanente, Lefort et Castoriadis avaient pu l'observer à l'état brut dans le petit groupe trotskiste où ils étaient engagés.

Et s'ils allaient bientôt explorer les causes de ce phénomène, ils n'étaient pourtant pas les premiers à en formuler le péril. Dès son origine, le mouvement socialiste avait été travaillé de l'intérieur par la dialectique entre « élitisme » (guider les masses) et « spontanéisme » (faire confiance à leur élan) et très tôt ses théoriciens avaient entamé ce débat. On en retrouve la trace dans l'itinéraire de Trotski lui-même. En 1917, au nom de l'unité et de l'efficacité révolutionnaires, il avait certes rallié la position des bolcheviks, pour devenir l'un des plus farouches avocats du modèle avant-gardiste. Mais, auparavant, il s'était longtemps dressé contre les principes « néojacobins » défendus par Lénine. En 1904, Trotski avait même publié une brochure d'une rare virulence où étaient réfutés les arguments du chef bolchevik en faveur d'un fonctionnement organisationnel ultracentralisé et militarisé, sur le modèle de l'usine et de la caserne. Raillant ce « régime de l'état de siège » qui ne pourrait déboucher que sur la « terreur », il avait mis en garde contre des méthodes autoritaires qui conduisent « l'organisation du Parti à “se substituer” au Parti, le Comité Central à l'organisation du Parti et finalement le dictateur à se substituer au Comité Central[1] ».

De ce penchant « substitutiste », nous avons déjà observé une première conséquence : dès lors qu'un collectif militant se considère comme une avant-garde dépositaire de l'avenir commun, il en vient tout naturellement à penser non seulement qu'il a pour mission de guider ses contemporains, mais encore que toute « la crise historique de l'humanité se réduit à la crise de la direction révolutionnaire », selon une

1. Léon Trotski, *Nos tâches politiques*, Paris, Belfond, 1970, p. 128.

célèbre formule du dernier Trotski, que ses héritiers n'en finiront jamais de répéter[1]. Dans ces conditions, l'unité du parti devient l'impératif suprême, et quiconque la perturbe est voué à s'en voir inexorablement expulsé. Devant cette exigence de totale homogénéité, il y a toujours un homme en trop. Tout se joue alors dans le secret des consciences, là où la discipline consentie devient acquiescement à l'épuration d'autrui.

Il faut à présent souligner un autre aspect de la dérive avant-gardiste, qui concerne non plus l'« état de siège » interne au groupe révolutionnaire, mais la propension de celui-ci à porter la violence à l'extérieur de son cadre propre. Car s'il constitue le noyau où se concentrent à la fois l'expérience des luttes passées et la science des soulèvements futurs, ce groupe doit être à même de savoir, mieux que quiconque, et surtout mieux que les « masses » dont il veut accompagner la révolte, quand et où il convient de passer à l'action.

Nous illustrerons ceci en nous appuyant sur un exemple précis : les années 1970, c'est-à-dire la période de l'après-Mai. Contrairement à l'Italie ou à l'Allemagne, certes, la France n'a pas connu le terrorisme rouge, et 68 n'a pas débouché sur le maniement du P. 38. Les dérives violentes ont pourtant bel et bien existé, en premier lieu parmi les soldats perdus de la phalange maoïste[2]. Parmi les trotskistes, elles n'ont vraiment concerné qu'une seule tendance : la Ligue communiste, ancêtre de l'actuelle LCR. Brièvement,

1. Léon Trotski, *Programme de transition. L'agonie du capitalisme et les tâches de la IVᵉ Internationale*, 1938 ; rééd., Paris, La Brèche, 1983, p. 17.

2. « La révolution n'est pas un dîner de gala », disait Mao. Inspirés par la prose du Grand Timonier, les maoïstes français seront tentés d'« allumer l'étincelle qui met le feu à la plaine ». Au lendemain de 68, par exemple, Serge July, Alain Geismar et Erlyn Morane cosignaient un livre au titre éloquent : *Vers la guerre civile*. « La bourgeoisie a raison d'avoir peur », prévenaient-ils (Paris, Éditions et publications Premières, 1969, p. 48).

en effet, cette organisation s'est laissé tenter par une logique d'affrontement avec l'État.

Une telle fuite en avant doit s'envisager à l'aune du contexte international. Aux yeux des militants révolutionnaires, plusieurs signes politiques pouvaient alors laisser espérer que l'Histoire était en train de s'accélérer. La seule année 1968 n'a-t-elle pas vu à la fois l'offensive du Têt, au Vietnam, la révolte des travailleurs à Prague et la rébellion des jeunesses occidentales ? Pour les jeunes membres de la Ligue, qui ont été très actifs sur ces fronts, tout apparaît possible désormais : attentifs à la moindre révolte paysanne au Mexique comme au Pakistan, à la moindre grève ouvrière en Pologne ou en Grande-Bretagne, ils se prennent à rêver que les « trois secteurs de la révolution » (la scène coloniale, le bloc soviétique et les métropoles « impérialistes ») sont sur le point de s'embraser, chacun de ces incendies nourrissant les deux autres pour se fondre en un grand feu d'artifice final.

Dès lors, le moment semble venu de passer à la vitesse supérieure. Persuadés que le mouvement de Mai n'a été qu'une « répétition générale » et que la révolution est désormais imminente non seulement en France, mais aussi à l'échelle planétaire, ces militants se lancent alors dans un activisme tous azimuts dont le principe fut énoncé de façon lapidaire par Daniel Bensaïd : « L'histoire nous mord la nuque », écrivait le jeune dirigeant de vingt-cinq ans. Appelée à une certaine postérité, cette formule résumait bien le mélange d'attente prophétique et d'enthousiasme angoissé qui électrisait ces esprits. Avec le recul, et tout en la resituant dans le climat de l'époque, Bensaïd considère à présent cette formule comme *« emblématique de la période gauchiste de la Ligue »*. Emblématique aussi d'un mouvement qui a d'autant plus tendance à s'emballer qu'il demeure, malgré tout, largement isolé, ainsi que le philosophe de la LCR le rappelle lui-même :

> *« C'est le danger pour une organisation minoritaire, quelle qu'elle soit. Ses instruments d'évaluation de la réalité, ses palpeurs de température sont approximatifs. Et elle a tendance à voir l'effervescence à l'image de son immédiate périphérie. En même temps, cette formule n'était pas si irresponsable que cela : avec 68, ce qui se passait en Italie, puis la chute annoncée du salazarisme et du franquisme, il y a eu une crise européenne dans les années soixante-dix, incontestablement. Beaucoup de gens qui avaient la tête sur les épaules croyaient la révolution à l'ordre du jour. Et la leçon à en tirer, c'était qu'il fallait s'y préparer politiquement, y compris militairement. Moi je connaissais à peine les textes de Walter Benjamin, mais j'étais déjà obsédé par l'idée que le temps n'est pas un flux homogène, mais plutôt un agencement de rythmes, de rendez-vous manqués, d'occasions à saisir. La situation peut se retourner, on a l'histoire sur les talons, elle nous mordille la nuque plus que les jarrets : c'est une course de vitesse, pour reprendre la formule classique, entre le socialisme et la barbarie... »*

Ne rien laisser au hasard. Comprendre que toute révolte est vouée à l'échec si elle ne bénéficie pas d'un patient travail d'élaboration. Méditer les leçons de l'histoire, et garder en tête que tout projet de subversion déclenche une riposte immédiate et implacable du pouvoir en place. Et par conséquent, contre les chimères de l'improvisation et du « spontanéisme », reconnaître que le succès passe par la plus méticuleuse des préparations : de l'expérience 68, les fidèles de la Ligue, pourtant considérés comme les plus « libertaires » des trotskistes, sont sortis plus léninistes que jamais : « L'organisation révolutionnaire de type bolchevik ne se construit pas d'emblée de plain-pied dans les masses, mais exige avant tout de se solidifier comme avant-garde un pas en avant des masses, et donc dans un état de *séparation relative* »[1]. Hier, seuls de petits groupes soudés avaient pu réveiller les étudiants de leur inertie collective, puis structurer leur mouvement, pour servir enfin de « détonateur » à la grève générale des travailleurs. Demain, le même volontarisme discipliné serait nécessaire pour mener à bien les batailles à venir. Lesquelles s'annonçaient sans merci, très au-delà du seul horizon français.

Car il faut bien voir que ces militants raisonnent sans cesse à l'échelle planétaire. Hantés par les souvenirs de la Seconde Guerre mondiale, ils sont nés à la politique par solidarité avec les victimes des violences coloniales, et se considèrent d'abord comme les bâtisseurs d'une fraternité qui ignore les frontières. Ainsi, pour son IXe Congrès mondial, en avril 1969, la IVe Internationale (Secrétariat Unifié) avait adopté une résolution visant à soutenir et à développer de façon systématique les mouvements de guérilla latino-américains. En France, les jeunes lycéens de la Ligue n'allaient pas tarder à organiser une grande collecte de fonds destinée à acheter des armes pour les combattants boliviens. Là-bas, mais aussi en Argentine, en Uruguay ou encore au Pérou, des milliers de femmes et d'hommes s'étaient investis dans la lutte armée contre les dictatures au pouvoir. Les diverses doctrines qui guidaient leur action puisaient toutes dans les expériences du mouvement de libération algérien et de la « guerre populaire prolongée » vietnamienne, aussi bien que dans l'héritage de l'insurrection cubaine.

---

1. Denise Avenas, *Lutte ouvrière et la révolution mondiale, Cahiers rouges*, n° 3, Paris, François Maspero, 1971, p. 45. C'est elle qui souligne. Dans ce texte, la militante de la Ligue communiste (ex-JCR) reproche à la direction de LO son « conciliationnisme », c'est-à-dire sa volonté de rassembler dans un large mouvement tous ceux qui se réclament des « idées de Mai ». Contre cette « mythologie du tous ensemble », elle rappelle la nécessité maintenue de bâtir une avant-garde selon les principes sélectifs du plus strict léninisme.

Durant ces années, d'échanges militants en initiatives communes, les dirigeants de la section française de la IVe Internationale sont donc envoyés en mission pour donner un coup de main et participer aux débats stratégiques. Ainsi de Daniel Bensaïd, en Argentine. Quant à Janette Habel, c'est dès le milieu des années 1960 qu'elle avait fait à Cuba la connaissance du Che, dont elle avait rapporté le livre intitulé *Le Socialisme et l'homme.* Elle est donc particulièrement bien placée, aujourd'hui, pour mettre en lumière le jeu de miroirs périlleux qui s'instaura dans la IVe Internationale, de part et d'autre de l'Atlantique. Peu à peu, rappelle-t-elle, les uns et les autres en vinrent à partager une même conception des tâches à accomplir, largement inspirée par la figure fantomatique du Che (assassiné en 1967) et par sa théorie du foyer révolutionnaire, ou « foquisme » (de *foco*, « foyer » en espagnol) :

> *« Le "foquisme", c'est l'expression soi-disant théorique d'une forme de lutte armée dans laquelle le "foco", un noyau d'hommes qui s'engagent dans la lutte, met peu à peu le feu à la plaine. En gros, tu t'entraînais sur le plan militaire, tu prenais ton sac à dos, tu partais dans la montagne, tu commençais quelques combats. S'ils étaient victorieux, les paysans se ralliaient à toi, petit à petit ça gagnait les villes jusqu'à l'insurrection urbaine, la grève générale... Et tu prenais le pouvoir. J'exagère, mais le schéma était celui-là. Et la Ligue, qui était une organisation jeune, a transposé ce débat en France. La version "lutte armée", je ne dis pas "foquiste", c'était plus nuancé que ça, mais en tout cas la version "lutte armée" était la position majoritaire dans l'organisation. »*

Plan stratégique : la guérilla rurale au cœur du Quartier latin. Dans la période de l'après-Mai, l'Amérique latine apparaît paradoxalement comme une sorte de « continent jumeau ». Ce chiasme politico-militant culminera en 1973, lorsque le coup d'État du général Pinochet viendra plonger le Chili dans la terreur. Pour les révolutionnaires du monde entier, la tragédie des martyrs chiliens, arrêtés, torturés, assassinés par milliers, démontrera une fois de plus la vanité de tout projet « réformiste » d'émancipation sociale : l'impuissance suicidaire du président Salvador Allende, diront-ils, c'est celle d'une gauche irresponsable à force de naïveté, et qui, oublieuse de la férocité dont sont capables les dominants, pour peu que leur hégémonie se voie menacée, refuse obstinément d'armer son peuple.

En ce sens, l'année 1973 représente bel et bien un point de bascule : celui où les militants de la Ligue communiste sont tout près de sombrer dans une spirale de violence minoritaire. Fondée en Allemagne, dans la clandestinité, en 1969, par de jeunes dirigeants de Mai dont certains avaient déjà connu la prison, la Ligue a pris la suite de la Jeunesse communiste révolutionnaire (JCR), dissoute en 1968 comme l'ensemble des organisations d'extrême gauche. Mis en fiches, harcelés par la police du ministre de l'Intérieur Raymond Marcellin et visés par la célèbre loi anticasseurs[1], ces activistes traversent des moments difficiles, et ils sont nombreux à connaître par cœur le petit manuel de survie publié par Victor Serge en 1921, et intitulé *Ce que tout militant révolutionnaire doit savoir de la répression*... Contrairement à certains maoïstes, ils ne vont pas jusqu'à annoncer le prochain avènement du « fascisme ». Mais ils n'en interprètent pas moins le durcissement de la répression comme le symptôme d'une marche à l'« État fort » : face à la montée des luttes en Europe, les gouvernements tentent d'isoler

1. Votée le 4 juin 1970, la loi anticasseurs instituait un délit de participation aux manifestations interdites. En cas d'affrontements et de dégradations matérielles, elle établissait aussi la responsabilité collective non seulement des organisateurs, mais de quiconque y avait participé.

l'avant-garde en organisant une « internationale de la répression », affirme *Rouge*, l'hebdomadaire de la Ligue, le 15 juin 1973[1].

Une petite semaine plus tard, ce sera la fameuse manifestation du « 21 juin », qui verra une foule de militants et de sympathisants d'extrême gauche déferler sur le quartier Maubert-Mutualité, à Paris, afin de briser un meeting organisé par le groupe fascisant Ordre nouveau. Pour la plupart, les acteurs de cette charge étaient des habitués de la rixe politique. Devant les usines, à l'université ou sur les marchés, il y avait déjà beau temps qu'ils affrontaient les gros bras staliniens et/ou les commandos de la droite radicale. Mais ce soir-là, en plein cœur de la capitale, l'assaut revêtit une intensité inhabituelle. Préparé dans le plus grand secret, il mit en branle une légion compacte et casquée, dont les éléments s'étaient rassemblés par surprise, à partir de multiples rendez-vous secondaires minutieusement chronométrés. Juchés sur les toits ou « planqués » dans des estafettes, d'autres étaient occupés à surveiller le dispositif policier. Lequel fut surpris par la brutale poussée des assaillants, armés de cocktails Molotov et de barres de fer[2].

Dès le lendemain, la nouvelle dissolution de la Ligue fait la « une » des journaux, et plusieurs de ses dirigeants sont arrêtés ou recherchés. Pendant ce temps, en guise de représailles, leurs « camarades » argentins mitraillent l'ambassade de France à Buenos Aires, comme pour rappeler que leur combat ne fait qu'un avec celui des « guérilleros » parisiens... De fait,

1. « Bruits de bottes sur l'Europe... », *Rouge*, 15 juin 1973.

2. « Jamais nous n'avions vu un tel sauve-qui-peut policier détalant, se bousculant, roulant dans le caniveau, avec des manifestants déchaînés sur leurs talons. Pendant que les premières lignes chargeaient, des groupes mobiles latéraux les bombardaient de cocktails [...]. De lapins, nous étions devenus chasseurs », a écrit Daniel Bensaïd, qui fut l'un des grands orchestrateurs du « 21 juin ». *Une lente impatience, op. cit.*, p. 168.

la brutalité d'une journée comme celle du 21 juin 1973 doit être replacée dans le chassé-croisé imaginaire qui rapproche alors les continents européen et latino-américain. Et, malgré la profonde différence des contextes, les militants qui se trouvent engagés sur ces multiples fronts ont au moins une chose en commun : leur enthousiasme révolutionnaire n'a d'égal que leur manque d'enracinement social, comme le souligne encore Janette Habel :

> « *Le dérapage du 21 juin, qui a failli être dramatique, a des traits communs, même lointains, avec l'évolution de l'Amérique latine. C'était un peu la même chose. Il y avait une tendance permanente au substitutisme, à adopter un avant-gardisme d'exemplarité pour mener à bien des luttes qui étaient le fait d'une minorité, et qui pourraient entraîner les "grandes masses" derrière elles. Cette sous-estimation du processus de formation et d'évolution de la conscience de classe était liée à une question sociale : cette organisation voulait s'implanter dans la classe ouvrière, mais elle était quand même composée d'étudiants qui pour la plupart étaient presque permanents de fait, et elle était étrangère au salariat, à tout ce qui faisait la pesanteur de la société française. On était un peu à la marge de tout ça, et il y avait les Brigades rouges en toile de fond, quand même...* »

« Substitutisme » : dénoncée par les bolcheviks eux-mêmes, cette pathologie ne cesse de menacer les communautés militantes construites sur le modèle avant-gardiste. Prétendant mêler la rigueur du léninisme classique au volontarisme stratégique façon Guevara, les fidèles de la Ligue avaient quelque prédisposition pour céder à la tentation de l'action violente. Avant même la dissolution de 1973, certains d'entre eux avaient d'ailleurs affirmé que l'heure était venue de poser clairement la question de la prise du pouvoir : en 1972, un jeune maoïste nommé Pierre

Overney avait été abattu par un vigile devant les usines Renault, à Billancourt. D'autres avaient été intimidés, roués de coups. N'était-ce pas le signe qu'une guerre sans merci était engagée contre les militants ouvriers ? La même année, le Programme commun, signé entre communistes, socialistes et radicaux, laissait penser qu'une telle coalition pourrait gagner les prochaines élections. Dans ce cas, n'allait-on pas vers un scénario « à la chilienne », la victoire de la gauche entraînant une réaction brutale des milieux dirigeants ? Mieux valait s'y préparer, pour ne pas connaître le même sort que les victimes de Pinochet. Au cas où...

Ainsi, trois jeunes dirigeants de cette organisation, parmi lesquels Daniel Bensaïd, ont-ils théorisé qu'il « serait illusoire de concevoir la crise révolutionnaire en France sur le mode d'un Mai 68 réussi » : dès lors que « la bourgeoisie et les staliniens ont tiré leurs leçons de Mai », il n'est désormais plus possible de « s'en remettre totalement » à l'inventivité des « masses ». À cette situation inédite, poursuit le trio militant, il convient d'apporter des réponses originales. Quitte à prendre ses distances avec le sacro-saint « modèle d'Octobre », c'est-à-dire avec celui de la révolution russe. En effet, celui-ci faisait coïncider le début de la lutte armée avec le déploiement du soulèvement populaire, alors que ce dernier peut à présent être envisagé comme l'aboutissement d'une longue période de confrontation avec l'État : « Si donc on conçoit la crise révolutionnaire, non comme le moment béni où les masses se mettent en branle et s'arment spontanément, mais comme un moment où l'élan des masses permet de conclure victorieusement un processus de lutte prolongée, la phase préparatoire prendra pour nous une importance d'autant plus grande que nous avons à réintroduire la dimension de la violence révolutionnaire à l'encontre des pesantes traditions légalistes du mouvement ouvrier », affirment-ils au printemps 1972, dans un bulletin intérieur (n° 30) qui restera dans l'histoire de ce courant comme le « BI 30 ».

Un an plus tard, dans la pénombre de l'après-21 juin, et alors qu'ils sont obligés d'entrer, au moins temporairement, dans une semi-clandestinité, les partisans de la défunte Ligue sont d'autant plus enclins à penser que les prochaines échéances exigeront de passer aux choses sérieuses. Et d'abord d'inventer des instruments propres à déborder pour de bon les appareils traditionnels (partis, syndicats) du mouvement ouvrier. Étant donné le poids de ces appareils, étant donné aussi le fossé de « conscience » qui sépare la classe ouvrière de sa meilleure avant-garde, quelques actions « exemplaires » ne seraient sans doute pas superflues... C'est alors que les militants regroupés autour de *Rouge* (la Ligue avait été interdite, mais pas son journal) franchirent l'étape supplémentaire qui aurait pu les mener sur le chemin du terrorisme : l'autonomisation progressive de leur branche militaire.

Cette dérive était d'abord le produit des tensions du moment, mais elle marquait aussi l'aboutissement d'une longue évolution. Depuis sa naissance, au milieu des années 1960, la JCR (future Ligue communiste) s'était dotée d'un service d'ordre (SO). Mais, à l'origine, celui-ci n'était pas conçu pour mener des actions offensives. Surtout, il n'était pas envisagé comme une activité spécialisée, confiée à une sorte d'escouade permanente, mais comme une tâche politique parmi d'autres : femmes ou hommes, ses membres étaient élus chaque année pour assurer la protection des meetings, diffusions de tracts et autres manifestations. À l'occasion, un détachement du SO pouvait bien aller faire le coup de poing contre telle ou telle milice patronale, mais ses actions devaient toujours être pensées comme *« un processus d'autodéfense légitime »* lié à des luttes réelles (grève ouvrière, mobilisation étudiante, défilé de travailleurs immigrés), sans jamais verser dans une quelconque « *guerre privée* » coupée du mouvement social, comme nous l'a précisé Pierre Rousset, qui fut longtemps responsable du SO parisien.

Aujourd'hui encore membre dirigeant de la LCR, le fils de David Rousset a grandi dans un milieu familial qui valorisait les idées d'une gauche antistalinienne. Comme beaucoup de ses camarades, il a fait ses premières armes dans le combat contre la guerre du Vietnam, avant de partager toutes les batailles de ces années-là, y compris les plus dures. En 1968, par exemple, une grenade le rendit aveugle pour quelques jours, et il connaîtra la prison à plusieurs reprises, notamment au lendemain du 21 juin 1973. Mais s'il admet que la répression dont elle faisait alors l'objet a entraîné son organisation dans un bras de fer avec l'État, Rousset n'en maintient pas moins que ses amis et lui étaient très loin d'une quelconque dérive du type Brigades rouges :

> « *Il y avait un projet de lutte armée, mais on n'a jamais pensé que la situation était mûre pour le commencer. Par exemple, en 68, on aurait pu s'armer. On était maîtres de Paris, donc des armureries. Je me rappelle d'une manif qui passait devant une armurerie, en pleine nuit. Il n'y avait pas un flic. On a mis un service d'ordre devant : on voulait surtout pas que les gens croient que la révolution était arrivée, et qu'il n'y avait plus qu'à s'armer... Donc, on n'était pas dans une logique terroriste, mais dans une logique de confrontation de masse avec l'État. Pour nous, le SO, c'était une politique. Ce n'était pas un corps séparé de l'organisation, comme le DPS* [Département Protection Sécurité] *du Front national aujourd'hui. Tous les membres devaient y participer, hommes ou femmes, par rotation. Les fascistes étaient beaucoup mieux armés que nous, beaucoup plus entraînés aux sports de combat, et je me suis fait ouvrir le crâne plusieurs fois comme ça. Mais nous on pensait que la force du SO tenait à sa cohésion politico-physique, à sa capacité à tenir collectivement.* »

Et pourtant. Insensiblement, le SO de la Ligue aura bel et bien tendance à se muer en bras armé plus ou moins indépendant. Organisé en groupes et en sous-groupes strictement hiérarchisés, à la fois souple et soudé, et de mieux en mieux équipé (casques, barres de fer, boucliers et talkies-walkies...), il exigera de ses membres, et d'eux seuls, une rude discipline et des entraînements réguliers. Célèbre pour son savoir-faire et son audace, il exercera ainsi un pouvoir d'attraction durable auprès d'une certaine jeunesse radicalisée. Prenant d'assaut les cloches de Notre-Dame pour protester contre la répression des militants basques par la dictature franquiste ou transformant la statue de la Liberté (parisienne) en torche « vivante » par solidarité avec les combattants vietnamiens, ces militants rivalisèrent d'inventivité pour mettre au point des modes d'apparition toujours plus spectaculaires.

Longtemps, certes, ces « happenings » avant l'heure se contentèrent de parodier la démarche terroriste, en vertu de ce qu'on pourrait nommer une « esthétique du pied de nez »[1]. Peu à peu, cependant, et après le choc du 21 juin en particulier, les choses auraient pu passer de la farce à la tragédie. À côté de leur service d'ordre classique, en effet, les dirigeants de la Ligue dissoute décidèrent de créer une structure conspirative à part entière, distincte du reste de la communauté militante. Baptisée « Commission Technique Spéciale », elle était non seulement chargée de mettre en œuvre un travail d'agitation antimilariste au sein de l'armée[2], mais aussi de réfléchir aux initiatives qu'il conviendrait de prendre dans l'éventualité d'une

1. Parmi les plus fameuses : le simulacre d'attentat contre le général Ky, homme fort des Américains au Sud-Vietnam, en visite à Paris. Depuis les toits de l'École polytechnique, le SO de la Ligue réussit à déjouer la vigilance des gardes rapprochés en atteignant le général avec une bombe... de peinture. Façon de prévenir : qui peut le moins, peut le plus.

2. Adossé à des revendications « démocratiques » (la gratuité des transports pour

montée aux extrêmes. Et de s'entraîner à les mettre en œuvre, le cas échéant, pour « armer les masses du désir de s'armer », selon un mot d'ordre directement emprunté à Lénine, et dont certains combattants de la Ligue commençaient à penser qu'il disait l'urgence du moment.

Parmi eux, Gérard Chaouat. Un quart de siècle après avoir pris ses distances avec ses camarades (au moment de l'invasion de l'Afghanistan par l'Union soviétique, en 1979), ce bon connaisseur de la chose militaire vit aujourd'hui dans un petit appartement rempli d'ordinateurs et de maquettes d'avions. Médecin de profession, il a été gagné aux idées révolutionnaires sur le terrain des luttes anticoloniales (Algérie, Vietnam) au milieu des années 1960. Membre du service d'ordre de la JCR puis de la Ligue communiste, il en est devenu le « Monsieur Géotrouvetout », multipliant les trouvailles techniques afin de faciliter ce qu'il nomme les *« opérations olé olé »* de son ex-organisation, et bricolant par exemple des postes de télévision pour espionner la police militaire avant telle ou telle action. Lorsqu'il revient sur ces années charnières, Chaouat n'hésite pas à dire que la répression et l'isolement qui pesaient sur ses camarades d'alors les rendaient particulièrement réceptifs à l'idée que l'heure pourrait bien venir de faire parler les armes :

> *« Une certaine paranoïa montait. En réunion, un des dirigeants de la Ligue m'avait dit : "Au cas où la répression devient trop dure, il faudra montrer qu'on existe par des actions exemplaires. Genre des choses qui explosent un peu par endroits..." Ce qui prouve que ça a été envisagé. Comme*

---

les conscrits, par exemple), ce travail devait mener à la formation de « comités de soldats » et à la diffusion clandestine de multiples « feuilles de caserne » comme *La Crosse en l'air, Les Poilus en colère*, ou encore *Arrête ton char...* En 1974, un appel de soldats connu sous le nom d'« appel des cent » déboucha même sur une véritable manifestation de « bidasses » dans les rues de Karlsruhe, en Allemagne, et de Draguignan, en France.

la répression n'a pas eu lieu, on a abandonné, mais il y a eu une déviation très nette dans le service d'ordre. Il était en train de devenir une sorte d'État dans l'État, les actions exemplaires devenant pratiquement des justificatifs. Pour moi qui connaissais un peu les choses militaires, il était évident qu'on avait dévié. Comme disait la chanson, on se croyait "un détachement du premier bataillon de la future armée ouvrière", avec l'idée qu'à un moment donné il faudrait peut-être envisager des actions de guérilla à différents niveaux. Ça s'est traduit par des catastrophes en Amérique latine. Et on est passé tout près d'une catastrophe chez nous... »

En France, le désastre a été évité. Les militants de la Ligue n'ont commis ni plasticage ni assassinat. Dans cette relative retenue, la présence des aînés n'a certainement pas été pour rien, car les plus anciens s'inscrivaient au cœur d'une longue tradition, celle d'un mouvement socialiste rétif aux emballements terroristes. Contrairement à certains anarchistes du début du siècle, contrairement aussi aux femmes et aux hommes d'Action directe, qui séviront dans les années 1980, ceux-là ne confondaient pas le renversement de la société capitaliste avec le meurtre ciblé de tel ou tel bourgeois. Et puis, comme le suggère à demi-mot Gérard Chaouat, l'impasse de la guérilla latino-américaine a sans doute également joué son rôle. En Uruguay ou en Argentine, beaucoup de combattants avaient été arrêtés, torturés, jetés en prison, et nombre d'entre eux n'en étaient jamais revenus. Pour les activistes français qui avaient fait le déplacement, ce bain de sang avait servi de leçon : « *Ça m'a permis de comprendre que derrière les mots, il y avait aussi des logiques matérielles, humaines, organisationnelles, et que parler de "guerre prolongée", ce n'était pas qu'une formule sur le papier* », nous a ainsi confié Daniel Bensaïd, qui a effectué un long séjour en Argentine, juste au lendemain du coup d'État militaire au Chili, et qui souligne aujourd'hui que cette expérience l'a amené « *à réfléchir et à corriger* »...

Reste que la tentation armée a existé. Un moment, les jeunes de la Ligue ont été séduits par le prestige de l'action extralégale, dite aussi « propagande par l'action ». Impatients d'en finir, ils ont été tout près de succomber aux charmes d'une violence prétendument libératrice, accoucheuse de l'Histoire, qui permettrait de brûler les étapes en substituant l'aventure militaire au lent travail de la conviction politique. L'initiative volontariste de quelques individus, donc, en lieu et place d'un soulèvement de masses qui se fait quelque peu attendre : « Une bombe bien placée pourrait remplacer bien des discours », a résumé le cinéaste Romain Goupil dans *Mourir à trente ans.* Un film qui donne à voir, comme aucun autre, l'enthousiasme de la période, et aussi la valorisation d'une fraternité musclée où toute une communauté militante trouvait son ciment.

Cette exaltation croissante de la force reflétait l'isolement d'un petit mouvement largement coupé du milieu ouvrier, et d'autant plus attiré par le raccourci de la violence minoritaire qu'il était incapable de peser vraiment sur la réalité des rapports sociaux. Edwy Plenel a bien connu cette émulation collective d'une cohorte avant-gardiste qui déploie son énergie en vase clos. Élevé entre l'Algérie et les Antilles, il a grandi dans un milieu républicain et résolument anticolonialiste. Enseignant en histoire, son père n'a jamais caché son soutien au combat des peuples pour leur indépendance, ce qui lui valut d'être démis de ses fonctions d'inspecteur d'académie par de Gaulle. De lui, Edwy Plenel hérita une révolte qui passait par un constant souci du monde. À quinze ans, avec quelques copains du lycée Victor-Hugo, à Alger, il décida d'aller porter une lettre de condoléances à l'ambassadeur de Cuba : c'était en 1967, le Che venait d'être assassiné, et l'adolescent accomplissait là son geste politique inaugural. Bientôt, il suivra le mouvement de Mai à distance, en lisant *Le Monde* et en écoutant la station Europe 1, et rédigera un tract de solidarité avec les acteurs de la révolte étudiante, « contre la répression et les méthodes policières en France ».

C'est seulement au tout début des années 1970, une fois débarqué à Paris, que le jeune Edwy Plenel décidera de rejoindre les rangs de la Ligue communiste, dont il avait rencontré quelques militants en Algérie. D'abord intégré aux commissions chargées du monde arabe, puis nommé responsable du secteur lycéen, il y restera jusqu'en 1979, après avoir fait de la révolution une véritable profession : à vingt-deux ans, Plenel était déjà journaliste à *Rouge* et permanent de son organisation. Et, si l'engagement anticolonialiste est premier dans cet itinéraire politique, Plenel rappelle souvent que chez lui, depuis l'origine, le moteur fut moins une passion théorique ou une idée abstraite qu'un élan pratique : *« Je suis disponible à l'activisme quand d'autres sont disponibles au dogme »*, nous a-t-il confié, en insistant sur le rôle décisif de ce qu'il nomme souvent le *« goût de faire »*. Jamais vraiment impliqué dans le service d'ordre de son groupe, il coordonnera néanmoins l'agitation antimilitariste menée dans le cadre des « comités de soldats »[1]. En cette qualité, il a vécu la période où sa maigre troupe de camarades, pour la plupart jeunes, inexpérimentés et socialement isolés, a failli délaisser les armes de la critique pour adopter la critique des armes, dans un périlleux chassé-croisé avec leurs « copains » sud-américains. Et, par un savoureux paradoxe, c'est au

1. Edwy Plenel a témoigné de cette histoire dans un essai intitulé *Secrets de jeunesse* (Paris, Stock, 2001). Alors directeur de la rédaction du quotidien *Le Monde*, il y faisait retour sur ces années d'emballement, où un activisme déchaîné prenait souvent le pas sur la confrontation des arguments : « La transgression, l'interdit, le défendu, l'illégal pouvaient faire partie du jeu, d'un jeu pris au sérieux. Infidèle aux canons du matérialisme historique, je dois confesser avoir toujours eu le goût de cette pédagogie par l'exemple... », note-t-il ainsi p. 109-110.

moment de son service militaire, quand il sera mis aux arrêts puis emprisonné au fond d'une caserne, que lui apparaîtra clairement ce qui lie l'activisme violent aux divagations d'un groupe révolutionnaire refermé sur lui-même, et l'urgence de s'en échapper :

> *« La violence, il y a ceux qui ont eu à y voir directement, et ceux qui, comme moi, ont accompagné. Le fameux "BI 30" écrit par Bensaïd, moi j'épouse ça. On pense que le temps des révolutions arrive, que ça monte... On se trompe. Et je garde une forte culpabilité au sujet du congrès mondial réuni à Rimini, en Italie [1974]. Je vois des camarades débarquer qui du Chili, qui d'Argentine, qui d'Uruguay... Dans notre tranquillité paisible, on a voté qu'ils allaient être envoyés au sacrifice... C'était une époque d'activisme. On était dans un petit bain, on se tenait chaud, on était heureux d'avoir raison ensemble. Moi je deviens permanent à vingt-deux ans. Alors tu as ton petit salaire au SMIC, tu ne vis qu'avec des gens qui pensent comme toi. Ça m'a paru évident quand j'ai fait mon service militaire. La direction, qui avait besoin de ses cadres, me dit : "Pas question, tu dois te faire réformer." Je leur réponds : "Non, c'est pas possible, moi j'ai envoyé plein de jeunes dans les comités de soldats, ils ont subi des punitions, je ne peux pas ne pas y aller." Donc, j'affirme cette position de principe. Mais j'affirme aussi l'envie de sortir de ce cocon... »*

3

L'intellectuel à cœur ouvert

Ou comment opère l'amour

Je crois, je crois infiniment au pouvoir de l'affection vraie. Je crois que l'affection vraie est le plus puissant levier qui existe sur la terre.

Henry de Montherlant,
La Ville dont le prince est un enfant, 1952.

À l'origine, un cocon étudiant. Quelques rebelles épris d'idées, impatients de les répandre parmi les dominés. Des spécialistes de l'émancipation, bardés de livres et de références. D'emblée, le socialisme universel fut un projet élaboré par des gens qui avaient le temps d'y penser, et de se demander ce qui était bon pour l'humanité. Résultat : une épopée dont les intellectuels sont les personnages principaux. « La conscience socialiste d'aujourd'hui ne peut surgir que sur la base d'une profonde connaissance scientifique [...]. Or le porteur de la science n'est pas le prolétariat mais *les intellectuels bourgeois* : c'est en effet dans le cerveau de certains individus de cette catégorie qu'est né le socialisme contemporain, et c'est par eux qu'il a été communiqué aux prolétaires intellectuellement les plus évolués... », écrivait au tout début du XXe siècle le marxiste allemand Karl Kautsky, que Lénine considérait alors comme son maître[1].

Dans la rhétorique de ceux qui se sont réclamés de Karl Marx, l'acte politique relève donc de la science. Pour les bolcheviks, par exemple, les révolutionnaires authentiques sont ceux qui maîtrisent l'histoire et qui apportent la vérité libératrice : eux savent, et c'est pourquoi ils sont à même de sauver le monde. De l'expert au docte et du docte au docteur, le militant rigoureux aura alors le profil d'un homme de l'art qui met ses lumières au service des masses opprimées. On en viendra même à le considérer comme un professionnel du soin, qui ne délaisse jamais le corps ouvrier, et demeure toujours là, quels que soient les risques, pour lui rendre la santé. Un médecin du monde, en somme.

De cette conception proprement clinique de l'intervention politique, on trouvera plus d'une trace chez les dirigeants d'Octobre 1917. À commencer par Trotski lui-même : « J'imagine un vieux médecin qui ne manque ni de connaissances ni d'expérience, et qui jour après jour, regarde des empiriques et des charlatans conduire à la mort, sous prétexte de le soigner, un homme qui lui est cher, et qu'il pourrait, lui, vieux médecin, guérir avec certitude par la simple observation des règles élémentaires de la médecine. Voilà à peu près l'état d'esprit dans lequel j'observe actuellement le criminel travail des "chefs" du prolé-

1. Cité par Lénine in *Que faire ?*, *op. cit.*, p. 48. C'est Kautsky qui souligne. De fait, tous les grands noms des IIe et IIIe Internationales étaient bien des représentants de l'intelligentsia, et en 1917, le premier gouvernement soviétique comptait dix-sept intellectuels et seulement quatre ouvriers. D'emblée, pourtant, le régime bolchevik ciblera la résistance que lui oppose la masse des clercs, et avec la victoire de Staline, « la lutte montante contre Trotski et ses répercussions dans l'Internationale approfondissent l'anti-intellectualisme ». Ainsi, en France, au milieu des années 1920, la page intitulée « La vie intellectuelle » de *L'Humanité* est supprimée, le PCF traquant « les manifestations d'"arrogance intellectuelle", terme qui devint bientôt synonyme de trotskisme », note David Caute dans *Le communisme et les intellectuels français (1914-1966)*, Paris, Gallimard, 1967, p. 27.

tariat français », écrivait ainsi le révolutionnaire exilé à Domène, près de Grenoble, en février 1935[1].

En France, aujourd'hui, Lutte ouvrière est sans doute l'organisation qui incarne au mieux la continuité de ce bolchevisme thérapeutique. En effet, une grande part de son activité apparaît comme la mise au point méthodique d'un grand parti-stéthoscope, qui vient régulièrement ausculter l'organisme social. On a déjà souligné que les « bulletins d'entreprise » y sont utilisés comme instrument de mesure visant à prendre le pouls des travailleurs, afin d'évaluer leurs forces et leur niveau de réactivité. Plus profondément, la métaphore médicale habite l'imaginaire collectif de LO, et revient de façon récurrente dans le discours de ses militants. Par exemple chez Mohammed Marangaby. Au cours de l'entretien, celui-ci a d'emblée convoqué cette image pour décrire le sérieux et la compétence nécessaires à l'activité révolutionnaire :

> *« Il y a trois ou quatre jours, je feuilletais un bouquin de Trotski, et il y a un passage qui m'a beaucoup marqué. Il parlait de la science révolutionnaire qu'il faut absolument acquérir, et il disait que dans la société actuelle, il y a un état de choses qu'on appelle les maladies, et que pour les guérir il faut des médecins. Les médecins, c'est des gens qui vont à l'école de la médecine. Ceux qui n'y vont pas, dans la vie de tous les jours, on les appelle des charlatans ou des sorciers. Et dans le domaine des idées, c'est pareil : si on veut s'attaquer à la maladie qui rogne notre société et qui s'appelle le capitalisme, il faut se former, il faut étudier cette société. Le militantisme, c'est un travail routinier, c'est la rencontre avec les gens, les discussions quotidiennes... Tout*

1. Léon Trotski, *Journal d'exil*, *op. cit.*, p. 53. Dans le même livre, Trotski a élargi la comparaison : « Dans les temps d'épidémies de choléra, les paysans russes, aveugles d'ignorance, de terreur et de fureur, massacraient les médecins [...]. Est-ce que la chasse aux "trotskistes", les bannissements, les exclusions [...] ne rappellent pas ces convulsions insensées des paysans au désespoir ? [...] Les masses désemparées regardent massacrer les médecins, les seuls qui connaissent la maladie et le traitement » (p. 51).

ceci demande évidemment beaucoup d'efforts intellectuels. Et c'est là que se pose la nécessité d'apprendre la science révolutionnaire. »

Prononcés par Marangaby, ces mots entrent tout naturellement en résonance avec les propos quasiment similaires que son maître en révolution, Georges Kaldy, nous a tenus. On s'en souvient, c'est Kaldy qui a formé le jeune militant tchadien, au milieu des années 1980, alors que celui-ci était revenu d'Afrique, après avoir participé à la lutte armée au sein d'une organisation nationaliste. Et quand le réfugié hongrois, actuel n° 2 de LO, fait retour sur sa conception de l'engagement, il le fait dans les mêmes termes et selon les mêmes références que son élève. Certes, Kaldy n'est pas le seul dirigeant de Lutte ouvrière à s'exprimer en praticien de la révolution, mais parmi ceux que nous avons pu interroger, il est sans doute celui dont le vocabulaire politico-médical est le plus riche. Quelle que soit la question que nous lui posions, il trouvait toujours le moyen de placer sa réponse sur ce terrain-là. À l'appui de ses arguments, il cita tour à tour les figures exemplaires du secouriste, de la sage-femme, de l'infirmière ou du cancérologue. Quitte à relativiser le procédé en rythmant son discours de formules du type « *je m'excuse, la comparaison a l'air un peu loufoque...* », ou en précisant « *je n'ai pas de qualification médicale, c'est juste une analogie...* ».

Questions-réponses, quelques exemples :

– Entre vous et la génération d'Octobre, il y a un abîme. Dans ces conditions, comment en hériter ? « *En restant fidèle. Et en se disant : moi je n'ai pas connu la révolution, mais eux l'ont faite ; donc il faut que j'essaie de comprendre, comme si toute ma vie en dépendait. Par exemple, vous vous retrouvez en Afrique. Il y a une femme qui accouche devant vous, et vous vous sentez le devoir de l'aider. Même si vous n'avez que trois feuilles dactylographiées pour infirmiers secouristes, vous pouvez au moins éviter de faire une grosse connerie. Eh bien on est un peu dans cette situation-là.* »

– Vos pères fondateurs l'ont annoncée à plusieurs reprises, mais la révolution tarde un peu à venir. Comment interprétez-vous ce délai ? « *Nous, on sait que ça ne peut pas payer tout le temps. Mais combien de chercheurs se sont embêtés sur le cancer ? Est-ce qu'on peut dire qu'ils ont vécu pour rien ?* »

– Les membres de votre organisation exercent divers métiers, mais ils se présentent comme des militants professionnels. Qu'est-ce à dire ? « *Le professionnalisme, c'est simplement une question de conscience. Qu'est-ce qui oblige une infirmière à nettoyer sérieusement avant de faire une piqûre ? Rien, sauf sa conscience. Pour nous, le professionnalisme, c'est ça. Se poser les problèmes politiques en se demandant à propos de chaque événement : du point de vue de l'intérêt des ouvriers, est-ce que c'est bon ou pas*[1] *?* »

Enfin, lorsqu'il veut souligner la pérennité de sa rébellion, c'est encore la bienveillance familière et la généreuse disponibilité du « bon docteur » qui viennent à l'esprit de Georges Kaldy :

1. Une telle insistance a de quoi surprendre. Au-delà d'une fidélité au lexique de Trotski, on pourrait invoquer le rôle que la maladie et la médecine ont joué dans l'itinéraire du fondateur et actuel n° 1 de LO : Robert Barcia, alias Hardy, auprès duquel Kaldy et les autres dirigeants du groupe se sont formés. Ayant rejoint l'Union Communiste (UC) en 1944, à seize ans, Barcia n'a cependant pas pu participer au principal fait d'armes de ses camarades : la grève de Renault en 1947. À cette date, il souffrait de la tuberculose, maladie à laquelle il consacre d'amples passages dans ses souvenirs, rappelant les séjours à l'hôpital et décrivant en détail les traitements administrés. Or, à la même époque, le jeune Barcia aspirait lui-même à devenir docteur. C'est d'ailleurs par l'intermédiaire d'un étudiant en médecine qu'il avait croisé le chemin de l'UC. Plus tard, ce même étudiant lui permettra aussi d'obtenir un premier poste de « visiteur médical » pour un laboratoire pharmaceutique, domaine d'activité dans lequel il était appelé à un bel avenir. En 1966, Hardy créera même une école par correspondance vouée à la formation des futurs visiteurs médicaux, baptisée « Office privé de préparation à la propagande médico-pharmaceutique ». Voir Robert Barcia, alias Hardy, *La véritable histoire de Lutte ouvrière, op. cit.* Et François Koch, *La vraie nature d'Arlette. Contre-enquête*, Paris, Le Seuil, 1999.

« Moi, ça fait quarante-trois ans que je milite, maintenant c'est une évidence de vie. Mais au début c'est un choix, surtout quand vous débarquez comme réfugié, la tentation c'est simplement de réussir, d'avoir un bel appartement... Mais vous, pour tout un tas de raisons, vous estimez que le monde fonctionne mal et qu'il pourrait fonctionner autrement. Quand vous lisez, dans Le Monde *d'avant-hier, au détour d'une phrase, que la guerre au Soudan dure depuis dix-huit ans, qu'il y a deux millions de morts... c'est le Moyen-Orient multiplié par cent, personne n'en parle ! Mais ceux qui vivent là-bas, quelle est leur vie ? Imaginez, si vous avez dix-sept ans, ça veut dire que vous n'avez connu que ça. Que ça ! Au-delà de ce qu'on est quand on est militant, même en tant qu'intellectuel qui réfléchit, j'estime qu'il faut ressentir la vie des autres comme si c'était la sienne propre. Alors, quand on est médecin, on peut essayer de les aider en tant que médecin. C'est un choix estimable. L'autre choix, c'est de se dire que ce monde peut être changé et que pour cela il faut des gens pour qui cette cause, c'est leur vie... »*

Ressentir la vie de ceux qui souffrent comme la sienne propre. Se mettre à leur place, prendre soin d'eux, tout faire pour leur venir en aide, et même éliminer le mal à la racine : telle serait donc la tâche de ceux qui ont le savoir. Mais voilà, tous les intellectuels ne se sentent pas investis de cette mission, loin s'en faut, pas plus qu'ils n'ont envie de guérir le monde comme un médecin son malade. Tous ne sentent pas requis par la souffrance de leurs semblables. Et autant les militants de LO placent leurs espoirs dans la capacité d'intervention des gens de culture, autant ils doivent se rendre à l'évidence : ceux qui pourraient sauver le monde sont bien souvent les mêmes qui y songent le moins. Car loin de se rallier à ceux d'entre eux qui ont conçu le programme de révolution socialiste et prolétarienne, l'écrasante majorité des intellectuels leur opposent une hostilité indéfectible : « Il n'y a pas seulement l'intelligentsia européenne dans son ensemble, mais aussi sa progéniture estudiantine qui ne montre décidément aucune propension au socialisme. Entre le parti des ouvriers et la masse des étudiants, il y a un mur », déplorait déjà Trotski lui-même dans un article intitulé « Les Intellectuels et le socialisme ».

Publié une première fois en 1910, au sein d'une revue de marxistes russes exilés en Autriche, ce texte constituait la réponse de Trotski à Max Adler, un dirigeant socialiste autrichien. Celui-ci venait de publier un exposé plutôt optimiste quant aux perspectives du mouvement ouvrier parmi la jeunesse universitaire, et le futur dirigeant bolchevik prenait donc la plume pour lui opposer ce constat désenchanté : c'est en vain que serait mené le « combat pour influencer les étudiants ». Décrivant la résistance croissante des intellectuels aux idées marxistes, Trotski marque l'impossible « fraternisation entre universitaires et ouvriers », et l'inexorable propension des écrivains, avocats et autres médecins à privilégier la carrière en mettant leurs talents au service des puissants. Le programme révolutionnaire « leur reste un livre fermé de sept sceaux », conclut-il, et cette « incompréhension funeste », dont on entrevoit aisément les racines sociales, est chaque jour plus manifeste.

Au début du XXIe siècle, cet article fait toujours partie de la littérature diffusée par les membres de Lutte ouvrière. Lesquels ont tenu à le traduire et à l'éditer eux-mêmes, sous la forme d'une mince brochure régulièrement réimprimée et proposée à chacune de leurs interventions publiques – fête, meetings, conférences[1]... Au vrai, parmi les groupes trotskistes français, LO est sans doute celui qui se méfie le plus des « intellectuels », précisément parce que c'est aussi

1. Léon Trotski, *Les Intellectuels et le socialisme*, brochure éditée par Lutte ouvrière, sans date.

celui qui en attend le plus. Méditant sans cesse la mémoire des défaites populaires et des révolutions manquées (depuis la « dégénérescence » stalinienne jusqu'aux impasses de la révolte coloniale), l'organisation d'Arlette Laguiller en attribue toute la responsabilité à la lâcheté des clercs et à leur défection renouvelée : « La catégorie sociale qui a failli à sa tâche au cours des décennies passées est bien plus celle des intellectuels que le prolétariat », peut-on lire dans un texte adopté en 1994 au congrès de LO. « C'est essentiellement l'intelligentsia qui n'a pas joué, durant les décennies précédentes, le rôle qui devait être le sien », répète encore l'auteur anonyme de cette contribution, quelques lignes plus loin [1].

Il y a ici un paradoxe. De cette démission des clercs, en effet, Trotski lui-même avait depuis longtemps signalé le caractère inéluctable, dans un article bien connu des lecteurs de LO. Dès lors, pourquoi y revenir encore et encore, pourquoi s'obstiner à lui consacrer tant de pages ? Les militants de Lutte ouvrière semblent avoir du mal à se faire une raison : une grande partie de leur énergie demeure vouée à l'impossible reconquête des intellectuels... et à l'expérimentation pathétique de leur (éternelle) trahison.

C'est qu'à l'origine de LO, il y a un étudiant. Et donc une déception. L'étudiant : « Barta, intellectuel d'origine petite-bourgeoise », ainsi que le fondateur se présentait lui-même dans un courrier en 1976 ; et une « défection », comme le rappelaient les dirigeants de LO quelques mois plus tard, au moment même où leur ancêtre revendiqué disparaissait : « Il a prati-

1. « La situation du mouvement ouvrier révolutionnaire », repris in *Lutte de classe*, n° 11, décembre 1994. Récemment, le principal dirigeant de LO a pu établir ce raccourci saisissant : « Il y a bien longtemps, Trotsky écrivait que "la crise de l'humanité se réduit à la crise de la direction révolutionnaire". Et la crise de la direction révolutionnaire, c'est avant tout la défaillance des intellectuels de gauche ». Voir Robert Barcia, alias Hardy, *La véritable histoire de Lutte ouvrière*, *op. cit.*, p. 322.

quement cessé de militer en 1950. [...] Barta a pratiquement pris sa retraite à trente-cinq ans. [...] Sa mort nous attriste et nous peine, mais c'est il y a vingt ans que nous avons pleuré notre camarade, notre dirigeant disparu[1]. » Dieu sait qu'ils l'avaient aimé, pourtant, ce petit-bourgeois venu de Roumanie. Avec Louise et quelques autres, Barta avait tenu. Des livres, des brochures, un paquet de bulletins : sous l'Occupation, et jusqu'à la fin, *La Lutte de classes* était parue. Rien que pour ça, Barta en imposait. Lui seul savait : « Il était le plus âgé, le plus expérimenté, celui qui avait, de très loin, une culture et une stature politiques supérieures aux autres. C'est par ses capacités qu'il rencontrait l'acquiescement de tous. [...] Son autorité et son crédit reposaient sur ses qualités intellectuelles... », se souvient Hardy, le chef historique de LO, qui a connu Barta à la Libération.

Mais voilà, au début des années 1950, Barta a lâché. De la grande grève Renault de 1947, qu'il avait orchestrée d'une main de maître, il était sorti plus isolé que jamais. Alors il a douté, il a désespéré des travailleurs, perdant pour ainsi dire la foi : « Barta n'était plus le même homme. Il ne croyait plus [...] aux idées qu'il avait défendues jusqu'alors [2]. » Quand il est mort à la révolution, leur père revendiqué n'avait pas atteint la quarantaine. En se retirant ainsi, Barta semblait abandonner le prolétariat à ses maux. Lui qui apparaissait comme un docteur en Révolution renonçait à utiliser sa science pour soulager l'humanité de ses souffrances. Telle est la déchirure fondatrice que les dirigeants de LO devront endurer, le traumatisme qu'ils ne finiront jamais de conjurer.

Ce mal singulier, qui consiste à désespérer du pro-

1. Cité in Barta, *Lettres à un jeune camarade*, *op. cit.*, p. 40 et 57.
2. Robert Barcia, alias Hardy, *La véritable histoire de Lutte ouvrière*, *op. cit.*, p. 106 et 146.

létariat, Trotski et Lénine l'avaient déjà diagnostiqué comme une pathologie propre aux intellectuels défaillants. Et Hardy lui-même ne se prive pas de poser l'équation « intellectuel égale trahison ». Ainsi oppose-t-il la « retraite » précoce du théoricien Barta à l'engagement constant d'un Pierre Bois, qui animait de l'intérieur la grève des usines Renault en 1947, et qui sera l'un des cofondateurs de Lutte ouvrière : « Pierre Bois était un ouvrier et pas un intellectuel. Il était évidemment beaucoup moins compétent politiquement que Barta, [...] c'était un militant ouvrier, ayant le sens des intérêts de sa classe sociale, capable de se dévouer, de s'entourer, et de susciter l'enthousiasme autour de lui [...]. Et la principale différence est que Barta a pratiquement cessé de militer en 1949-1950 [...], alors que Pierre Bois a milité pendant plus de soixante ans sans interruption, activité que seule la mort a interrompue. » Barta, lui, était-il atteint par cette dégénérescence, fréquente chez les militants intellectuels, qu'on appelle l'arrogance du lettré ? Ses facilités théoriques ont-elles fait basculer ce dirigeant communiste dans un élitisme dédaigneux ? C'est en tout cas ce que Hardy semble insinuer : « Il faut dire que Barta avait une attitude assez choquante envers les autres camarades. Il utilisait parfois des formules du genre : "Il faut que les camarades réfléchissent, mais évidemment chacun ne peut le faire que selon ses moyens"[1]. »

Un étudiant plutôt doué ; un militant intransigeant et discipliné, rompu à toutes les méthodes de la clandestinité ; un dirigeant révolutionnaire à l'autorité irrécusable, apte à raisonner à l'échelle internationale comme à diriger une grande grève : Barta était tout cela à la fois, et les fondateurs de Lutte ouvrière ne lui

1. Robert Barcia, alias Hardy, *La véritable histoire de Lutte ouvrière*, *op. cit.*, p. 156-57 et 141.

ont jamais contesté ces talents. À leur manière, ils lui ont rendu hommage, comme on salue l'exemplarité d'un père tout en pointant sa déchéance finale. Car, à leurs yeux, il a déserté. Or cette démission précoce leur apparaît clairement, non comme un fait de circonstance (reculs politiques, défaites ouvrières...), mais comme une défaillance personnelle. Pour eux, ce sont les qualités mêmes de Barta qui devaient le conduire à sa perte. Chez un révolutionnaire, la profondeur de vue menace toujours de tourner à la démoralisation (les travailleurs sont incapables de sauver le monde), voire au mépris (tous des nuls)[1].

Cette dérive prétentieuse, cette hypertrophie du moi, les dirigeants de LO ne cesseront plus de le dénoncer. Ainsi, au début des années 1970, lorsque Barta rédigera un texte en forme de « mise au point » sur les étapes de son itinéraire militant, on verra Hardy, Arlette Laguiller et leurs amis railler impitoyablement, chez leur « fondateur » revendiqué, la « démangeaison historienne [qui] est, semble-t-il, un prurit fréquent de la retraite »... De même, lorsque Barta manifestera son irritation de voir ses propres écrits réédités par LO, sous forme anonyme, sans aucune mention le concernant, Hardy moquera son « besoin puéril » d'être cité : « Lorsque nous apprenons à nos camarades à ne pas avoir d'amour-propre d'auteur, à ne signer qu'avec détachement, souvent les uns pour les autres, nous leur apprenons à laisser à la porte l'individualisme et à n'avoir d'amour-propre que de parti[2]. »

À Lutte ouvrière, on est prié de laisser son narcissisme au vestiaire. Bien sûr, la révolution a besoin

1. Plus tard, Barta expliquera ainsi sa décision de ne jamais renouer avec Hardy et les siens : « Je me suis heurté aux mêmes difficultés qu'avant : le manque d'"horizon" socialiste véritable, disons-le, de culture (car il n'y a pas de dirigeants socialistes sans culture véritable) ». Cité in *Lettres à un jeune camarade*, *op. cit.*, p. 17.

2. *Ibid.*, p. 43 et 48.

d'intellectuels, mais gare à l'égotisme sorbonnard ! Contrairement à la LCR, dont les militantes et les militants ont été nombreux à publier tribunes de presse et livres de haute tenue (pensons par exemple à Bensaïd, à Habel, à Löwy...) ; contrairement aussi au groupe Lambert, où sont nées plusieurs vocations de chercheurs (en histoire, notamment, avec Stora, Broué, Marie...), Lutte ouvrière n'a pas produit un seul auteur identifiable. Ni les exposés historico-politiques du Cercle Léon Trotski, diffusés sous forme de brochures multicolores, ni les articles de la revue *Lutte de classe* ne sont signés. Et jusqu'à ce que Hardy publie son propre ouvrage, en 2003, la seule signature attachée à cette organisation n'en était même pas réellement une, puisque les discours, les éditoriaux et les livres signés « Arlette Laguiller » ne sont pas écrits de la main de la célèbre porte-parole, mais corédigés par la direction [1].

Un ou une intellectuel(le) digne de ce nom peut-il (elle) renoncer à contre-signer un texte, à s'en déclarer garant, c'est-à-dire responsable en propre ? Non seulement c'est possible, mais c'est une nécessité, répondent les dirigeants de Lutte ouvrière, qui s'efforcent de vacciner leurs nouvelles recrues lycéennes et étudiantes contre l'individualisme de plume, ce virus « petit-bourgeois ». Et sur ce point, Michel Rodinson est un témoin idéal. Membre dirigeant et permanent salarié de l'organisation, il est notamment gérant de l'hebdomadaire *Lutte ouvrière*. Comme tel, son patronyme est presque le seul à apparaître dans l'« ours » du journal. Surtout, il est le fils de Maxime Rodinson, intellectuel de renommée internationale. Et lorsqu'il raconte sa prise de conscience politique, il évoque spontanément l'influence de ce père à la fois érudit

1. Aux « camarades intellectuels » qui seraient tentés de publier un livre, on fait vite comprendre que ce ne serait ni un bon signe ni une bonne idée. Ceux qui en ont témoigné devant nous n'ont accepté de le faire que sous couvert d'anonymat.

et engagé, qui avait commencé par gagner sa vie comme garçon de courses, et qui était devenu, dans le monde savant, ce qu'on appelle un « grand nom ».

Historien et sociologue, éminent spécialiste du monde arabe, Maxime Rodinson était issu d'une lignée de Juifs russes et communistes immigrés en France : son père, qui avait joué aux échecs avec Trotski en 1920, disparaîtra une vingtaine d'années plus tard, avec sa femme, à Auschwitz. D'abord membre du PCF (il en est exclu en 1957), Maxime Rodinson sera toujours et surtout un fervent militant anticolonialiste, et son fils Michel a manifestement hérité de cette fibre-là. En effet, avant de rejoindre ses futurs camarades de LO (alors Voix ouvrière), c'est dans les meetings contre la guerre d'Algérie, à la fin des années 1950, que le lycéen a connu ses premières rébellions : *« J'ai grandi dans les milieux petits-bourgeois, intellectuels, proches du Quartier latin si on veut... Mon père avait connu le mouvement communiste pendant la Seconde Guerre mondiale, au Liban, et j'ai baigné dans un milieu communiste »*, nous a confié Michel Rodinson.

Au moment de l'entretien, le père de celui-ci préparait la publication de ses mémoires. Dès lors, se posait la question : fallait-il considérer qu'en retraçant ainsi son parcours de révolte et d'idées, le vieux Maxime Rodinson était rattrapé, lui aussi, par la fameuse « démangeaison historienne » ? L'homme de culture et d'engagement cédait-il au « besoin puéril » d'être cité, voire de se citer lui-même, pour satisfaire son « amour-propre d'auteur »[1] ? Pour les dirigeants de LO, la réponse allait de soi. Mais pour son fils, qui

1. « Si les Mémoires [...] prolifèrent plus que jamais, si même tant de gens s'en délectent, il doit bien y avoir à cela des raisons, et peut-être que certaines ne sont pas si mauvaises. En tout cas, du point de vue égoïste de l'auteur, ils sont une tentation à laquelle il est bien agréable de succomber... », a-t-il glissé dans son livre de souvenirs, intitulé *Mémoires d'un marginal*, et publié quelques mois après sa mort (Paris, Fayard, 2005, p. 18).

est aussi l'un d'entre eux, qu'en était-il ? Lorsque nous l'avons interrogé sur le sujet (la place des « intellectuels » dans le mouvement ouvrier), Michel Rodinson n'a pas semblé faire le lien avec l'itinéraire de son père, ancien militant communiste et érudit mondialement connu. Il s'est contenté de réaffirmer le « credo » de ses camarades en la matière : comme les « compagnons de route » du stalinisme en ont donné une nouvelle illustration, les intellectuels sont rarement les premiers à exercer un réel esprit critique. Même et surtout lorsqu'ils se réclament de la révolution, ils ont tendance à sombrer dans un opportunisme vaniteux :

> *« La plupart du temps, cette couche sociale a joué un rôle pionnier plutôt dans le reniement que dans la volonté d'aider la classe ouvrière à clarifier ses idées. Nous, oui, on a besoin de jeunes intellectuels qui rompent avec toute perspective de carrière, et qui apprennent à se lier aux jeunes travailleurs. Des cadres qui connaissent l'histoire, qui forment les jeunes ouvriers. Mais ceux qui ont choisi le camp des révolutionnaires sont souvent les moins fiables... Alors, on a appris à nos camarades à ne pas trop se prendre pour des théoriciens. Je crois qu'aucun des grands intellectuels du mouvement ouvrier n'avait vraiment la prétention d'être un théoricien. C'est l'histoire qui a démontré qu'ils en étaient. Vous savez, Marx a commencé par écrire le* Manifeste communiste *: une petite brochure écrite pour une petite organisation, et pour défendre les quelques idées auxquelles il était parvenu avec son ami Engels. Ce n'était pas un ouvrage à grande prétention théorique... »*

Le propos était inattendu, et assez surprenant. N'en croyant pas nos oreilles, nous avons d'ailleurs signalé à Michel Rodinson que nous n'étions pas tout à fait sûrs d'avoir compris, avant de lui demander s'il voulait bien se donner la peine de répéter... Mais il fallait se rendre à l'évidence : à LO, où la lecture est collectivement planifiée et l'instruction soigneusement encadrée, on peut appartenir au premier cercle dirigeant et affirmer qu'à l'instar de tous les révolutionnaires authentiques, Karl Marx n'avait guère de « prétention théorique », et que le *Manifeste*, son « premier » livre, était d'abord un texte pratique destiné à nourrir le combat d'un parti embryonnaire.

Bien sûr, Michel Rodinson savait parfaitement qu'il n'en était rien. Pour le vérifier, il suffit de piocher dans le corpus bibliographique de Lutte ouvrière, et de consulter la biographie de Marx que tous les membres de ce courant sont très tôt invités à assimiler. Signée Boris Nicolaïevski et Otto Maenchen-Helfen, intitulée *La Vie de Karl Marx. L'homme et le lutteur*, elle est parue une première fois en 1933, à Berlin. Et si ce grand classique est encore privilégié aujourd'hui par les pédagogues de LO, c'est justement parce qu'il met l'accent sur le Marx de la maturité, communiste intransigeant et « stratège de la lutte des classes ». Mais le même livre n'en décrit pas moins la période de formation du penseur : on y apprend donc qu'avant de professer le matérialisme historique et d'écrire le *Manifeste* (1847), Marx avait goûté l'ivresse de la philosophie la plus « idéaliste » qui soit. Qu'en outre il avait signé plusieurs textes pour le moins ardus, dont la visée théorique ne fait aucun doute. Et qu'enfin cet étudiant, tour à tour poète, juriste, dialecticien, journaliste et militant n'était pas le dernier, loin s'en faut, à contempler avec délectation sa propre signature [1].

1. Le jeune intellectuel, qui n'avait pas vingt ans, n'avait-il pas proclamé, dans une lettre à son père, que « sans un système philosophique, on ne pouvait venir à bout de rien » ? Voir Boris Nicolaïevski et Otto Maenchen-Helfen, *La Vie de Karl Marx*, Paris, Gallimard, 1970, p. 47. Parmi les textes écrits avant le *Manifeste*, citons sa thèse de doctorat, *Différence de la philosophie de la nature chez Démocrite et Épicure*, mais aussi *Introduction à la critique de la philosophie du droit de Hegel*, ou encore *La Sainte Famille, ou critique de la critique*. Ce dernier livre était cosigné avec Engels, qui « jouissait d'une situation littéraire tout à fait respectable ». Marx y réfutait ses ex-compagnons « hegeliens de gauche », ne reculant devant aucun raffinement théorique, comme le notent encore ses biographes : « Presque pour l'amour de l'art, il élargit la polémique avec ces jongleurs d'idées, et il donna une telle exten-

Alors, comment comprendre le discours de Rodinson, et son improbable portrait de Marx en propagandiste obscur, d'emblée rétif aux abstractions, tout entier tourné vers l'action concrète ? C'est que Michel Rodinson, comme l'ensemble de ses camarades, est obsédé par la « dégénérescence antirévolutionnaire de l'intelligentsia », ce syndrome jadis repéré par Trotski. Certes, il n'ignore pas que le marxisme est une invention d'intellectuels, ni que pour triompher il doit trouver des jeunes lettrés qui se mettent au service du monde ouvrier. Mais il a aussi conscience que la classe cultivée met de préférence « sa capacité de généralisation théorique, la souplesse et la mobilité de sa pensée, en un mot, son intellectualité » au service des puissants[1]. Y compris lorsque ces dominants se réclament des opprimés : dans l'ex-empire soviétique, les pouvoirs soi-disant « socialistes » ont parfaitement su exploiter la soif de reconnaissance qui tourmente les clercs. En France même, afin de conforter son hégémonie sur le mouvement ouvrier, et de faire circuler ses mensonges à travers la société, le Parti communiste n'a-t-il pas usé et abusé du prestige que lui conféraient ses innombrables « compagnons de route » ? Et ceux-là n'y trouvaient-ils pas leur compte, qui bénéficiaient en retour d'un puissant relais culturel (journaux, revues, maisons d'édition...), propre à favoriser leurs ambitions ? On comprend que parmi les militants révolutionnaires qui ont assisté, aussi isolés qu'effarés, aux épousailles du stalinisme et du tout-Paris, la méfiance envers les « beaux parleurs » soit devenue un principe de précaution. Ainsi, pour avoir connu le régime dit des « démocraties populaires » dans la Hongrie des

sion à l'ouvrage [...] que le livre eut finalement plus de trois cents pages. » (*ibid.*, p. 117).

1. Léon Trotski, *Les Intellectuels et le socialisme*, *op. cit.*, p. 11 et 17.

années 1950, Georges Kaldy ne décolère pas à l'égard des femmes et des hommes de culture qui ont invoqué les Lumières et le progrès à seule fin de blanchir les crimes du Kremlin. Reste que pour lui comme pour les autres dirigeants de LO, la « défaillance » des intellectuels n'était pas vraiment une surprise :

> *« Les intellectuels sont là pour comprendre et pour transmettre les idées. Mais globalement, ce n'est pas une catégorie sociale dont on attend des merveilles, parce qu'ils ont toujours été au service du pouvoir établi. Et le problème des idées communistes, c'est que depuis la génération d'Octobre, non seulement il n'y a pas eu des gens pour les transmettre, mais il y a en eu qui ont sciemment transmis autre chose. Qu'est-ce qui a forcé quelqu'un comme Aragon à écrire des lignes dégueulasses à la gloire de Staline ? Et Sartre ? Pourquoi cette lâcheté ? Eux pouvaient comprendre, lire, y compris à la Bibliothèque nationale ! Pendant des années, le PCF a misé là-dessus vis-à-vis des ouvriers : si Aragon, Sartre, Picasso le disent, c'est que c'est vrai... Et ce genre d'intellectuels, du point de vue de la transmission, c'est pire que la peste. André Gide n'était pas un révolutionnaire, mais lui, au moins, il disait la vérité. Il a raconté ce qu'il a vu* [à son retour d'URSS]. *Et nous, on a les intellectuels qu'on a, ce sont de petits intellectuels, mais au moins nous avons l'exigence qu'ils transmettent la vérité. Et quand ils voient que c'est de telle couleur, ils disent que c'est de telle couleur. »*

La « peste ». Voici donc une première maladie repérée par l'urgentiste Kaldy, à même le corps de sa tradition. Tout au long de la période stalinienne, une masse de bons esprits se sont réclamés de la révolution tout en apportant crédit et légitimité à ses fossoyeurs les plus sanglants. Certains ont donné dans la servilité haineuse ; d'autres ont été instrumentalisés, plus ou moins consciemment, par le régime de Moscou. Cette « peste »-là a eu des conséquences dramatiques, et les séquelles en restent visibles un peu partout aujourd'hui. Aussi néfaste qu'elle ait été, pourtant, elle n'en a pas moins laissé indemne une rébellion résiduelle, qui tentait de maintenir sa pureté originelle pour préparer les lendemains de l'épidémie. Mais il est un autre mal, bien plus perfide, qui est encore beaucoup plus dangereux. Cette pathologie n'a pas attendu le stalinisme pour se manifester, et elle lui survivra longtemps. C'est un processus de corruption qui attaque la promesse révolutionnaire non pas après-coup, à la manière d'une infection, mais très en amont, à la racine de l'espérance. Après d'autres, Georges Kaldy a nommé cette maladie *« rougeole »*, pour désigner sous ce nom une rougeur passagère, sans lendemain, où la révolte se réduit à un simple accès de fièvre : *« À dix-huit ans, on casse tout, puis à vingt-deux on se marie, on trouve un boulot, et c'est fini...*

À ce mal particulier, on l'aura compris, certains sujets apparaissent plus exposés. Dans la nosographie marxiste, on a coutume de les nommer « intellectuels petits-bourgeois ». Ceux-là faiblissent, ceux-là trahissent plus vite que les autres, et leurs démissions réitérées ont entraîné vers l'abîme toute l'humanité. Comment expliquer ce phénomène ? Par un déterminisme social, bien sûr. Après s'être donné le frisson, la plupart de ces jeunes gens retournent là d'où ils viennent : à la classe dominante, à ses normes, à sa solde. Il est pourtant une variante plus mystérieuse de la rougeole, qui donne des cauchemars aux fondateurs de Lutte ouvrière. Appelons-la le « syndrome Barta ». Les manifestations en sont simples, nous les avons déjà circonscrites : Barta, le dirigeant hors pair, a précocement succombé au « pessimisme réactionnaire ». Et on ne saurait élucider ce renoncement en invoquant une volonté de se « ranger », de faire « carrière ». C'est d'autant plus troublant, répétons-le, que Barta était un révolutionnaire intransigeant, ayant cœur de préserver le mouvement prolétarien de toute influence nocive. Dans le manifeste organisationnel de son groupe, sous l'Occupation, il avait justifié sa rupture avec les autres courants trotskistes en déplorant leur « composition petite-bourgeoise ». Bien plus, il avait expliqué la faiblesse de la IVe Internationale en soulignant que ses « idées ont été adoptées surtout par des intellectuels manquant de véritables traditions communistes... », pour appeler à la renaissance d'un authentique parti de tradition léniniste, qui permettrait la « rupture complète de tous les liens avec la morale bourgeoise »[1]. Moins d'une décennie plus tard, Barta était déjà exténué, miné par une sorte d'anémie morale et politique. Par la suite, quelques-uns de ses camarades continueront à se réclamer de lui, prétendant relever le drapeau qu'il n'avait plus la force de porter. Or, dans leur esprit, le « renoncement » de leur fondateur sera toujours corrélé avec ses dons pour la théorie.

Tel est donc le syndrome Barta, tardif avatar de la « rougeole » petite-bourgeoise : le militant intellectuel est d'autant moins fiable qu'il est plus brillant. Aussi les fondateurs de Lutte ouvrière se sont-ils persuadés que leur mouvement devait encore renforcer ses défenses immunitaires, et soumettre ses jeunes recrues à une authentique politique de prévention. S'il ne peut se passer d'étudiants, pensent-ils, le parti révolutionnaire doit les sélectionner rigoureusement. Et privilégier, sinon les mauvais éléments, du moins ceux qui semblent sains de corps et d'esprit, c'est-à-dire qui n'ont pas la « grosse tête ». De façon systématique, il s'agira alors de leur apprendre à rester modestes, à garder les pieds sur terre. Gare aux rêveurs, aux ratiocineurs et autres coupeurs de cheveux en quatre !

Une maladie, ça se traite. Et un intellectuel, ça se soigne. Les dirigeants de LO veulent le croire,

1. David Korner (Barta), « Rapport sur l'organisation, juillet 1943 », *op. cit.*, p. 9 et 13.

encore aujourd'hui. Tout comme Trotski l'affirmait lui-même, selon le témoignage d'un de ses plus proches compagnons, l'ancien surréaliste Pierre Naville, qui a rapporté les douloureuses séances de dépistage auxquelles le « Vieux » soumettait ses fidèles : « Je ne sais s'il est possible de faire comprendre ce que chez les bolcheviks, comme chez Marx, on appelle *petits-bourgeois*, ou le genre *philistins.* [...] La satisfaction de soi, la phrase... L'intellectuel est par définition un petit-bourgeois. L.D. [Trotski] est lui-même un révélateur chimique extrêmement sensible de tout ce qui est petit-bourgeois chez autrui. Un jour, voulant vaincre une de mes résistances, il me dit dans un chuchotement, en saisissant un bouton de ma veste : *Tenez, Pierre, voilà un intellectuel petit-bourgeois.* [...] J'en avais les larmes aux yeux. Je réplique : Si c'est vous qui le dites, que puis-je répondre ?... *Eh bien, cela se corrige*[1]... »

Oui, mais comment ? D'abord en changeant d'air, et en se mettant au contact direct avec le monde ouvrier, répondent les docteurs Hardy et Kaldy. Aussi le lycéen recruté par leurs soins ne devra pas se contenter de faire la révolution en chambre. Très vite, il sera plongé dans un environnement social qui différera profondément de celui qu'il aura connu jusqu'alors. Au sein de l'organisation comme dans son activité quotidienne, tout sera mis en œuvre pour l'obliger à rompre avec ses anciens horizons et avec son propre « individualisme ». Ventes de journaux sur les marchés, porte-à-porte dans les cités, caravanes itinérantes, chaque été, à travers le pays, ou encore fabrication et diffusion de tracts devant les usines : couchant sur le papier les « échos d'entreprise » ou se heurtant aux difficultés du militantisme dans les banlieues sinistrées, le jeune devra apprendre à « se

1. Pierre Naville, *Trotsky vivant, op. cit.*, p. 79-80.

lier concrètement » aux travailleurs, à être de plain-pied avec eux, bref à ressentir la vie des exploités « comme si c'était la sienne propre ».

Parmi ces remèdes censés préserver de la « rougeole », il faut faire un sort particulier à une expérience menée par LO à partir des années 1990 : l'envoi volontariste d'étudiants au sein des foyers de jeunes travailleurs. Durant cette période, en effet, des dizaines de militants « d'origine petite-bourgeoise » sont exhortés à se débrouiller pour y rentrer, à coups de CV et de certificats bidons. Souvent recrutés lors du mouvement contre le projet de réforme universitaire Devaquet (1986), alors que beaucoup d'entre eux étaient encore lycéens, ces étudiants ont pour mission de gagner, si possible, leurs voisines et voisins de foyers. Mais surtout de les « éveiller » peu à peu à une forme de révolte sociale, voire simplement à un univers culturel. Sans masquer leur identité militante, et sans se mettre une fausse casquette de « prolétaire » sur la tête, ils privilégieront donc les sorties (pièces de théâtre, concerts, musées...) sur les interventions directement politiques, afin de susciter des discussions diverses et informelles, sur le mode de la rencontre amicale.

Pour le jeune militant qui effectue ce travail, il s'agit de trouver les mots, les gestes propres à instaurer une relation de confiance. Et si le choc de cette transplantation est délibérément brutal, c'est pour le rendre salutaire. En atteste Hervé Lagadec, qui a *« fait le boulot foyer »* pendant un certain temps. En 1982, lorsqu'il est « accroché » par les militants de Lutte ouvrière, Lagadec est encore élève de classe préparatoire au lycée Condorcet, à Paris, et il s'apprête à devenir ingénieur. Issu d'un milieu assez peu politisé, il a connu ses premiers élans d'enthousiasme l'année précédente, au moment où un socialiste était élu président : *« Je fais partie de la génération des jeunes qui a tapé dans ses mains, avant même que la tête de Mitterrand ne s'affiche sur l'écran de la télévision, rien qu'en voyant celle du présentateur, qui était particulièrement déconfite... »*, sourit-il aujourd'hui.

Au même moment, et sans être encore engagé dans quelque mouvement que ce soit, Lagadec prend partie pour les jeunes indépendantistes de l'Armée républicaine irlandaise (IRA), parmi lesquels le député Bobby Sands, vingt-sept ans, enfermés par le gouvernement anglais de Margaret Thatcher, et qui mourront après soixante-dix jours de grève de la faim : *« À l'époque, je me baladais avec un badge de l'IRA dans mon portefeuille ! Il y avait eu les dix morts des grèves de la faim, j'avais vu un film qui donnait envie de se bagarrer contre l'occupation militaire, et je me sentais proche de ce type de mouvement »*, se souvient-il encore, avant de raconter comment ses discussions avec les membres de LO lui ont peu à peu fait découvrir les idées marxistes. Bientôt, l'élève de « classe prépa » décide de rejoindre le groupe d'Arlette Laguiller, et il *« se frotte »* alors à des militants dont les origines sociales sont très différentes des siennes. Dans les cités ou devant les usines, il se mêle au monde ouvrier. Tout au long de l'année, au cœur d'un « foyer », Hervé Lagadec apprend auprès des jeunes travailleurs, attentif à leurs difficultés, à leur douleur aussi :

> *« Moi j'ai fait ce boulot dans un foyer de Bagneux. On est entrés à quelques camarades, tous étudiants à l'époque. On essayait de s'adresser à de jeunes travailleurs en leur posant les problèmes de l'avenir de l'humanité. Ça passe par toutes sortes de lectures, des romans, des sorties scientifiques et culturelles, parce qu'on ne milite pas sans culture. Et il fallait aussi se mettre à l'écoute de jeunes travailleurs qui étaient capables de nous faire toucher du doigt ce que c'est que l'exploitation aujourd'hui... L'exemple qui me vient à l'esprit, c'est celui d'un gars qui travaillait dans la soudure, et qui s'était aperçu, à la visite médicale, qu'il avait certains problèmes de santé, des problèmes respiratoires, parce que dans la boîte où il bossait, sans protection, sans rien,*

il inhalait à longueur de journées des substances qu'il n'aurait pas dû... Bon, des choses comme ça, s'apercevoir qu'à la fin du XXe siècle, c'est encore ce que des gars de vingt, vingt-cinq ans vivent au quotidien, je crois que c'est une expérience qui renforce des militants. »

Et qui réincarne les idées. Lorsque la direction de Lutte ouvrière décide de plonger ses étudiants au sein de foyers ouvriers, son objectif n'est donc pas seulement de gagner de nouveaux travailleurs aux idées trotskistes (de ce point de vue, l'expérience des « foyers » se révéla d'ailleurs assez décevante). Elle tente également, et, peut-être d'abord, de *« renforcer »* ses militants « d'origine petite-bourgeoise ». C'est-à-dire de les endurcir afin qu'ils se « corrigent ». Pour ceux-là, les séjours en « foyer » s'apparentent à quelque chose comme une cure préventive, destinée à contrecarrer leurs tendances spontanées.

Bilan sanitaire : les militants de LO se considèrent comme des médecins qui savent déchiffrer les symptômes de leur malade, et quelle médication lui prescrire. Mais contrairement à ce qu'on croit souvent, leur priorité n'est pas tant d'apaiser les maux du prolétariat (un esprit sain dans un corps sain) que de juguler les tares congénitales de l'intellectuel (forcément décadent). Ce faisant, les urgentistes de la révolution sont parfaitement fidèles à l'esprit de Trotski, qui avait assuré que la jeunesse lettrée, quel que soit l'héroïsme dont elle est capable ponctuellement, est vouée à retourner à la classe d'où elle vient : « Et c'est naturel, c'est inévitable... », avait marqué le chef révolutionnaire, faisant de la défaillance des clercs une malédiction pathologique, et certifiant que « toute tentative d'en venir à bout par des moyens littéraires et théoriques se trouve, par sa nature même, condamnée d'avance »[1]...

1. Léon Trotski, *Les Intellectuels et le socialisme*, *op. cit.*, p. 15 et 7.

Si l'on garde en tête ce diagnostic de Trotski (la plaie, c'est l'intellectuel), on saisira peut-être ce qu'il en est vraiment de la clinique pratiquée par les docteurs de Lutte ouvrière. Aussi faut-il redonner la parole au plus « scientiste » d'entre eux, Georges Kaldy, et prendre garde à ce qui se dit ici, entre les lignes, dans sa tentative de fonder en raison l'analogie médecine-révolution :

> *« La révolution relève de la science, mais ce n'est pas une science naturelle. Il y a un côté plus approximatif. Comme en médecine, on ne peut pas forcément prévoir les délais ni les conséquences. On tâtonne. Et la médecine, c'est une continuité : des enseignants transmettent ce que les générations précédentes ont appris. C'est pareil pour nous. Maintenant Trotski n'est plus là pour nous conseiller. Et on n'a pas hérité des médecins de la génération précédente, qui pouvaient expliquer comment faire une opération à cœur ouvert. Mais on a au moins gardé les bouquins, on peut essayer avec notre tête, répéter le geste qu'on voit sur les photos. Un médecin, plus il a lu, plus il est compétent, plus il sera à même de vous guérir, de vous interroger avec des mots simples. »*

Quelques mots simples et deux ou trois bouquins. Le fondateur a depuis longtemps été assassiné, les grands aînés aussi sont morts, mais les trotskistes ont hérité d'un savoir-faire élaboré. Même imparfaite, même dégradée, cette compétence partagée leur donne assez d'assurance pour aller porter le fer dans la plaie : avec méthode, ils essaient d'opérer. Sur le billard, en réalité, le malade sera toujours le même : l'intellectuel. Identique aussi, le but de l'intervention : procéder à l'ablation des organes qui sécrètent l'arrogance (théorique), extirper également cette tumeur maligne qu'on nomme « l'amour-propre d'auteur » (signature, notes en bas de pages...), bref tuer dans l'œuf le petit-bourgeois qui sommeille en chaque Barta.

Attention toutefois aux délais impartis. Il faut faire

vite, et ne pas laisser passer le moment critique, d'incertitude et de maturation, où l'intellectuel est vraiment « opérable ». C'est-à-dire au cours de ses études universitaires : « Pendant cette période, tout en lui fermente, ses préjugés de classe sont aussi peu fixés que ses choix en matière d'idées, les questions de conscience se dressent devant lui avec une force toute particulière, son esprit s'ouvre pour la première fois aux grandes généralisations scientifiques, l'extraordinaire est presque un besoin physiologique pour lui. Si le collectivisme est réellement capable de s'emparer de son esprit, alors c'est maintenant », s'était déjà enthousiasmé Léon Trotski, avec des accents rousseauistes[1]. Actualisant cette leçon pour la radicaliser, les docteurs de LO ont encore avancé l'échéance : à leurs yeux, c'est seulement au lycée, quand le jeune intellectuel n'a pas encore trop de fils à la patte, que leur intervention a une chance de succès.

« Bonjour, je suis communiste révolutionnaire, tu t'intéresses aux problèmes de la société ? » : c'est souvent par cette formule que les membres de LO abordent leur patient potentiel. Volontairement rudimentaire, elle permet d'effectuer un premier tri et d'écarter les « incorrigibles », qui forment une écrasante majorité. Une fois « accroché », le lycéen est invité à poursuivre la discussion dans un café. S'il est séduit, le « contact » se trouve bientôt « pris en liaison ». Commence alors un processus thérapeutique qui fait alterner lectures orientées et tête-à-tête réguliers, au cours desquels il s'échange bien plus que des idées. On y commente tel livre d'histoire (1789, la Commune de Paris...), ou tel événement d'actualité (la guerre du Golfe, les grèves de décembre 1995...), oui, mais ce qui est en jeu, c'est avant tout une bataille

1. *Ibid.*, p. 14.

souterraine pour le redressement de l'esprit, une lutte à mort avec le syndrome Barta.

Peu de militants ont accepté d'évoquer vraiment ces entretiens en face-à-face, qui sont pourtant l'une des clefs de leur modèle opératoire. Le jeune postier Yann Lemerrer a bien voulu nous en dire quelques mots. Comme beaucoup de ses camarades, cet ancien étudiant a une longue expérience de « l'accroche » devant les grands établissements parisiens. Comme eux, il est parti à la recherche des « meilleurs élèves des meilleures classes des meilleurs lycées » (selon la formule par eux consacrée). Comme eux aussi, il a eu en charge l'éducation suivie de nombreux lycéens. Semaine après semaine, il a consigné noir sur blanc leur « évolution », dans des « rapports » transmis à ses supérieurs hiérarchiques : X « avance », il fait des progrès ; Y « recule », il n'en fait qu'à sa tête ; Z est à la croisée des chemins... Une œuvre de direction politico-morale qui n'est pas sans équivoque, puisqu'elle repose essentiellement sur une intense relation à deux. Bien plus, pour être efficace, le « rencard à l'individuel » façon LO doit installer un rapport de fascination entre un cadet et son aîné, entre un sujet étudiant et un sujet supposé savoir. Bref, un jeu de désirs qui est aussi celui du pouvoir, comme le souligne Yann Lemerrer :

> *« Tu t'adresses à un lycéen qui en général ne connaît pas grand-chose politiquement. Et c'est sûr que ce rapport-là est inégalitaire. En même temps cette façon de fonctionner, c'est la meilleure manière de faire passer des idées, de le former, et surtout de le pousser à bouquiner ; parce qu'un groupe, c'est bien, mais avec un rencard à l'individuel, tu peux faire le point sur plein de problèmes en partant des préoccupations de celui qui est en face de toi. Tout dépend ce que tu en fais : soit tu joues à l'adjudant, ce que certains peuvent faire, soit tu donnes un cadre où réfléchir par soi-même. Avoir la parole, c'est un peu avoir le pouvoir. Il faut faire attention. En face de toi, tu as un individu avec une*

conscience, et on n'est pas là pour bourrer le mou. Le jeune, tu as envie de le gagner, et qu'il devienne quelqu'un qui a envie de changer le monde. »

Le cadre : une rencontre entre deux visages. L'outil : une simple parole. La méthode : partir des préoccupations de l'autre, susciter son envie, la désirer aussi. À Lutte ouvrière, les opérations sont structurées par le langage, et *la médecine militante est une chirurgie de l'âme.* Parallèlement à l'immersion en milieu ouvrier, donc, voici la deuxième démarche prophylactique destinée à soigner la « rougeole » petite-bourgeoise. Incertaine, sans garantie de succès, elle a peu à voir avec les « sciences de l'esprit », mais puise plutôt dans les anciennes techniques d'empathie et de suggestion verbale. Prenant acte, avec Trotski, que les « moyens littéraires et théoriques » ne sont d'aucune utilité pour vaincre le narcissisme maladif des lettrés, Hardy et ses amis ont décidé que l'unique façon de les séduire et surtout de se les attacher à vie, c'était de miser sur la puissance des sentiments, sur les sortilèges de l'affection vraie. Pour eux, la nécessité de sauver les intellectuels d'eux-mêmes appelle une politique de la passion, qui est avant tout *une cure conduite par amour.* En atteste la manière dont Hardy décrit le lien que ses militants doivent s'efforcer d'instaurer avec leurs recrues : « Il faut lui proposer de le voir tous les jours, il faut être son père, sa mère, son frère, sa sœur, etc., il faut être son milieu à soi tout seul, être celui ou celle avec qui le jeune est le plus lié. Il ne faut pas seulement aimer, il faut être aimé[1]. »

1. Hardy, *Rapport politique*, 5 décembre 1992. Cité in François Koch, *La vraie nature d'Arlette, op. cit.*, p. 53. On aura reconnu, très exactement, l'objet de l'investigation psychanalytique tel que Freud l'a défini : « Les rapports de l'individu à ses parents et à ses frères et sœurs, à son objet d'amour, à son professeur et à son médecin »... (*Psychologie des foules et analyse du moi*, 1921, in *Essais de psychanalyse*, Paris, Payot, 1981, p. 123). Sans le théoriser explicitement, les dirigeants de LO tablent donc sur l'utilisation collective d'un processus que Freud, après d'autres,

Une seule consigne : viser le cœur. Si l'opération réussit, on découvrira les merveilles d'abnégation et de dévouement dont sont capables les étudiants, dès lors qu'ils ont définitivement rompu avec leur milieu d'origine. Par la vertu de cette clinique collective, on verra le plus coriace des beaux parleurs en venir à plus d'humilité, on mettra au pas le plus fanfaron des « dilettantes ». Le niveau de ces militants sous influence ne s'élèvera pas très haut ; pour la plupart, ils seront ce que Kaldy nomme de *« petits intellectuels ».* Ceux-là n'essaieront pas d'épater la galerie, comme tous ces phraseurs qui n'en font qu'à leur tête[1]. Surtout, ils sauront se mettre à la disposition du prolétariat.

Qu'en pense celui-ci ? C'est assez difficile à dire. On a vu que son compagnonnage avec les militants issus de la petite-bourgeoisie cultivée pouvait lui procurer plus d'une satisfaction : tous ensemble, à Sainte-Geneviève, autour d'un bon bouquin... Mais il n'est pas certain que les ouvriers soient les premiers bénéficiaires des techniques médicales mises au point par LO. Quand bien même les dirigeants ont tendance à les appliquer avec moins de rigueur aux camarades « travailleurs », cette thérapie de l'âme s'impose en effet à l'ensemble de l'organisation, « petits intellectuels » comme ouvriers. Pour tous, les contraintes de ce régime sont parfois difficiles à supporter. Élaborée, à l'origine, pour maîtriser les penchants « naturels » de l'avant-garde intellectuelle, cette cure est basée sur le principe qu'il n'y a pas

---

a baptisé « transfert ». En cela, ils se montrent fidèles à Trotski, qui fut l'un des rares révolutionnaires à saluer le « génie » de Freud. Voir Pierre Broué, *Trotsky*, *op. cit.*, p. 686.

1. Que l'amour rende aveugle, et qu'il ne développe pas toujours le sens critique, c'est une vérité que la direction de LO ne connaît pas seulement à travers les romans. Car Barta lui-même, qui aimait décider seul, pouvait compter sur la tendre empathie de ses camarades, laquelle faisait de lui, selon Hardy, « un chef indiscuté » : « Nous discutions pour comprendre, certes, mais nous n'avions ni le besoin ni les capacités de critiquer ce qu'il affirmait. » Voir Robert Barcia, alias Hardy, *La véritable histoire de Lutte ouvrière, op. cit.*, p. 106.

d'amour plus solide que l'amour désexualisé, tout entier tourné vers l'idée. Or cette passion sublimée tolère mal la concurrence. D'où le problème posé par le désir charnel[1]. D'où aussi la menace mortelle que constitue la naissance d'un enfant.

À Lutte ouvrière, celui-ci n'est pas le bienvenu. Dès leurs premiers pas dans le giron de LO, les jeunes sympathisants en sont clairement prévenus : toi qui veux être maman ou papa, passe ton chemin... Pour justifier ce point, les camarades d'Arlette Laguiller avancent classiquement trois raisons. Organisationnelle, d'abord : s'engager à LO, c'est s'engager à fond, et les enfants prennent du temps. Féministe, ensuite : lorsqu'un bébé débarque au milieu d'un couple militant, neuf fois sur dix, seul le père continue à militer. Conspirative, ensuite : quand la clandestinité s'impose (guerre, crise révolutionnaire...), les enfants peuvent être utilisés afin de faire pression sur les militants ; pour preuve, même le robuste Trotski a faibli quand sa progéniture a été touchée...

Mais comme cette question a pris une importance de plus en plus démesurée, au cours des années, on peut légitimement se demander si la véritable cause de l'interdit ne réside pas ailleurs. Dans un groupe qui fonctionne à la manière d'une grande

1. À LO, la règle interdit que les militants formant couple participent ensemble à une activité. Raison invoquée : les « copines » ont tendance à se laisser influencer par leur « copain ». Or, en 1996, un responsable de province refusa d'obéir à la direction centrale, qui ordonnait de muter une « camarade » affectée par erreur dans la même « caravane d'été » que son petit ami. Après un interminable psychodrame, des dizaines de militants allaient être exclus. Aux récalcitrants qui raillaient « ces morales de vieux garçon » et de « moines-soldats », il fut rétorqué qu'« à choisir, il vaut mieux être des moines-soldats plutôt que des petits-bourgeois faisant de la politique ». On peut trouver l'affaire grotesque. Mais en décidant que ces dissidents avaient rompu la « confiance », la direction de LO signifiait simplement qu'une communauté de croyances fonctionnant au transfert (platonique) ne peut prendre le risque de laisser l'amour d'un couple s'épanouir au vu de tous, sans voir l'ensemble de sa structure libidinale se désagréger. Voir *Aux origines de la tendance « Voix des travailleurs »*, brochure diffusée par « Voix des travailleurs », 1998.

pyramide de microtransferts, toute la discipline repose sur des relations de tendresse intellectuelle, de militant à militant, depuis le plus petit « contact » jusqu'au chef suprême en passant par les cadres et tuteurs intermédiaires. En ce sens, l'arrivée d'un objet d'amour étranger dans ce circuit affectif peut remettre en cause l'ensemble de l'édifice.

L'urgence, alors, c'est d'expulser, et l'organisation d'Arlette Laguiller n'hésite pas à le faire, comme en témoigne un militant de LO, ouvrier depuis l'âge de quatorze ans, qui rappelle que plusieurs de ses *« copains »* ont été *« mis à pied »* ou même *« virés »* pour avoir rompu la discipline sur ce point : *« L'un de mes camarades a été exclu parce qu'il avait diffusé un document secret, qui menaçait de sanctions les copains occupant des responsabilités et qui auraient des gosses. Moi, j'avais des enfants, mes enfants étaient déjà grands... ils n'ont pas pu me les retirer ! Mais depuis que j'ai pris position contre ces méthodes, des camarades avec lesquels j'ai milité depuis dix ou quinze ans, avec lesquels je suis même parti en vacances, ne me serrent plus la main, ne me reconnaissent même plus... »*, confie dans un sourire consterné ce militant qui a tenu à garder l'anonymat.

« Tout anti-intellectualisme finit dans la mort du langage, c'est-à-dire dans la mort de la sociabilité », a prévenu un jour Roland Barthes[1]. Faisant de l'intellectuel la figure pathologique par excellence, les docteurs de Lutte ouvrière n'ont pas seulement inventé une figure inédite du répertoire « poujadiste » (l'automutilation méthodique de l'étudiant en révolution), ils ont aussi élaboré une morale sanitaire qui rend assez problématiques les rapports humains. Aujourd'hui à la retraite, Gilbert Devillard en souffre encore. On s'en souvient, cet ancien résistant a travaillé près de quarante ans chez Renault, comme ajusteur-

1. Roland Barthes, *Mythologies*, Paris, Le Seuil, 1957, p. 189.

outilleur, de 1946 à 1982. Après un bout de chemin avec les libertaires, il avait rejoint les militants de Voix ouvrière, dont il fut l'un des cofondateurs en 1956. À leurs côtés, il a apprécié les méthodes pédagogiques propres à cette tendance du mouvement trotskiste : les semaines passées à dévorer Trotski ou Victor Serge à la bibliothèque Sainte-Geneviève (*« Ça se lisait comme un roman, tellement c'était passionnant... »*) ou encore les rencontres avec des militants issus de milieux plus cultivés : *« L'organisation mettait l'accent sur la formation théorique, mais ça allait plus loin. Moi, par exemple, j'ai été initié à la musique classique par mon copain "Labbé". Un jour, il m'a demandé ce que j'y connaissais. Je lui ai dit : "Bah, rien du tout", et il m'a emmené au concert. J'ai trouvé que c'était beau, notamment la* Sixième Symphonie, *qui est devenue ma préférée. »* Au sein de Voix ouvrière puis de LO, Devillard a également fait sienne la conception rigoureuse d'un militantisme envisagé comme une activité professionnelle : *« Nous, on ne fait pas le travail en amateurs. On est ajusteurs-outilleurs, et je n'irais pas jusqu'à dire qu'on fayote, mais on essaie d'être les meilleurs, parce qu'on est sûrs que si on a des emmerdements au niveau du militantisme, on essaiera d'abord de nous attaquer sur le plan-là. Et pour avoir de l'influence sur les gens qui nous entourent, faut pas que tu traînes ta gamelle. Sans ça on te prend pas au sérieux. Nous, on est toujours sur le terrain, on peut nous appeler jour et nuit, on arrive... »*

Hélas, cette disponibilité de tous les instants, pareille à celle des secouristes, n'est pas toujours bien récompensée. Et après des décennies d'efforts disciplinés, fournis au sein des ateliers, dans les batailles contre les *« staliniens »* et dans la défense des idées, Gilbert Devillard en est arrivé à la conclusion que le régime disciplinaire en vigueur à Lutte ouvrière ne favorise pas toujours ni la fraternité authentique ni la sérénité des débats démocratiques, il s'en faut. Car comme tous les sujets supposés savoir, les mandarins de l'organisation ont souvent tendance à se muer en maîtres de vérité, et à évacuer tout débat pour se contenter de prescrire des ordonnances. Si bien qu'avec quelques autres, Gilbert Devillard a commencé à trouver pesant le secret médical version LO. Aujourd'hui, ce militant de toujours est même persuadé que seul son statut d'ouvrier des usines Renault et de pionnier de Voix ouvrière lui ont valu une certaine tolérance de la part des docteurs de l'organisation. Car Devillard a choisi d'être père. Et il a depuis longtemps manifesté son refus d'avaler n'importe quelle pilule :

« Il y a toujours ce côté clandestin, un peu carbonari. On est organisés en cellules, et puis ne rentre pas qui veut. Il y a tout un passage. C'est un peu comme des moines, on ouvre un moellon dans le mur, ils rentrent là-dedans et puis on referme derrière ! Et à Lutte ouvrière, il y a une façon d'exister qui est un peu bizarre. Si tu n'es plus d'accord, on te jette pratiquement aux orties. C'est dur à avaler. Dans d'autres secteurs de la vie, il y a des gens avec lesquels on a eu une activité un moment, et avec lesquels on reste copains. Mais moi, à un moment donné j'ai manifesté des désaccords, et quand je vais à la fête de LO, il y a des gens qui ne me reconnaissent plus. Et alors ça, c'est épouvantable, c'est Le Zéro et l'infini *de Koestler... Personnellement, j'ai gardé mon côté anar, et j'ai une espèce d'aversion pour ceux qui sont toujours d'accord, qui lèvent le bras tous en même temps. J'aime bien comprendre avant d'agir. À l'intérieur de l'organisation, il ne faut pas qu'il y ait quelqu'un qui dise : c'est comme ça et pas autrement. Faut qu'il s'explique. C'est important la confiance. Quand tu n'as plus confiance, tu doutes tout le temps. Moi, je vérifie, je n'ai pas envie de me faire couillonner. Mais on se fait avoir quand même, remarque... »*

4

« *Sois juif et tais-toi !* »

L'universalisme à corps perdu

Nous ne sommes pas obligés de justifier notre existence en travaillant pour le monde. Personne, aucune autre nation, n'a jamais été soumis à une telle obligation [...].
Tout le monde demande au Juif pourquoi il est là ; et personne ne se contenterait de la déclaration : je suis simplement un Juif.

Gershom Scholem,
« Qu'est-ce que le judaïsme », 1974.

Le premier enquêteur venu vous le dira : les témoignages les plus éloquents sont rarement les plus bruyants. Quand les indices manquent, il faut se méfier des bavards : ce ne sont pas les grandes envolées, les topos bien rodés, mais le geste d'une parole suspendue, gardée en réserve, qui met sur le chemin de la vérité ; pas la bouche de velours, mais les lèvres de pierre. Surtout lorsque l'objet d'investigation n'est autre que le silence lui-même[1].

Le muet dit le silence en sa vérité. De cette leçon,

1. Exhumant la mémoire enfouie des Juifs de Plock, petite ville polonaise fauchée par la Shoah, Nicole Lapierre a choisi d'encadrer son récit par un salut à ce personnage emblématique : le dernier des « plotzkers », miraculé et muet. « Témoin impuissant à témoigner », cette figure du muet devait exprimer, mieux que toute autre, la profonde solitude des survivants. Voir *Le Silence de la mémoire. À la recherche des Juifs de Plock*, Paris, Plon, 1989.

nous avons pu vérifier la douloureuse pertinence. Parmi les dizaines d'entretiens que nous avons réalisés, il en est un, intense et précieux, dont pas un mot n'a été diffusé à la radio. Pas un traître mot. Et pour cause : sitôt que la bande commençait à défiler, la voix de Renée Laval s'interrompait, d'emblée empêchée. Bien sûr, elle se reprenait ; mais c'était pour mieux s'esquiver encore, comme s'il lui fallait saboter, d'un même souffle et à tout prix, le récit qu'elle brûlait de livrer. Rien à faire. Son propos était tout juste assez intelligible pour être retranscrit sur le papier, mais, même monté et remonté, il serait demeuré trop heurté, trop étouffé pour passer à l'antenne.

Ce ne fut pas faute d'essayer. À plusieurs reprises, Nagra en bandoulière, j'y étais retourné. Bien décidé à l'attraper, ce cri sans voix. Une fois, deux fois, trois fois – pour elle, pour elle obstinément. À chaque nouveau rendez-vous, Renée Laval m'attendait, pas vraiment souriante, au seuil de son petit appartement parisien. Près du Luxembourg, et à quelques pas d'une vaste demeure baptisée Institut des sourds et muets... Que disait-elle, à la fin des fins, cette parole suffoquée ? Elle hurlait, semble-t-il, le souvenir d'un silence infini.

En mai 1940, Renée Braschevisky a dix-huit ans. Aux Auberges de jeunesse (AJ), elle rencontre son futur mari, Maurice Laval, de deux ans son aîné. Fils d'un tanneur tourangeau, lui-même ouvrier imprimeur et futur journaliste (à *Combat* puis à *France Observateur*), Laval est déjà un militant aguerri, compagnon de Fred Zeller dans l'aile révolutionnaire des jeunesses socialistes. Vient alors l'époque de Pétain et de ses hommes de main, au premier rang desquels un vice-président du Conseil nommé... Pierre Laval : *« Quand nous sommes allés à la mairie du XIV*[e], raconte Renée Laval dans un léger sourire, *l'adjoint au maire, qui était probablement fasciste, et qui n'avait pas dû faire attention au nom de la mariée, s'est exclamé : "Oh, Laval, avec un nom pareil, c'est formidable...". Alors, mon beau-père s'est énervé : "Faut pas confondre, y a Laval et Laval !"* »

Aux côtés de son mari et de ses camarades, Renée Laval bascule bientôt dans le militantisme trotskiste. Intégrée dans une cellule, elle commence à diffuser tracts et journaux : *« Comme petite dactylo, j'ai tapé les premiers numéros de* La Vérité *clandestine. Et pendant les réunions, j'étais aussi chargée de faire cuire les haricots. Il fallait évidemment faire quelque chose ! La question ne se posait même pas de savoir si l'on devait militer ou non. Et puis d'abord, j'étais juive... »*, lâche-t-elle du bout des lèvres.

Renée Laval est née juive – Braschevizky fut son premier nom. D'origine ukrainienne, sa mère était arrivée à Paris en 1914. Venu de Lituanie, son père, lui, avait passé quelques années en Palestine avant de rejoindre la France. Moins enthousiasmé que son épouse par les idées socialistes, il était croyant et un peu pratiquant. Mais il n'en restait pas moins fidèle à la presse du mouvement ouvrier : *« On lisait* Le Populaire *tous les jours à la maison. Il y avait quand même une idée, chez nous, on était porté à gauche »*, se souvient Renée Laval, qui passa son enfance au cœur d'une HBM (Habitation à bon marché, ancêtre des HLM) porte de Vanves.

Pour le reste, le temps se contracte dans son esprit : l'arrestation, en mars 1944 (*« enfin je vous raconte pas tout, bref, j'ai commencé à trembler comme une feuille... »*), les interrogatoires et l'arrivée à la prison de la Petite-Roquette, où elle et ses camarades trotskistes subissent à la fois la violence policière et l'hostilité de leurs codétenues communistes. De celles-ci, Renée Laval peut encore décrire les visages fermés, les regards fuyants : *« Les stals, elles nous auraient bien tuées sur place. À partir de là, j'ai su qu'il ne fallait plus dire qu'on était trotskistes. »* Puis, en mai, c'est le transfert à Fresnes, qui est aux mains des Allemands. Là s'opère un autre partage, ultime : *« Nous sommes sorties de Fresnes... Tout notre groupe... Enfin, non, les Juives. Le tri, c'est la liste, dans un bureau. Vous êtes juifs, c'est Drancy, c'est Auschwitz... »*

C'est Auschwitz : Renée Laval y était. Et, comme beaucoup d'autres, elle n'en parla que tardivement. Et si peu, par la bande : l'enfer du voyage, l'arrivée au camp, les cheveux rasés, le moment où on lâche ses derniers objets, cette brosse, ce savon, qui ne serviront plus à rien – à présent, elle comprend :

> *« On a tenu le coup, et même on faisait de l'humour. Par exemple, l'eau n'était pas bonne, on crevait de soif. De temps en temps, les Allemands ouvraient les* washrooms, *alors on entrait et on essayait de mettre un peu d'eau de côté. Mais au moment de sortir, une kapo était là, et elle nous frappait avec une baguette, pour faire tomber l'eau qu'on avait dans les mains. Alors, on disait : "Mais c'est du Charlot, ça !" On s'en sortait comme ça, par l'humour. Je me souviens de ces Polonaises qui disaient, les larmes aux yeux : "Hitler avait promis d'enlever le sourire à toute la jeunesse juive. Vous voyez, il n'a pas encore réussi." »*

Ici, marquons un premier arrêt. Et revenons à cette simple proposition : *« Vous êtes juifs, c'est Auschwitz. »* En quelques mots, Renée Laval ramasse la réalité d'une sanglante mise à l'écart, d'une sélection très spéciale (bureau, liste, tri), qui toutes deux visaient le nom juif en tant que tel. Singularité de la Shoah : depuis les années 1980, on a beaucoup écrit sur ce sujet-là. Pour la première fois dans l'histoire, une force armée allait prendre en chasse un peuple entier, partout dans le monde avec cette idée explicite : les tuer jusqu'au dernier. Pendant la guerre, pourtant, la chose ne fut pas d'emblée perçue comme telle. Et, en France, on ignora longtemps le sort réel que les nazis réserveraient aux Juifs. C'est seulement très progressivement que les premières informations à ce sujet commencèrent à circuler.

De ce point de vue, on distingue souvent trois relais privilégiés : la BBC, les Églises chrétiennes, et enfin le bouche à oreille, qui fut en réalité « le vecteur majeur de transmission de l'information [1] ». C'est vrai pour l'homme de la rue, c'est vrai aussi, semble-t-il, pour les militants les plus politisés. Ce que tend à confirmer l'expérience de Jean-René Chauvin. Né en 1918 et lui-même fils d'un député socialiste, Chauvin s'engage en politique dès le milieu des années 1930, alors qu'il est encore lycéen à Bordeaux. Gagné par la suite aux idées trotskistes, c'est lui qui rédigera l'un des tracts les plus connus que ce courant ait diffusés, publié en 1939, et intitulé « Cette guerre n'est pas la nôtre ». Membre dirigeant de l'ancien Parti ouvrier internationaliste (POI) sous l'Occupation, il tente de maintenir une activité politique de type internationaliste. En août 1942, Chauvin entreprend une tournée en zone sud, afin de prendre contact avec des trotskistes allemands réfugiés en Ardèche, qui doivent l'aider à éditer le journal de propagande destiné aux soldats de la Wehrmacht. Et voici comment il nous a raconté sa visite à l'un d'entre eux :

> « *C'était un copain qui avait trois raisons d'être déporté : il était juif, il était trotskiste, et il était marié à une "Aryenne". Trois raisons pour être liquidé, n'est-ce pas ? Mais il le disait avec humour... Au cours de la conversation, sa fille, qui devait avoir quinze ans, m'a dit : "Est-ce que c'est vrai que les Juifs sont arrêtés, qu'ils sont gazés et que les femmes sont envoyées dans un bordel ?" Je lui ai répondu : "C'est pas vrai, ça, c'est probablement un bobard comme il y en avait tant au moment de la Première Guerre mondiale." Et quand je suis revenu à Paris, j'ai raconté ce*

1. Adam Rayski et Stéphane Courtois, *Qui savait quoi ?*, Paris, La Découverte, 1987, p. 88.

que m'avait dit la jeune fille. Les copains m'ont dit : "C'est de la blague, c'est pas vrai." Mais quelques mois plus tard, lorsque je suis arrivé à Mauthausen, j'ai appris que c'était vrai... »

Mauthausen, situé au bord du Danube, fut en effet le premier camp de concentration que connut Jean-René Chauvin. Auparavant, il avait été pris dans une rafle à la gare du Nord, en janvier 1943, enfermé à la prison de Fresnes, puis dans un camp à Compiègne. Déporté à Mauthausen, donc, où il sera mis au travail dans des carrières, il fut ensuite envoyé au col du Lobl-plass, à la frontière austro-yougoslave, où les Allemands mobilisaient la main-d'œuvre servile pour creuser un tunnel à mille mètres d'altitude. Dans chacun de ces camps, le dirigeant trotskiste a côtoyé la souffrance, la mort, les corps broyés. Mais c'est seulement à Auschwitz qu'il dit avoir vécu, dans sa chair même, la singularité du génocide juif :

« À Auschwitz, je me suis trouvé dans un bloc où il y avait des membres du Parti communiste, mais naturellement la majorité étaient des Juifs d'Europe centrale, Polonais, Hongrois ou encore Allemands. J'ai participé à l'évacuation de ce camp, qui a été très mortifère : partis mille cinq cents, on est arrivé deux cents ! Moi-même, on m'avait mis dans une charrette avec les cadavres. Mais, arrivé à la porte du crématoire, j'ai bougé. Alors le SS m'a demandé : "Du bist Jude *(tu es juif) ?* – Nein, nein, ich bin kein Jude *(non, non, je ne suis pas juif), ai-je répondu.* – Zum Revier *! (À l'infirmerie !)", a-t-il dit. Et voilà comment je suis là ! »*

Cet épisode, Jean-René Chauvin le raconte sans pathos. Il constate, simplement : comme l'ensemble de ses camarades, il avait choisi le marxisme révolutionnaire. Mais, à la différence de certains d'entre eux, lui n'était pas né juif. En cet instant précis, ce fait lui a sauvé la vie. Or sur cet état d'exception, sur l'acharnement spécifique, surtout, dont les femmes et les hommes juifs (ou présumés tels) furent alors l'objet, les militants révolutionnaires observèrent un silence quasi complet. Ils fustigeaient la censure des journaux, la répression politique, la chasse aux résistants. Mais ils avaient du mal à prendre en compte la souffrance de celles et ceux qui étaient visés au seul motif de leurs noms. C'est que l'universalisme ouvrier ne peut souffrir d'exception. Et autant les militants trotskistes étaient portés à voir un frère ouvrier jusque sous les casques de la Wehrmacht, autant, sous la casquette d'un révolutionnaire, ils peinaient à reconnaître un camarade juif en tant que tel. Renée Laval en demeure témoin :

> *« La question juive, ça n'existait pas pour les trotskistes. Les copains n'ont jamais voulu savoir. On pensait au grand soir, et en cellule, on n'évoquait jamais cette question-là. C'était d'ailleurs le refrain de mon mari, cette formule me revient, là, maintenant : "Il n'y a pas de problème juif." J'ai entendu ça pendant toute la guerre : "Il n'y a pas de problème juif"... Et quelque part c'était tout à son honneur : il voulait la révolution, et refusait qu'on mette les Juifs à part. Mais c'était un refus de la réalité... »*

À la Libération, lorsque Renée Laval parvient enfin à revenir à Paris, elle retrouve Maurice, son mari, qui avait lui-même été déporté comme militant politique – à Oranienburg puis à Sachsenhausen. Elle reprend contact avec Paul Parisot, qu'elle avait connu avant guerre. Comme Jean-René Chauvin, Parisot avait fait partie de la direction du POI pendant la guerre. Avec d'autres, il tente alors de remettre sur pied l'organisation. *« Je n'étais pas sûr que tu reviendrais »*, souffle-t-il. Bientôt, il lui propose d'aller se reposer dans les environs de Limoges, chez Laurent et Marie-Hélène Schwartz. Ce couple, Renée Laval le connaissait bien. Elle l'avait déjà côtoyé pendant la guerre, à

Clermont-Ferrand, où ils distribuaient discrètement *La Vérité* dans les boîtes aux lettres des cités ouvrières : dès qu'un regard étranger se posait sur eux, ils faisaient diversion en s'embrassant voluptueusement... Et, aujourd'hui encore, elle se souvient du système d'épingles de nourrice mis au point par Marie-Hélène pour pouvoir distribuer ses tracts tout en gardant le contrôle de son landau...

Muette solidarité des survivants. Laurent Schwartz, quant à lui, avait dû taire son nom. Le travestir, pour échapper à la mort. Mars 1943 : on remplace *c* par *e*, *h* par *li*, *w* par *m*, *z* se transforme en *in*, et Laurent Moïse Schwartz devient Laurent-Marie Sélimartin. Pendant l'Occupation, c'est ce changement de patronyme qui préserva la vie du jeune mathématicien, futur lauréat de la médaille Fields (l'équivalent du prix Nobel) et grande figure morale des combats anticolonialistes et antitotalitaires à venir (Algérie, Vietnam, dissidents soviétiques...). Contrairement à Renée Laval, Laurent Schwartz est issu d'une famille plutôt bourgeoise et conservatrice. Son père, né en Alsace juste après l'annexion par l'Allemagne, avait la fibre patriotique : à l'âge de quatotze ans, ne s'était-il pas enfermé dans le grenier, refusant le boire et le manger jusqu'à ce que sa mère accepte son départ vers la France ? À Paris, il avait su braver l'antisémitisme de bon aloi qui régnait dans les milieux médicaux pour devenir, à l'âge de trente-cinq ans, le premier Juif chirurgien des hôpitaux.

Aussi doué que son père, et athée comme lui, Laurent intègre l'École normale supérieure en 1934. C'est là qu'il rencontre les idées communistes, avant de s'enthousiasmer pour la lutte des républicains espagnols et le Front populaire. Mais, horrifié par les procès de Moscou, il décide très vite de rompre avec le PCF. Il tombe alors sur une interview de Fred Zeller dans *Le Petit Parisien*, où se trouvait indiquée l'adresse du Parti ouvrier internationaliste. Quelques réunions plus tard, Schwartz se réclame publiquement de la tradition trotskiste. Une fois la guerre déclarée, il est donc de ceux qui défendent le programme du « défaitisme révolutionnaire ». Avec ses camarades, il définit le nouveau conflit mondial comme une guerre de rapine entre impérialismes rivaux. Comme eux, il appelle les travailleurs à fraterniser par-delà les frontières, et à tout faire pour saboter l'effort militaire de leur propre pays.

Aujourd'hui, Laurent Schwartz n'est plus. Plusieurs mois avant sa mort (juillet 2002), nous étions allés le voir chez lui, rue Pierre-Nicole, à Paris. Hasard ou complicité renouvelée, deux cents mètres à peine séparaient son domicile de celui de Renée Laval. Là, nous avions pu interroger longuement le mathématicien, au milieu des livres savants et des papillons dont il faisait collection. Sa femme, Marie-Hélène, ne cessait d'aller et de venir dans l'appartement, entrant à tout moment dans la pièce où nous étions installés. Histoire de voir si tout allait bien, et aussi de vérifier, en passant, que Laurent ne *« disait pas trop de mal de Lionel »*. Lionel ? Oui, un vieil ami qui les avait un peu déçus. Un certain Jospin, qui de son passé trotskiste avait rougi, alors que lui, Schwartz, continuait de le revendiquer pleinement. Non sans fierté, même, et en dépit de certains regrets, exprimés par le mathématicien à l'évocation de ces fameuses années : la guerre, l'Occupation...

> *« À l'époque, mes engagements m'ont paralysé. J'ai raté ma résistance... N'importe quel résistant était favorable à donner son aide à l'Angleterre et aux États-Unis. Moi, je ne l'étais pas, parce que je voyais en eux leur impérialisme, qui était évident. Néanmoins, il aurait fallu hiérarchiser et dire qu'on pouvait s'allier avec eux contre le nazisme, qui était pire que tout. À l'époque, on n'était pas crédibles, le défaitisme révolutionnaire était une absurdité. Collaborer à la défaite de notre propre impérialisme, dans le cas du*

nazisme, c'était impensable, impensable... La victoire du nazisme, c'était l'introduction d'une réaction sauvage qui n'aurait apporté que des misères à toutes les classes sociales. Le défaitisme révolutionnaire était inacceptable, mais il faisait partie de la doctrine et, des heures durant, je me disputais avec moi-même : je suis presque devenu schizophrène ! »

Dans la bouche de Laurent Schwartz, ce dernier mot n'est pas anodin. Qu'est-ce en effet que la schizophrénie, sinon cet état de dissociation qui vient cliver la conscience tout entière, cette discordance intime de soi à soi dont on connaît le résultat : un inexorable repli, le retranchement du sujet dans son intériorité ? Et les symptômes – confusion, stupeur, *mutisme.* À l'origine d'un tel processus : l'entrée dans une existence inauthentique, ce qu'un psychanalyste suisse nomma naguère – retenons la formule, elle pourra servir – un « projet de ne pas être soi-même[1] ». Quand on s'appelait Schwartz, au cœur des années noires, être fidèle à ce « projet » constituait une question de vie ou de mort. Un certain motif de solitude aussi :

« Dès que la guerre est venue, j'ai compris que, en tant que Juif, si j'étais arrêté, j'étais mort. Or ce qui intéressait les trotskistes, c'était le prolétariat. La question juive n'était pas prise en compte. C'est un aveuglement politique complet. Car c'est même devenu la question fondamentale : peu à

1. Ludwig Binswanger, *Le Cas Suzan Urban*, Paris, Desclée de Brouwer, 1958, cité in Élisabeth Roudinesco et Michel Plon, *Dictionnaire de la psychanalyse*, Paris, Fayard, 1997, p. 945. On retrouvera ce phénomène en milieu communiste, comme l'a montré une enquête sur l'« identité masquée » des militants juifs au PCF : « J'avais pris l'habitude de vivre en double », se souvient ainsi Annette, rescapée des camps, qui apprit très tôt à taire sa judéité. Voir Alexis Spire, « Identités communistes juives en France après la Seconde Guerre mondiale », mémoire pour la maîtrise de sociologie, université de Paris-X, 1995. Sur ce thème du mutisme juif, mais pour la période des années 1930, on pourra aussi consulter le livre de Maurice Rajsfus, *Sois juif et tais-toi !*, Paris, EDI, 1991, dont nous avons repris le titre pour le présent chapitre.

peu, l'anéantissement des juifs est devenu le principal but de guerre de Hitler. Quand on voit qu'ils organisent une expédition pour s'emparer de la totalité des Juifs de Corfou, et les transporter en Pologne pour les faire mourir dans une chambre à gaz, c'est complètement loufoque ! La guerre impérialiste, c'était la guerre pour la conquête économique du monde. Mais à la fin ils n'y croyaient plus : ils reculaient sur tous les fronts, sauf le front juif. Et à l'époque où la Wehrmacht demandait de plus en plus de trains afin de rapatrier les soldats encerclés en Russie, on ne leur accordait que le strict minimum, les trains étant réservés au transport des Juifs vers les chambres à gaz ! Mais les trotskistes étaient beaucoup trop insouciants, ils n'ont pas vu ça. »

Curieuse insouciance. Et aveuglement d'autant plus étonnant que l'homme dont se réclament tous les militants trotskistes, Lev Davidovitch Bronstein, fut non seulement l'un des meilleurs analystes du phénomène nazi, mais encore l'une des rares figures politiques de l'époque à avoir annoncé solennellement, avant même le déclenchement de la guerre, la prochaine destruction des Juifs d'Europe. Non qu'il prêtât une attention particulière à la question, loin s'en faut. Né en 1879, au sud de l'Ukraine, à une époque où les décrets discriminatoires et les pogroms contre les Juifs se multipliaient, Trotski était issu d'un milieu de paysans vaguement pratiquants. Ses parents se rendaient à la synagogue à l'occasion des grandes fêtes et ils avaient tenu à ce que leur fils connaisse la Bible dans le texte, lui faisant donner des leçons particulières d'hébreu. Mais la famille était déjà en bonne voie d'assimilation, et, pour Lev Davidovitch, tel était l'unique horizon : « Lorsque j'étais jeune, j'avais plutôt tendance à pronostiquer que les Juifs des différents pays seraient assimilés, et que la question juive disparaîtrait ainsi, presque automatiquement. Le développement historique du dernier quart de siècle n'a malheureusement pas confirmé cette perspective », regrettera-t-il en janvier 1937[1]. Si bien que, dès le début de sa vie militante, la position de Bronstein (devenu Trotski) est restée inchangée : la question juive n'est rien d'autre qu'une « composante de la révolution prolétarienne mondiale », et seul le socialisme international sera à même de la « résoudre » définitivement.

Il n'empêche : au milieu des années 1930, devant la prolifération de ce qu'il nomme « la démagogie antisémite » à l'échelle européenne, Trotski s'est trouvé contraint de reconnaître une situation inédite. « La question juive est maintenant devenue d'une énorme importance pour notre parti », convient-il en février 1938, avant de souligner la condition particulière de ceux que vise en premier lieu l'idéologie nazie : « C'est un privilège négatif des masses juives que de ne pouvoir, moins encore que les autres masses, être sauvées de la famine, de l'humiliation, de l'extermination physique par d'autres moyens qu'une révolution prolétarienne[2]. » À ce moment, le pronostic de Trotski est bien loin de celui qui marqua sa jeunesse. Il ne prévoit plus la dissolution de la spécificité juive au sein des sociétés environnantes. Ni même l'effacement de cette spécificité dans la grande vague de l'émancipation prolétarienne. Ce qu'il annonce, cette fois, c'est une annihilation programmée. À la toute fin de l'année 1938, il écrit : « Il est possible d'imaginer sans difficulté ce qui attend les Juifs dès le début de la future guerre mondiale. Mais, même sans guerre, le prochain développement de la réaction mondiale signifie presque avec certitude *l'extermination physique des Juifs*. Les "congrès antifascistes" de vieilles dames et de jeunes carriéristes n'ont pas la moindre importance. Maintenant plus que jamais le destin du peuple juif – pas seulement leur destin politique, mais leur destin physique

1. Léon Trotski, *Œuvres, op. cit.*, t. XII, p. 111.
2. *Ibid.*, t. XVI, p. 137.

– est lié indissolublement à la lutte émancipatrice du prolétariat international [...]. Le temps presse. Un jour, aujourd'hui, équivaut à un mois ou même à une année. Ce que tu fais, fais-le vite[1] ! »

D'où ce paradoxe, qu'il faut bien marquer : alors que leur père tutélaire fut l'un des seuls à entrevoir la singularité de la catastrophe à venir, les descendants de Trotski n'en ont gardé aucune lucidité particulière. Eux qui passèrent leur vie à décortiquer chaque ligne signée de sa main ne tirèrent aucune leçon des textes consacrés par Trotski à la question. L'examen des fac-similés de la presse trotskiste sous l'Occupation ne vient pas infirmer ce constat. Certes, *La Vérité* clandestine condamne l'antisémitisme. Après l'adoption du statut spécial des Juifs par le régime de Vichy en octobre 1940, le journal affirme que les persécutions antijuives servent avant tout à dévoyer le juste courroux des travailleurs contre les capitalistes fauteurs de guerre. C'est le motif classique du Juif-substitut, du Juif-chiffon rouge : « la colère populaire monte. Alors il faut la détourner, lui désigner un responsable, reprendre la tactique du voleur qui crie "au voleur !". Hitlériens allemands et français cherchent à faire croire au peuple que tout ça, c'est la faute des juifs », peut-on lire dans l'édition du 1er novembre. Et, lorsqu'elle est évoquée dans *La Vérité*, la persécution antijuive se trouve systématiquement diluée au sein d'un grand malheur informe et généralisé : celui des « victimes du fascisme ». Ainsi de ce petit encart consacré au camp de Drancy, en décembre 1941 : « Camarades ! il faut partout organiser la solidarité avec les juifs enfermés. Comme les militants ouvriers, ils sont, eux aussi, les victimes désignées du fascisme. Camarades, il ne faut pas les laisser mourir ! À bas l'antisémitisme ! Solidarité avec les victimes du fascisme[2] ! »

1. *Ibid.*, t. XIX, p. 272-273. C'est Trotski qui souligne.
2. *La Vérité 1940/1944. Journal trotskyste clandestin sous l'occupation nazie*, *op. cit.*, p. 26 et 70. En la matière, les trotskistes ne se sont guère distingués des militants

Ainsi, loin de la clairvoyance d'un Trotski, les œillères d'une certaine vulgate marxisante ont interdit à ses héritiers de discerner ce que le délire antisémite comporte de spécifique. Délire meurtrier, qui fauche sans distinction prolétaires et bourgeois, et dont la principale caractéristique est précisément de déjouer toute rationalité capitaliste, puisqu'il préfère l'extermination fanatique du Juif en tant que Juif à l'exploitation cynique de l'homme par l'homme. Une pulsion sanglante impossible à comprendre pour quiconque ordonne le monde selon cette alternative cruciale : soit le triomphe du prolétariat comme classe universelle, soit la régression dans les violences extrêmes. « Socialisme ou barbarie », cette fameuse alternative « exclut du possible une barbarie planifiée dont le prolétariat ne soit pas la victime. Que dire d'un régime bourgeois s'acharnant sur un groupe ethnique qui ne le menace pas, avec plus de férocité que sur son ennemi naturel ? Très précisément : rien »[1].

Voici donc un point : on aura beau examiner les exemplaires de *La Vérité* pendant les années noires, on ne trouvera nulle trace d'un texte qui viendrait souligner ce que Trotski lui-même avait nommé le « privilège négatif » réservé par la rage hitlérienne au judaïsme européen. À aucun moment, les trotskistes n'ont pris la plume pour tracer les mots qui furent ceux, par exemple, des *Cahiers du Témoignage chrétien*. En avril 1943, cette autre feuille clandestine écrivait :

---

du PCF. S'efforçant, après la rupture du pacte Hitler-Staline, de construire un « front national antifasciste » qui regrouperait toutes les forces patriotiques sans distinction, ceux-ci ont globalement refusé de prendre en compte la singularité de l'oppression antisémite. Pendant la guerre comme à la Libération, eux aussi ont « noyé la tragédie juive dans l'océan des tragédies engendrées par le nazisme », a noté Annie Kriegel, qui évoque « la technique de silence, de la censure imposée sur tout ce qui mettait en évidence et le caractère absolument exceptionnel, hors du commun, sans équivalent, de l'Holocauste, et son existence même » (*Réflexions sur les questions juives*, Paris, Hachette Littérature, coll. « Pluriel », 1984, p. 70).

1. Alain Finkielkraut, *L'Avenir d'une négation. Réflexion sur la question du génocide*, Paris, Le Seuil, 1982, p. 43.

« Au total, plus de sept cent mille juifs ont été brutalement assassinés sur le territoire polonais et il n'y a pas de doute possible concernant le plan d'Hitler d'exterminer complètement les Juifs sur le continent européen [1]. » Membre dirigeant du petit groupe trotskiste qui éditait *La Vérité* sous l'Occupation, et lui-même ancien déporté, on l'a vu, Jean-René Chauvin n'a vraiment pris conscience de l'aphasie collective de ses camarades qu'à son retour des camps :

> *« Lorsque je suis revenu, j'ai feuilleté, naturellement, toute la collection de* La Vérité *clandestine. Ce n'est qu'en 1943 qu'il y a un article sur Auschwitz. Il n'était pas dit qu'il y avait des chambres à gaz, mais simplement qu'il y avait un robinet pour cent personnes, ou quelque chose comme ça. C'était atroce, n'est-ce pas, mais l'information, qui avait déjà été véhiculée, était tellement incroyable que les copains n'y ont pas cru. Et parmi les militants trotskistes, il faut dire qu'il y avait une forte proportion de camarades d'origine juive. Tous athées. Je pourrais en citer presque des dizaines. Mais pendant l'Occupation,* La Vérité *n'a pas cru qu'il y avait cette hécatombe de Juifs dans les provinces de l'Est... »*

Ainsi, avec le recul, les intuitions du fondateur de la IVe Internationale n'auront-elles donc représenté qu'un éclair de lucidité dans un ciel trotskiste plombé par l'*« aveuglement »*, pour reprendre le mot de Laurent Schwartz. Comment comprendre ce phénomène ? Comment percevoir ici le silence collectif de ces militants qui hésitent rarement à faire entendre leur voix, à prendre position sur tout et même, parfois, sur n'importe quoi ? Les Mémoires publiés par Schwartz apportent peut-être un début d'explication. Dans un chapitre consacré au génocide, intitulé, justement, « La guerre aux Juifs », le mathématicien

1. Voir Adam Rayski et Stéphane Courtois, *Qui savait quoi ?*, *op. cit.*, p. 90-91.

disparu évoque la période et glisse cette confidence : « Nous-mêmes, nous n'avons pas trop osé l'aborder, de peur de "tirer la couverture à nous"[1] »...

Posons l'hypothèse : la réticence des trotskistes à regarder en face l'événement Shoah ne provient pas d'on ne sait quelle tentation antisémite. Pour saisir leur impuissance à prendre en compte la singularité du génocide, il ne suffit pas non plus d'invoquer la pauvreté d'un marxisme caricatural, qui envisagerait toute réalité à travers le prisme unique de la lutte entre prolétaires et bourgeois. Ni même d'incriminer les réflexes routiniers de militants qui plaquent les schémas de la Première Guerre mondiale sur le nouveau conflit, et qui tentent comme ils peuvent de reproduire les gestes passés de leurs maîtres en internationalisme. La clef de ce grand mutisme collectif réside peut-être ailleurs, et elle peut sembler paradoxale : c'est la présence même de nombreux Juifs dans les rangs des révolutionnaires. Lesquels, justement, auront passé leur vie entière à refuser de « tirer la couverture » à eux.

C'est ici qu'il faut rendre la parole à notre muette initiale, Renée Laval. Elle-même, on s'en souvient, ne s'est que trop interdit d'« en » parler. Avec elle, reprenons l'idée : sur le nom juif, comme d'autres, les militants trotskistes firent le plus souvent silence. Surtout lorsque, de ce nom, ils étaient eux-mêmes porteurs :

> *« La plupart des camarades étaient juifs. Individuellement, on donnait des coups de main, on planquait les enfants, les cousins... Mais on n'en discutait pas entre nous, on n'en faisait pas toute une théorie. Comme trotskistes, on était internationalistes, et à l'époque, je n'ai jamais pensé qu'il fallait protéger les Juifs en particulier. On devait s'occuper de tout le monde, sans faire de diffé-*

1. Laurent Schwartz, *Un mathématicien dans le siècle*, Paris, Odile Jacob, 1997, p. 216.

rence. Même si j'ai trouvé que c'était une drôle d'idée, j'ai distribué des tracts dans le panier des ménagères de mon quartier. En même temps, moi, je savais que j'étais juive, j'étais en plein dedans, et je voyais bien qu'on arrêtait les familles juives, pas les autres. C'était une situation horrible, j'étais en train de craquer... »

Ici se révèle la brèche familière qui aura nourri une telle « schizophrénie », une si longue aphasie : celle de tout révolutionnaire engagé dans le grand parti du genre humain, et qui se sent rattrapé, malgré tout, par la *fatalité du nom distinct.* Nom proscrit, maudit nom, auquel s'attache une si funeste exception : les familles juives, pas les autres... Tel est le drame de ces militants qui croient trouver dans la Révolution sans frontière un passeport pour l'universel : un beau jour, fatalement, ils se retrouvent désignés, déchirés, menacés jusque dans leur chair par cette filiation singulière qu'ils auraient tant voulu faire taire en eux.

Encore les camarades de Renée Laval, anciens militants du petit Parti ouvrier internationaliste regroupés autour du journal *La Vérité,* ont-ils abordé la question de l'antisémitisme, pour condamner les persécutions antijuives, à leur manière, on l'a vu, mais fermement et à plusieurs reprises. Si l'on se tourne à présent vers l'Union communiste, ancêtre revendiqué de Lutte ouvrière, on sera frappé par un silence bien plus assourdissant encore. Barta, le fondateur historique de ce courant, se posait comme le garant de la plus pure orthodoxie trotskiste. Celle-là même qu'il avait tenu à réaffirmer en novembre 1940, dans un texte intitulé *La Lutte contre la deuxième guerre impérialiste mondiale.* Avec cette brochure, Barta proclamait sa fidélité à la tradition léniniste pour renvoyer dos à dos les puissances alliées et celles de l'Axe.

Hitler et Roosevelt, c'est bonnet blanc et blanc bonnet : telle est l'idée que Barta et ses camarades ne cessent de marteler, notamment dans *La Lutte de classes*, feuille militante publiée à partir de 1942 : « Le débarquement anglo-américain en Normandie a ouvert un nouveau chapitre de la guerre : c'est ce que les social-patriotes ont accoutumé un grand nombre d'ouvriers à regarder comme “la libération”. Comme tous les slogans de la bourgeoisie, ce mot d'ordre vague devait induire en erreur les classes laborieuses et leur faire croire qu'il représentait réellement ce qu'elles désiraient le plus : le retour à un niveau de vie plus élevé, la liberté pour tous, etc. Maintenant que les impérialismes allemand et allié sont aux prises sur le sol français, elle apparaît dans sa véritable réalité, dans son véritable contenu : c'est la dévastation du territoire et l'écrasement de la population, c'est la réquisition, la mobilisation et les cours martiales, c'est l'ajournement des droits démocratiques pour une période indéfinie après la paix, à travers l'occupation, c'est la guerre impérialiste », pouvait-on lire dans *La Lutte de classes* du 22 juin 1944[1].

Le niveau de vie, le prix du pain, les cadences de travail... À lire les écrits de Barta, voilà à quoi se résume toute l'expérience de l'Occupation. En témoigne un autre texte, publié en février 1944. Intitulée *Socialisme ou barbarie ?*, cette brochure fut diffusée par subterfuge sous le sigle du Rassemblement national populaire, et sous la signature de Marcel Déat, le dirigeant de ce mouvement très « collabo » : « Le nom de Marcel Déat, écrit en gros caractères sur la couverture, est seulement destiné à faciliter la circulation clandestine de la brochure », prévenait,

1. Voir *La Lutte de classes (1942-1945)*, Paris, Éd. La Brèche, 1992. L'usage qui veut qu'aujourd'hui encore, à Lutte ouvrière, le mot « Libération » ne s'écrive jamais qu'entre guillemets (pour signifier que la vraie libération sera sociale) remonte à cette époque. Voir par exemple la brochure *De l'avant-guerre à l'après-Seconde Guerre mondiale. La « Libération » et la continuité de l'État français* (exposé du Cercle Léon Trotsky, 7 octobre 1994).

dès les premières lignes, le véritable auteur du texte, c'est-à-dire Barta. Lequel voulait proposer une perspective politique aux « ouvriers conscients, soucieux de l'avenir de leur classe », et ce malgré « les conditions terribles que nous impose la bourgeoisie (journée de dix heures et sous-alimentation) ».

Comme à son habitude, Barta fait ici assaut de pédagogie. « Nous demandons un peu de patience à notre lecteur ouvrier pour les explications qui suivent : *il s'agit de bien comprendre ce qu'est l'impérialisme* », souligne-t-il. L'impérialisme, c'est-à-dire le dernier stade du capitalisme pourrissant, la fuite en avant vers une guerre sans limites pour le repartage du monde. Dans cette optique, tous les régimes se valent puisque « les trusts n'ont jamais aussi bien prospéré que sous les gouvernements de Mussolini, Hitler, Blum, Roosevelt et Churchill ». Que ce soit « pour la "démocratie" ou pour l'"espace vital" », ceux-là sont prêts à tout pour satisfaire les appétits de leurs bourgeoisies respectives – et voilà pourquoi ils ont précipité les peuples dans le chaos[1].

Aussi les travailleurs ne doivent-ils compter que sur leurs propres forces, fraterniser avec leurs frères exploités sous l'uniforme, et préparer l'avènement des « États-Unis socialistes du monde ». En attendant, l'essentiel est d'ouvrir les yeux : la « soi-disant "guerre de libération" » entraînera les « pires souffrances pour les classes laborieuses », et « les conditions économiques instaurées par "l'ordre nouveau" (appauvrissement de tous les pays européens au profit des capitalistes allemands) seraient maintenues et aggravées par une victoire des impérialistes alliés ». Guerre, misère, souffrances : sous le joug anglo-saxon, l'oppression serait la même, elle serait peut-être même

1. *Socialisme ou barbarie ? (20 février 1944)*, brochure régulièrement rééditée par Lutte ouvrière.

pire que sous la botte allemande, affirme le dirigeant de l'Union communiste. Lequel va jusqu'à augurer « la fin de la civilisation et de la culture », pour dénoncer « une nouvelle barbarie sociale », révélatrice de ce qu'il nomme le « caractère tout à fait spécial de notre époque » : un temps de terreur où « les plus grandes inventions, loin d'être utilisées pour accroître la puissance de l'homme sur la nature, et par conséquent son bien-être, servent à la destruction et à la mort »...

Mais de cette terreur industrielle et sophistiquée, sous la plume de Barta, le « militant ouvrier » doit demeurer l'unique victime présentable. Des autres, de tous les autres, le dirigeant trotskiste ne souffle mot. Voyons plutôt ce que recouvrent les termes qu'il utilise.

« Persécution » ? Sur les vingt-huit pages que compte la brochure, la seule fois où la discrimination raciste est évoquée, c'est pour rappeler la « persécution des Noirs »... en Amérique.

« Bestialité » ? Celle-ci est réservée à « la bourgeoisie qui a ruiné le pays pour maintenir sa domination ».

« Déportation » ? Pour le Barta de février 1944, ce mot renvoie à la seule réalité du STO, Service du travail obligatoire. Dans le passage où l'on trouve l'unique occurrence du terme, il s'en prend aux « criminels qui ont plongé la France dans la Seconde Guerre mondiale, qui ont détruit les organisations et les libertés ouvrières, qui ont organisé la déportation en Allemagne et fait emprisonner, torturer et tuer des dizaines de milliers de militants ouvriers [1] ».

Il fallait s'attarder quelque peu sur cette brochure. Car il se trouve que Barta, David Korner de son

1. Bien sûr, Barta n'est pas le seul à faire un tel usage du mot « déportation ». À partir de 1943, la presse de la Résistance l'utilise aussi pour désigner les départs en Allemagne dans le cadre du STO. Mais cela ne saurait suffire à expliquer l'absence d'allusion aux déportations dites « raciales ». Voir Annette Wieviorka, *Déportation et génocide. Entre la mémoire et l'oubli*, Paris, Plon, 1992.

vrai nom, est né juif. À Buhusi, en Roumanie. Il avait commencé à militer très jeune, au début des années 1930, dans un pays qui « vivait la répression policière, l'antisémitisme, la misère et l'analphabétisme, la chasse aux communistes... », comme il le confia lui-même, beaucoup plus tard, à sa compagne Claire Faget, dite Louise, de son vrai nom Claire Pfeigenbaum, juive elle aussi. Définitivement émigré en France à partir de 1936 (il a alors vingt-deux ans), il était arrivé trop tard pour participer au Front populaire, mais il avait pu faire l'expérience de la « lutte antifasciste non seulement au Quartier Latin, mais aussi dans les meetings des quartiers populaires[1] ».

Donc, si l'on en croit ses souvenirs, Barta avait connu l'antisémitisme en Roumanie, avant de se former à « la plus grande école possible », c'est-à-dire la lutte contre les escouades fascistes[2]. Quelle leçon Barta en a-t-il retirée ? Apparemment, il en a surtout conçu une vigilance de tous les instants à l'encontre du « judéocentrisme ». C'est-à-dire, d'un côté, une volonté sourcilleuse de ne jamais « tirer la couverture à soi », et, de l'autre, un mutisme héroïque quant au sort des Juifs – raflés, triés, dénudés, mourant de froid et du reste, quelque part, très loin, là-bas.

Si bien que Barta peina toujours cruellement à distinguer entre camps d'extermination, camps de concentration et camps d'internement. Dans un récent livre d'entretiens, Robert Barcia, alias Hardy, chef historique de l'actuelle Lutte ouvrière, revient d'ailleurs sur la position de Barta pendant la Seconde Guerre mondiale. Une position qu'il fait sienne : « Sur le fond, Barta renvoyait dos à dos les belligérants car, même s'il y avait des nuances entre eux, fonda-

1. Cité in « Barta et l'Union communiste pendant la guerre », *Cahiers Léon Trotsky*, n° 49, janvier 1993, p. 8.
2. Barta, *Lettres à un jeune camarade*, *op. cit.*, p. 20.

mentalement ils étaient les mêmes et appliquaient les mêmes méthodes. L'Allemagne construisait ses camps en Pologne plus qu'en Allemagne, les Alliés les construisaient dans leurs colonies[1]. »

Le propos mérite encore d'être relevé. Ces lignes sont écrites en 2003, et elles maintiennent l'absolue équivalence des politiques menées par les nazis et par les Alliés : ce que les premiers ont fait en Pologne, les seconds l'ont réalisé dans leurs colonies. Partout la barbarie capitaliste montre un même visage hideux. Rigoureusement faux d'un point de vue historique (quel peuple les armées anglo-saxonnes ont-elles voulu rayer de la carte ? Comment s'appelle l'Auschwitz américain ?), cet argument fait partie des prémisses ordinaires de toute rhétorique visant à relativiser la singularité de la Shoah[2].

En ce sens, Hardy et ses camarades se montrent parfaitement fidèles à leur ancêtre revendiqué, Barta. Pendant l'Occupation, ils étaient moins d'une dizaine, autour de lui, à faire vivre l'Union communiste. Parmi eux, beaucoup étaient juifs. Outre Louise, Barta pouvait par exemple compter sur le dévouement du jeune « Pamp », pseudonyme de Mathieu Bucholz. Encore élève au lycée Michelet, à Vanves, Pamp s'était rallié à la petite troupe militante au cours de l'année 1941,

1. Robert Barcia, alias Hardy, *La véritable histoire de Lutte ouvrière*, *op. cit.*, p. 90.

2. On retrouvera cet argument chez les militants de l'extrême droite et de l'ultragauche antisémites, lesquels passent allègrement de la relativisation à la négation pure et simple de la Shoah. Évoquant la « secte » négationniste regroupée autour de la librairie La Vieille Taupe, l'historien Pierre Vidal-Naquet écrit : « La Vieille Taupe estime qu'il n'existe aucune différence fondamentale entre les deux camps qui se sont affrontés au cours de la Seconde Guerre mondiale, donc aucune perversité particulière du national-socialisme hitlérien » (*Les Assassins de la mémoire*, Paris, La Découverte ; rééd., Paris, Le Seuil, coll. « Points Essais », 1987, p. 21). Bien sûr, les trotskistes de Lutte ouvrière n'en sont pas là, et les qualifier de « négationnistes » serait odieux et absurde. Parmi les livres qu'ils donnent à lire à leurs militants, on trouve d'ailleurs plusieurs témoignages consacrés aux camps de la mort. Reste que les dirigeants de LO se refusent toujours à faire la différence entre les régimes qui se sont affrontés durant la Seconde Guerre mondiale, et à prendre en compte ce que la barbarie hitlérienne a de spécifique.

et il en devint bientôt la cheville ouvrière. Dans une large mesure, c'est lui qui permit au groupe de survivre, en procurant toutes sortes de faux papiers à ses camarades. C'est lui aussi qui recruta un certain nombre de jeunes, dont plusieurs allaient devenir, plus tard, les piliers de Lutte ouvrière.

Parmi eux, l'actuel dirigeant du « parti d'Arlette », Robert Barcia/Hardy. Dans son livre, celui-ci dresse le portrait de Pamp, « personnage extraordinaire » dont la mort violente fut pour lui un choc décisif ; à la Libération, en effet, Pamp fut assassiné, probablement par des militants staliniens, et on retrouva son cadavre dans la Seine. Dans les mois qui précédèrent, c'est auprès de lui que Barcia avait reçu sa première instruction trotskiste. Pour plus de discrétion, ils avaient évité les cafés, et s'étaient retrouvés régulièrement à la bibliothèque Sainte-Geneviève ou au jardin du Luxembourg, afin de potasser Marx, Plekhanov ou Kautsky : « Dans mon souvenir, il me paraît très grand. Il avait des cheveux blonds coupés en brosse, les yeux bleus, je crois. Il parlait l'allemand couramment. On pouvait le prendre pour un Allemand. Il était juif, mais je ne l'ai su qu'après sa mort », écrit le dirigeant de LO. D'ailleurs, précise encore Barcia, « beaucoup de militants trotskistes, comme Barta ou Bucholz, étaient juifs. Il y avait, à l'époque, surtout pour eux, plus qu'une menace de fascisme. Le fascisme concret était là, à notre porte[1] », précise-t-il.

« Une menace » ? « Surtout pour eux » ? Sans doute. Mais on pouvait compter sur eux, surtout sur eux, pour être les derniers à en parler. Ils s'appelaient Korner, Pfeigenbaum ou Bucholz, et ils avaient une pensée pour chaque peuple opprimé, aux quatre coins de la planète. Dans leur presse clandestine, ils

1. Robert Barcia, alias Hardy, *La véritable histoire de Lutte ouvrière*, *op. cit.*, p. 75 et 94.

dénonçaient les souffrances infligées aux paysans malgaches, aux Noirs américains, ou encore aux travailleurs allemands. En octobre 1944, et alors que les armées hitlériennes reculent sur tous les fronts, le groupe de Barta dénonce par exemple les « plans d'exploitation et d'asservissement complet de l'Allemagne » que les forces alliées auraient élaborés[1].

Il faut conclure. L'internationalisme prolétarien rendait ces militants solidaires des opprimés du monde entier, mais leur capacité d'indignation comportait un point aveugle : elle ignorait ces millions de femmes et d'hommes qui avaient été ciblés et anéantis en vertu d'un patronyme qu'ils n'avaient pas choisi et qui les inscrivait, qu'ils le veuillent ou non, dans la difficile tradition d'Israël. Celle-là même que Hitler voulait anéantir, au point d'en faire finalement une priorité absolue, avant tout autre objectif militaire ou économique. Or les Korner, les Pfeigenbaum, les Bucholz n'en ont jamais dit mot.

Les copains n'ont jamais voulu savoir, soupire Renée Laval. Les copains n'y ont pas cru, dit Jean-René Chauvin. Les copains n'étaient pas au courant, prétend quant à lui Robert Barcia, qui croit pouvoir affirmer, aujourd'hui encore, que pendant toute la durée de la guerre, « sauf au plus haut niveau, personne ne savait[2] ». Mais que les copains n'aient pas pu ou qu'ils n'aient pas voulu savoir, cela importe assez peu, au bout du compte. Car même à la Libération, et encore pour longtemps, les copains ne voudront presque rien entendre. Au plus fort du danger, ils n'avaient pas discerné de problème particulier. Une fois les faits avérés, l'atroce vérité révélée (près de six millions de Juifs méthodiquement exterminés), ils trouveront

1. « Les auxiliaires de Goebbels... », *La lutte de classes*, 10 octobre 1944, repris in « Barta et l'Union Communiste pendant la guerre », *op. cit.*, p. 102.

2. Robert Barcia, alias Hardy, *La véritable histoire de Lutte ouvrière*, *op. cit.*, p. 93.

plus convenable de regarder ailleurs. Ou, plutôt, de jeter sur le massacre « un regard aveugle, un regard sourd »[1]...

Dans ce registre, tournons-nous vers Boris Fraenkel. À partir des années 1960, celui-ci fut connu dans le monde intellectuel pour avoir introduit en France les pensées de Wilhelm Reich et d'Herbert Marcuse, deux représentants de la tradition freudo-marxiste, qui allaient bientôt devenir les auteurs phares de la révolution sexuelle façon 68. Mais c'est beaucoup plus récemment, on l'a vu, que le nom de Fraenkel est devenu fameux : au printemps 2001, au journal de 20 heures et sur toutes les chaînes nationales, on vit apparaître le visage mi-jovial, mi-désespéré d'un ancien militant lambertiste qui prétendait avoir été le « cornac » de Lionel Jospin.

Boris Fraenkel fut donc l'un de nos témoins. Au moment du premier entretien, il avait déjà plus de quatre-vingts ans. À deux reprises, il avait tenu à ce que nous prenions date pour préparer l'interview. Un jour, je le trouvai curieusement recroquevillé, accroupi devant la brasserie où nous étions convenus de nous rencontrer. Une fois installé, il me confia son désir chronique – et ses tentatives réitérées – de mettre fin à ses jours. C'était un peu rude. Plongeant la main dans un vieux sac plastique boursouflé de journaux qu'il traînait partout avec lui, il sortit alors un exemplaire du quotidien suisse *La Tribune de Genève*, qui venait de lui consacrer un article. Je vis les larmes emplir ses yeux : *« Sauf quand j'étais violemment amoureux, j'ai toujours eu envie de me tuer. Je vais mal, un point c'est tout... »*, lâcha-t-il, avec une intonation à la fois cassante et fragile.

1. Itzhok Katzenelson, « Le chant du peuple juif assassiné », camp de Vittel (1943), cité in *La Shoah*, d'Anne Grynberg, Paris, Gallimard, 1995, p. 162. On trouve une image proche sous la plume d'Annette Wieviorka, qui évoque le « regard aveugle » posé sur la Shoah par les Juifs nés après guerre. Voir *L'Ère du témoin*, Paris, Plon, 1998, p. 48.

Puis son propos s'emballa, et tout se télescopa : Herbert Marcuse, son ami, dont il avait fait traduire le maître ouvrage, *Éros et civilisation*, et qui l'avait trouvé *« charismatique » ;* Pierre Lambert, ce *« type inculte et rigolo »*, qui inventait des fausses citations de Lénine pour épater les ouvriers ; Lionel Jospin, un *« bon gars »* autrefois, et qui l'avait finalement abandonné... Le temps passait. Chaque digression, haletante et syncopée, se concluait par un invariable *« ça c'est chapitre I »*. Et la respiration qui suivait, toujours la même, donnait à entendre une angoisse pleine de sanglots. Soudain, Fraenkel s'interrompit. Dans les yeux, son sourire était triste, et il bredouilla cette phrase, comme venue de nulle part : *« Je ne suis pas juif, mais d'origine juive. Et je ne suis pas fier ! »*

Né dans la « ville libre » de Dantzig en 1921, Fraenkel y a vécu jusqu'à l'âge de dix-sept ans. Ses parents s'étaient rencontrés en Sibérie, où chacun d'entre eux avait été déporté par le régime tsariste : le père, parce qu'il était militant socialiste ; la mère, parce qu'elle et sa famille étaient de ces Juifs auxquels le tsar avait prétendu imputer la défaite de ses armées pendant la Première Guerre mondiale. Sioniste de gauche dès l'âge de quatorze ans, Fraenkel sera gagné aux idées trotskistes pendant la guerre. Entre-temps, il avait émigré en France dès 1938, traversant sain et sauf les années noires grâce au soutien que lui apportèrent plusieurs organismes juifs d'aide aux réfugiés : « Je dois dire que sans la solidarité d'institutions juives pendant la guerre et dans l'immédiat après-guerre, nous n'aurions pu survivre », note-t-il dans ses Mémoires[1].

Le père de Boris Fraenkel est mort juste avant sa naissance. Il ne l'a jamais connu. Longtemps, il évolua

1. Boris Fraenkel, *Profession : révolutionnaire*, Paris, éd. Le Bord de l'eau, 2004, p. 75.

« dans un monde exclusivement juif », élevé par une mère qui entourait ce fils unique de tous ses soins : « Elle ne s'intéressait à rien dans la vie, sauf à moi. Une mère possessive à l'état pur. Jusqu'à l'âge de treize ans, j'ai dû partager son lit. Nous louions des chambres chez l'habitant ; le plus souvent, il ne s'agissait même que d'une seule pièce. Lorsque nous avons enfin loué un appartement, j'ai exigé d'avoir ma propre chambre. Ce fut un dur combat, mais j'ai gagné. À la même époque, je décidai de ne plus mettre un pied à la synagogue[1] ».

Elle s'appelait Chaja Feinemann, respectait le shabbat, et parlait, beaucoup (parfois un peu trop), russe, polonais, yiddish surtout. Son unique ambition : être une « bonne mère juive ». Aussi avait-elle élevé son fils dans la plus stricte tradition, faisant en sorte qu'il connût l'hébreu avant même d'apprendre l'allemand. Entre elle et lui, cependant, ce ne fut jamais qu'une longue conversation étouffée : « À table, dès que j'ai pu le faire, je lisais, je ne parlais pas avec elle », se souvient Fraenkel, saluant tout de même la mémoire des *königberger klops* maternelles, ces boulettes de viande très pratiques puisqu'« on pouvait tenir son livre dans la main tandis qu'on mangeait de l'autre »...

Bien des années plus tard, au sortir de la guerre, et alors qu'il venait de retrouver sa mère à Grenoble, le dialogue de sourds reprit là où il s'était interrompu. Après une longue période de séparation, au moment où chaque famille comptait ses naufragés, ses rescapés, l'idée ne lui vint pas à l'esprit de poser *la* question. De lui demander par quel miracle elle avait survécu, elle qui avait été pourchassée par la Gestapo : « Question lancinante à laquelle je n'aurai jamais de réponse : comment est-ce possible que je n'aie pas interrogé ma mère sur la façon dont elle a échappé

1. *Ibid.*, p. 27.

aux rafles ? Serais-je donc un monstre ? » s'interroge-t-il aujourd'hui[1]. Un silence, donc, un de plus. D'autant plus symptomatique que tout au long de son itinéraire, on l'a vu, cet agitateur prolixe se sera beaucoup exprimé, recrutant essentiellement en milieu enseignant et prononçant en tous lieux de multiples exposés. En 1968, par exemple, sa conférence intitulée « Jeunesse et sexualité », organisée à l'Université de Nanterre, est restée comme l'une des étapes marquantes de la chronologie soixante-huitarde en sa généalogie libertaire. Si bien que Fraenkel aime à se présenter comme le véritable « père » du joli Mai...

Vingt ans plus tôt, en 1949, le même Fraenkel participait à un autre débat, beaucoup moins célèbre celui-là, organisé par les étudiants juifs de Bâle, en Suisse, sur le thème « Le marxisme et le judaïsme ». Débat qui lui valut d'être expulsé vers la France, la police suisse le classant non seulement comme « un trotskiste fanatique et un orateur redoutable », mais aussi comme « un typique juif d'Europe de l'Est », selon les formules employées dans son dossier. Ce dernier était d'ailleurs si complet qu'il comportait le texte intégral de son intervention à Bâle, laquelle prouve s'il en était besoin qu'à l'époque, déjà, Fraenkel faisait lui aussi partie de la grande confrérie des bavards en général... et des muets en particulier : « À ce moment-là, soit quatre ans après la fin de la guerre et la découverte des camps d'extermination, je n'ai pas prononcé un seul mot sur ce sujet, me contentant de reprendre l'analyse d'Abraham Léon qui, lui-même, n'en parlait pas. Et pour cause puisqu'il a été déporté avant d'achever son manuscrit et de connaître l'ampleur de la catastrophe. D'autres l'ont compris avant moi, mais je crois bien que notre engagement nous permettait de "sublimer", de ne pas nous arrêter sur l'*énormité* de l'événement[2]. »

1. *Ibid.*, p. 163.
2. *Ibid.*, p. 163-164. C'est lui qui souligne.

Nous y sommes. Les survivants perpétuent le silence des morts, et Fraenkel salue tout naturellement Abraham Léon. Le nom de cet agitateur belge, d'origine polonaise lui aussi, est l'un des plus glorieux du panthéon trotskiste. Il désigne un itinéraire politique qui n'est pas sans ressemblance avec celui de Fraenkel : élevé par des parents qui regardaient vers la Terre sainte, blessé par les insultes antisémites de ses camarades lycéens, le jeune Léon avait d'abord été attiré par le socialisme sioniste – il fut même président de la Fédération des jeunesses sionistes de Bruxelles. Par la suite, Léon allait rejoindre le mouvement trotskiste, pour devenir l'animateur infatigable de sa tendance belge, bientôt plongée dans la clandestinité. En 1944 encore, il participe aux travaux de la Conférence européenne de la IVe Internationale. Engagé aux côtés des mineurs de Charleroi en lutte, il est arrêté puis emprisonné. Torturé par la Gestapo. Déporté à Auschwitz. Gazé – à vingt-six ans.

À ses camarades, Abraham Léon laissa le souvenir d'un militant enthousiaste, quelques articles, et un livre. *La conception matérialiste de la question juive* est un essai fameux, toujours cité, rarement lu. S'y trouve exposée la théorie du « peuple-classe », censée résoudre en termes marxistes « le problème cardinal de l'histoire juive, celui du maintien du judaïsme[1] ». Assez sommaire sur le fond mais bouleversant de naïveté par la forme, ce livre fut achevé en décembre 1942, avec les moyens du bord. Retenons cependant que dans les dernières pages de son essai, pressentant sans doute le désastre annoncé, Léon abandonne considérations socio-économiques et généralités para-historiques pour prendre acte de ceci : « Jamais la situation des Juifs n'a été aussi tragique.

1. Abraham Léon, *La Conception matérialiste de la question juive*, 1946 ; rééd., Paris, EDI, 1968, p. 16.

Aux pires époques du Moyen Âge, des contrées entières s'ouvraient pour les recevoir. Actuellement, le capitalisme, qui domine l'Univers entier, leur rend la Terre inhabitable. » Si bien qu'à ce moment il semble que Léon, lui, sait déjà. Certes, il ne dit pas Auschwitz, ni Zyklon B, ni Shoah. Comment le pourrait-il ? Mais lui dont les jours sont comptés, lui qui bientôt y sera, ne craint pas d'affirmer que les Juifs constituent les « parias les plus persécutés de notre planète [1] ». En cela, il manifeste une audace qui manqua singulièrement à ses camarades survivants, toutes générations confondues.

Dès sa parution, en 1946, *La conception matérialiste de la question juive* devint pourtant l'un des grands classiques du corpus trotskiste : « Notre bible, à l'époque », se souvient Boris Fraenkel. Sous le pseudonyme de « E. Germain », c'est Ernest Mandel qui signe la postface à la première édition du livre. Il y rend hommage à son aîné, Abraham Léon, ce « géant révolutionnaire » dont il rappelle l'optimisme indéfectible : « trouvant la satisfaction la plus élevée dans la pensée et l'action au service du prolétariat mondial », Léon avait d'autant plus de mérite qu'il revenait de loin. N'avait-il pas débuté comme socialiste sioniste ? Mais « son esprit pétri de dialectique » n'avait pas tardé à comprendre où était le vrai : cessant de se débattre en « un débat intérieur dramatique », et « ayant surmonté l'étape nationaliste de son développement, Léon extirpa jusqu'aux dernières parcelles sionistes de sa pensée, et son internationalisme fut d'une pureté telle qu'on en rencontrait rarement », précise Mandel. La preuve tangible de cette « conversion » réussie, Léon l'avait fournie pendant la guerre, lorsqu'il s'agissait de tenir ferme sur les principes, au grand dam de ses anciens compagnons : « Malgré les

1. *Ibid.*, p. 175.

huées et les cris d'indignation devant ce renégat d'Israël, Léon, avant même d'avoir définitivement rompu avec le sionisme, défend courageusement la position du défaitisme révolutionnaire intégral. »

Avant de partir en fumée, donc, cet ancien sioniste aura eu le temps de s'adresser aux combattants de la Wehrmacht en leur lançant : « Toi, soldat allemand, sous ton uniforme, tu restes un travailleur. » Dans ces conditions, Abraham Léon avait tout pour faire figure d'icône révolutionnaire. Et on comprend que Mandel ne se contente pas de saluer une trajectoire exemplaire. Il honore également un héritage politique et en premier lieu les thèses sur la question juive. Certes, la théorie du « peuple-classe » peut paraître « étonnante de simplicité », admet Mandel. Elle demeure précieuse, néanmoins, en ce qu'elle « liquide [...] la question juive en tant que problématique du point de vue du matérialisme historique ». En effet, l'essai de Léon démontre que « seule la révolution prolétarienne mondiale [est] capable de normaliser l'histoire juive ». Et de fait, tel est le cœur de la doctrine marxiste en ces domaines : l'essentiel, c'est de dissiper le caractère exceptionnel d'un destin, de « faire disparaître les particularités tragiques de la société juive[1] ».

Telle est donc la parole « biblique », pour reprendre le mot de Fraenkel, le dogme respecté à la lettre, une fois de plus, par les héritiers de Trotski. Lorsqu'en 1947, par exemple, la direction de la IVe Internationale élabore un « projet de thèses sur la question juive après la IIe guerre impérialiste », la première partie de ce texte cite Abraham Léon pour évacuer les problèmes de définition : « Peuple commerçant dont la

1. Ce texte de Mandel fait office de préface à l'essai de Léon, dans l'édition classique EDI. Dans son texte fondateur intitulé *La Question juive* (1844), Marx avait lui-même tranché : « L'émancipation sociale du Juif, c'est l'émancipation de la société libérée du judaïsme. »

survivance au milieu d'autres peuples trouve sa racine dans une fonction sociale particulière, les juifs ont vu leur sort déterminé à travers les âges par l'évolution générale de la société, évolution qui changea leurs rapports avec les différentes classes[1]... »

Et aujourd'hui encore, on peut apercevoir la couverture bleu pétrole du « Léon » dans les rayons des bibliothèques militantes, l'ouvrage demeurant l'une des sources privilégiées par les pédagogues du mouvement. Ainsi, en août 2001, Jean-Michel Krivine (le frère d'Alain) s'inspirait de ce « livre référence » pour nourrir un exposé de formation intitulé, simplement, « Qui est juif ? ». Aux militants réunis à l'occasion de l'université d'été de la LCR, il proposa donc un « survol historique » où se trouvait ainsi résumée la théorie du « peuple-classe » imaginée par Abraham Léon : « les Juifs se sont conservés en raison de la fonction économique particulière (le commerce et notamment celui de l'argent) qu'ils remplissaient dans leurs pays d'émigration (ceux de la "diaspora") [2]. »

Confondante simplicité, en effet, et paradoxe renouvelé. Car sur l'incroyable perpétuation du nom juif, sur ce que le philosophe Jacques Derrida nommait la « survivance inouïe du petit peuple juif[3] », il existe une immense bibliographie. Laquelle s'est considérablement enrichie, on comprend pourquoi, depuis l'événement sans précédent qui s'appelle Shoah. Au début du XXIe siècle, pourtant, c'est toujours un petit livre brûlant mais superficiel, achevé par un jeune révolutionnaire belge *avant* sa déportation,

1. Bulletin intérieur du Secrétariat international de la IVe Internationale, numéro spécial, octobre 1947, cité in « Documents sur la question juive et la révolution palestinienne communiste », Les Cahiers du CERMTRI, n° 63, décembre 1991, p. 28.

2. « Qui est juif ? », août 2001. Plan et notes préparatoires nous ont été communiqués par Jean-Michel Krivine.

3. Jacques Derrida, *Foi et savoir*, Paris, Le Seuil, « Points Essais », 2000, p. 84.

qui sert ici de référence aux trotskistes. Lesquels sont de grands lecteurs, il ne faut jamais l'oublier. Parfois rescapés, qui plus est, ou descendants de rescapés, chacun à sa manière : « Nous sommes des survivants de la deuxième génération », a pu écrire Daniel Bensaïd, membre fondateur de la LCR, pour saluer les figures tutélaires où s'ancre une filiation : « Nos pères spirituels s'appelaient Abraham Léon, Hirsch Mendel, Isaac Deutscher, Ignace Reiss, Joseph Berger, Meyer Schapiro, Ernest Mandel[1]... »

Mandel – décidément, cet homme nous aura beaucoup manqué. Nous aurions tant voulu pouvoir lui tendre le micro, à cet intellectuel polyglotte qui fut l'un des tout derniers représentants de la vieille garde révolutionnaire. À lui qui porta, jusqu'à son dernier souffle, l'optimisme têtu d'un idéal marxiste directement issu des Lumières, où humanisme et progrès devaient se conjuguer pour construire un monde meilleur : la barbarie appartenait au passé, forcément, et les lendemains étaient faits pour chanter. « Son enthousiasme était délirant », nous a confié Alain Krivine. Comme Boris Fraenkel, on l'a vu, Mandel avait de réelles qualités de pédagogue. Comme Abraham Léon, il avait grandi en Belgique, et il avait été déporté. Comme eux, enfin, il était juif. À la différence du premier, cependant, il n'en voulut presque rien savoir. Contrairement au second, il est revenu vivant, ayant réussi à s'échapper du camp de travail où il était enfermé. Vivant, certes, mais aphasique sous cet aspect. Au point d'apparaître, au cœur du second XXe siècle, comme l'un des muets les plus pathétiques de la constellation trotskiste.

Lisez, fouillez, examinez les milliers de pages publiées par cet érudit de haute volée. Vous y trouverez des brochures consacrées à l'action syndicale, à

1. Daniel Bensaïd, *Une lente impatience*, *op. cit.*, p. 385.

l'autogestion, aux conseils ouvriers ; des essais sur la dynamique du « capitalisme tardif » ou le fonctionnement de la bureaucratie soviétique ; des dizaines d'articles, méditant les leçons de la révolte coloniale, de la guérilla latino-américaine ou du soulèvement féministe. Sur le drame spécifique des Juifs d'Europe, presque rien : « N'est-il pas remarquable que vingt-cinq ans, puis trente-cinq ans *après* l'événement, on ne trouve pas chez Mandel une mention directe de la question, encore moins une réflexion à son sujet ? » s'interroge un analyste politique anglais[1].

La « question », celle que Léon n'eut pas le temps de formuler vraiment, et que Fraenkel n'a pas pu, ou pas voulu poser à sa mère, nous l'aurions volontiers prolongée, nous, en direction d'Ernest Mandel. Hélas ! il n'était plus là pour répondre. Alors nous nous sommes tournés vers ses plus proches héritiers. Et vers Janette Habel, d'abord. Ancienne militante à l'Union des étudiants communistes, à la Sorbonne, celle-ci a fait partie du petit noyau originel de la LCR, dont elle représenta longtemps la figure la plus « guévariste » (c'est elle qui avait rapporté de Cuba le livre de Che Guevara intitulé *Le Socialisme et l'homme,* publié par l'éditeur François Maspero). Pendant toutes ses années de maturation politique, Jeannette Habel a pu compter sur la présence affectueuse de Mandel, qui avait d'ailleurs été l'un des rares dirigeants trotskistes à engager un vrai dialogue avec le Che. Et si elle n'est pas la seule à le considérer comme un second père, c'est sans doute elle qui évoque son souvenir avec le

1. Norman Geras, « Les marxistes face à l'holocauste », in *Le Marxisme d'Ernest Mandel,* Paris, PUF, 1999, p. 175. C'est lui qui souligne. Dans *Les Marxistes et la question juive* (Paris, Kimé, 1997), Enzo Traverso a pointé « les apories du marxisme devant le "trou noir" d'Auschwitz ». Il souligne aussi « l'impossibilité, pour le marxisme classique dont Mandel se réclamait, de reconnaître cette priorité de l'idéologie sur l'économie dans la destruction des Juifs ». Et du même coup son incapacité à faire la distinction entre camps de *concentration* et camps d'*extermination* (p. 333-335). Comme Barta hier, on l'a vu. Comme quelques autres aujourd'hui.

plus de tendresse. Y compris lorsqu'il s'agit d'aborder certains trous de mémoire, jusqu'au sein des plus hautes instances de son organisation :

> « *Il y a eu une sous-estimation de la spécificité de l'Holocauste, et je pense que c'est précisément parce qu'il y avait beaucoup de Juifs à la direction. Ces Juifs, qui étaient communistes révolutionnaires, ne se revendiquaient pas d'abord comme Juifs, mais comme internationalistes. C'est le cas de mon propre père, qui ne s'est revendiqué comme Juif que très tard, après le procès des "blouses blanches" en URSS*[1]. *Auparavant, il était marxiste. Et s'il y avait évidemment une part de subjectivité juive, il ne tenait pas à en parler. Et un intellectuel comme Mandel, qui pouvait aller manger du cou farci en cachette, avec moi, rue des Rosiers, n'a rien apporté de très intéressant sur l'analyse du phénomène lui-même. Un jour, nous parlions de l'absence de déclaration suffisamment forte sur l'Holocauste après la guerre : "C'est vrai, mais l'antisémitisme était tellement fort dans le mouvement ouvrier", m'a-t-il répondu. Il y a cet aspect – la peur de ces dirigeants de sombrer dans quelque chose d'identitaire, qui remettrait en cause leur appartenance internationaliste.* »

L'internationalisme pour unique identité : Jeannette Habel dit bien les déchirures intimes d'un homme comme Mandel, secrètement lucide, tourmenté à l'idée que son nom puisse le rattraper. Les rares fois où il évoquera la Shoah, l'animateur du Secrétariat unifié de la IVe Internationale évacuera systématiquement la spécificité de ce génocide, pour l'inscrire dans la longue liste des horreurs passées : l'esclavage antique, la persécution des sorcières, la

1. Montée de toutes pièces, en 1953, l'affaire du « complot des blouses blanches » est l'un des grands symboles de l'antisémitisme d'État sous Staline. Il visait à prouver qu'un groupe de médecins juifs cherchaient à supprimer les dirigeants du Kremlin. Moins d'un mois après la mort de Staline (le 5 mars), la *Pravda* reconnaîtra pourtant que la prétendue conspiration n'avait jamais existé, annonçant ainsi la période du « dégel » khrouchtchévien.

traite des Noirs ou encore le massacre des Indiens d'Amérique. Au départ, donc, ce souci constant : ne pas tirer la couverture à soi. Et l'urgence d'échapper à la « glu des origines », pour reprendre une expression souvent utilisée par Daniel Bensaïd, cofondateur et encore aujourd'hui figure dirigeante de la LCR. Saluant la mémoire de ses maîtres en internationalisme, il revient lui aussi sur cette espérance du rescapé : retourner la malédiction en puissance d'émancipation... Où l'on retrouve Abraham Léon. Et Ernest Mandel :

> « *Qu'une génération qui avait cru à l'émancipation internationale ait réagi à la guerre en refoulant des singularités ou des appartenances, pour se jeter à corps perdu dans une universalité militante à référence de classe, cela paraît tout à fait logique. En même temps, des gens comme Léon ou Mandel n'ont jamais cessé d'accorder une attention particulière à la question juive. Il n'y a nul hasard à ce que Léon, à la veille de sa déportation, ait laissé ce texte fondateur, qu'on peut critiquer aujourd'hui, sur le marxisme et la question juive. La question n'a pas été complètement effacée. A posteriori, avec l'expérience du génocide, il est évident que la dénégation là-dessus... Mais c'était le lot du mouvement ouvrier après la guerre, stalinien ou non. Mandel était d'abord un rescapé : il avait été déporté à dix-huit ans, et ça l'avait profondément marqué, y compris dans ses rituels d'hygiène quotidiens. Pour moi, culturellement, il représentait la grande tradition humaniste des Lumières. C'était une espèce de monument de culture universaliste, et je comprends la résistance de ces gens-là, ayant survécu, justement, au génocide, pour ne pas se laisser clouer au mur de l'appartenance religieuse ou ethnique.* »

Telle fut donc la « résistance » d'Ernest Mandel. Car c'est bien connu : la gloire du résistant consiste à ne pas parler. Et celle du révolutionnaire juif, à ne pas *en* parler. De ce point de vue, Mandel apparaît comme un maquisard hors pair, en effet. Jusqu'à sa mort, il aura serré les dents, ne lâchant quasiment pas un mot. Et ce mutisme presque sans faille aura fait de lui un modèle – un maître du silence. Comment lire autrement les pages saisissantes par lesquelles Daniel Bensaïd a honoré sa mémoire ? Prolongeant à sa manière l'aphasie de son aîné, il écrit : « Ernest Mandel fut pour nous un tuteur théorique et un passeur entre deux générations [...]. Ernest s'efforça, durant les années 1950, de penser l'inédit de l'époque... » Et qu'était-ce donc que l'« inédit de l'époque », pour le Mandel des années 1950 ? La barbarie sans précédent qui venait d'ensanglanter l'Europe ? La mort de masse, produite à la manière industrielle ? La tentative inouïe d'exterminer un peuple entier ? Non. Moins d'une décennie après la Libération, l'énigme nouvelle, l'unique défi pour le marxisme du temps, c'était la survie du système bourgeois, c'est-à-dire « les mystères contemporains d'un capital qui, moribond dans l'entre-deux-guerres, faisait preuve d'un dynamisme retrouvé »[1]...

Avant la Shoah, nous y avons insisté, très rares furent les militants révolutionnaires qui saisirent le caractère inédit d'une telle chasse à l'homme. Ils ne furent pas les seuls. Mais voici le plus remarquable : *l'identité quasi parfaite du positionnement révolutionnaire, sur ce point, avant et après la sanglante césure.* Ainsi toute l'argumentation des trotskistes, les rares fois où ils aborderont la question, tendra-t-elle à faire du génocide juif « l'expression jusqu'ici ultime des tendances destructrices présentes dans la société bourgeoise ». Face à un tel déchaînement d'horreur, répéteront-ils, il faut surtout redoubler d'effort, de courage, et libérer enfin l'humanité. Là était pour eux la « leçon principale de l'Holocauste », selon les mots de Mandel lui-même. D'où l'impératif de ne pas s'appesantir sur tel ou tel malheur singulier. L'urgence, encore et encore, c'est

1. Daniel Bensaïd, *Une lente impatience*, *op. cit.*, p. 362-363.

d'intégrer la famille universelle des vaincus, des opprimés. Sinon, à quoi bon s'engager ?

Écrivant ces mots, nous avons un visage en tête. La bouille ronde et chaleureuse de Roland Szpirko, membre des plus hautes instances de Lutte ouvrière. Au moment de le contacter, nous comptions surtout l'interroger en tant que dirigeant ouvrier, connu pour sa lutte aux usines Chausson. Salarié de l'entreprise dès 1978, il joua un rôle moteur dans le mouvement de résistance collective et spectaculaire (invasion du 20 heures de France 2 et bataille rangée devant la préfecture de Creil, entre autres) qui tenta d'empêcher la fermeture du site, en 1992. De tout cela, le jour de l'entretien, nous avons en effet longuement parlé. Mais pour la première fois cet homme plutôt rétif aux confidences a aussi accepté de faire retour sur son itinéraire personnel. Sur son premier souvenir politique, par exemple, à savoir l'exécution des époux Rosenberg, en 1953 (*« J'avais sept ans. J'ai pleuré avec tout le monde*[1] *»*). Sur son itinéraire militant, aussi : après avoir adhéré, très jeune, aux Jeunesses communistes (*« J'avais une mappemonde, et je mettais des petits drapeaux sur chaque pays communiste »*), il rencontre les trotskistes à quinze ans, en s'engageant contre la guerre d'Algérie. Sur son histoire familiale, même, et sur son père en particulier.

Né en Pologne, celui-ci fut militant communiste. Très tôt, encore adolescent, il avait connu les geôles du maréchal Pilsudski, avant de trouver refuge en France. C'était en 1929, il était alors âgé de dix-neuf ans. Mais laissons le fils exposer la suite, huit décennies plus tard :

1. Accusés d'avoir livré les secrets de la bombe atomique à l'Union soviétique, les communistes américains Ethel et Julius Rosenberg (trente-cinq et trente-sept ans) furent condamnés à mort et exécutés à New York en juin 1953. Auparavant, une campagne d'opinion internationale s'était déclenchée pour réclamer leur grâce. L'« affaire Rosenberg » est restée comme l'un des épisodes les plus fameux de la guerre froide.

« Mon père a toujours raconté qu'il avait essayé de faire autre chose que tailleur. Mais en Pologne l'antisémitisme était virulent : lorsqu'il a voulu entrer dans un atelier pour faire de l'optique, les ouvriers ont fait grève pour qu'il soit licencié. Parce qu'il était juif. Donc, il a été obligé de faire tailleur, à partir de onze ans, et c'était un ouvrier très fier de ses qualifications professionnelles. Pendant la guerre, il a été pourchassé en tant que Juif et surtout en tant que communiste, puisqu'il était officier dans la Résistance, au sein de la MOI, dans le Vercors, où ils ont quasiment tous été assassinés. Et moi j'ai été éduqué par des Juifs communistes qui refusaient tous les nationalismes. Toute ma famille a été massacrée en Pologne, d'abord par les Polonais, accessoirement par les Allemands. Bon, cette condition d'origine, c'est ainsi, mais je me sens faire partie d'un mouvement communiste international, et cette conscience, j'en sais gré à ceux qui me l'ont transmise. Parce que quand on milite, on prend la continuité d'un mouvement. Alors, il y a des gens qui redécouvrent sur le tard leur origine, pour se pencher avec beaucoup de complaisance sur leur nombril. Il y a des gens qui perdent le fil, qui se disent "mais j'étais juif d'abord". Non, on est d'abord des prolétaires qui se sentent solidaires des exploités à travers le monde, et non pas qui pleurent sur un sort particulier. »

Pour un membre dirigeant de Lutte ouvrière, le ton adopté est assez insolite. Même entouré de réserves, en effet, et barricadé derrière les dénégations, son discours ne laisse-t-il pas autre chose s'installer ? Ne discerne-t-on pas une voix autre, donc forcément menaçante, près de percer ? À dire « papa », à dire « je », à dire « juif », surtout, on risque toujours un faux pas... Et le marxiste juif qui consacre toute une vie à rompre avec son identité peut se trouver brutalement confronté à « l'épouvantable perspective de parler pour lui-même » [1]... Au bout du compte, toute-

1. La formule est du philosophe anglais Isaiah Berlin. Après d'autres, celui-ci a souligné combien Marx, pourtant issu d'une lignée de rabbins, « expulsa de sa pensée, à l'état de veille, tout rappel conscient de ses ancêtres ». Le judaïsme ?

fois, la parole de Szpirko était parvenue à sauver l'essentiel : la permanence d'un déni, sans cesse reconduit de père en fils[1]. Gages de bonne volonté, les sarcasmes du militant de Chausson (*« se pencher sur son nombril », « pleurer sur un sort particulier »*...) s'adressaient ici explicitement à Laurent Schwartz, dont nous avions cité les textes pendant l'entretien. La prise de conscience, même tardive, chez ce mathématicien rebelle et longtemps sans voix, d'une tragique singularité juive, se trouvait donc d'emblée moquée par Szpirko, retournée en crispation identitaire, en égocentrisme victimaire.

Ne pas pleurer, ne pas se lamenter. Quoi qu'il arrive, fuir cet enfer – le « sort particulier ». Malédiction commune, cauchemar familier : ils sont quelques-uns à avoir voulu briser cette fatalité. De ce point de vue, les trotskistes ont de qui tenir. Et c'est ici qu'il faut de nouveau retourner aux sources. À Trotski, à *Ma vie*. Bien qu'éduqué dans une école primaire juive, celui-ci demeura jusqu'à sa mort un agnostique de fer. Ce qui ne l'empêcha pas de mobiliser l'idée d'une vocation révolutionnaire du judaïsme, à l'occasion, pour les besoins de la cause. Ainsi, en 1938, au moment même

---

L'auteur du *Manifeste* a toujours exprimé à son égard une pure et simple « répugnance ». L'antisémitisme ? « D'un geste dédaigneux, Marx balaya la question et décida de nier son existence », reprenant à son compte les préjugés antijuifs les plus éculés, et raillant les « pleurnicheries » de quiconque dénonçait les persécutions. Marx ne fit jamais « la moindre allusion à ses origines juives. Sur ce point, il fait silence », note Berlin (*Trois Essais sur la condition juive*, Paris, Presses Pocket, 1973, p. 41-44).

1. Le père de Roland Szpirko avait rejoint la MOI (Main-d'œuvre immigrée), organisation liée au PCF, née au milieu des années 1920 afin d'encadrer les travailleurs immigrés, et dans laquelle de nombreux résistants juifs investiront bientôt leurs espérances internationalistes : « Être reçue dans la Résistance communiste, c'était aussi, après avoir perdu patronyme, logis, rue, école, foyer, recouvrer une appartenance. [...] C'était faire fondre l'indicible tristesse de la perte de sens que la persécution avait infligée à l'existence quotidienne et la faire fondre à la chaleur d'une patrie souterraine, flottant quelque part entre limbes et catacombes, mais vivante et tout animée de la certitude de lendemains enchanteurs », a écrit Annie Kriegel (*Ce que j'ai cru comprendre*, Paris, Robert Laffont, 1991, p. 194).

où il prévoit l'extermination physique qui allait devenir le « privilège négatif » du peuple juif, le chef bolchevik en exil salue « un authentique esprit messianique chez les ouvriers juifs[1] ». Un esprit qui devrait les faire spontanément adhérer, jugeait-il, aux idées de la IVe Internationale...

Huit ans auparavant, dans une lettre au journal yiddish *Klorkeit* et aux « travailleurs juifs de France », il avait déjà insisté sur le potentiel subversif que représentaient selon lui ces ouvriers émigrés, dont il soulignait à la fois « le statut de parias » et la « mentalité plus mobile, plus réceptive aux idées révolutionnaires ». Exigeant d'eux « une grande action menée consciemment dans un esprit de sacrifice sincère », il s'adressait à ses camarades du « Groupe d'opposition juive à Paris » dans les termes suivants : « Votre organisation [...] doit avoir une claire appréciation de cette grande mission historique. Naturellement, non pas dans l'esprit de je ne sais quel chauvinisme messianique – il ne saurait en être question – mais dans l'esprit d'une grande obligation internationale »[2]. L'expression est remarquable : à l'instant même où Trotski rappelle aux prolétaires juifs ce qu'il affirme être leur vocation historique (un « sacrifice » singulier, exigé d'eux, au service du prolétariat mondial), il juge nécessaire de mettre en garde ces « camarades » contre une éventuelle tentation » chauvine » : transformer la « grande mission » qui leur revient en un nouveau « privilège », mais positif celui-là ! On n'est jamais trop prudent : des fois que l'idée leur viendrait de tirer la couverture (messianique) à eux...

Il faut admettre qu'en matière de lutte contre le « chauvinisme » juif Trotski avait déjà une longue

1. Léon Trotski, *Œuvres, op. cit.*, t. XVI, p. 137.
2. Léon Trotski, lettre à *Klorkeit* du 10 mai 1930, citée dans « Documents sur la question juive et la révolution palestinienne communiste », *op. cit.*, p. 5.

expérience. Ainsi, lors du célèbre congrès du Parti ouvrier social-démocrate russe (POSDR), qui se déroula en 1903, le bouillant Bronstein avait mobilisé toutes ses forces pour aider Lénine à se débarrasser du Bund (littéralement, le « lien », la « ligue », en yiddish), ou Union générale des travailleurs juifs de Russie, Pologne et Lituanie. Fondé en 1897, ce groupe joua un rôle déterminant dans la formation du POSDR, quelques mois après sa propre naissance, et sur ses terres, à Minsk. Un chef révolutionnaire comme Plekhanov parlait des troupes du Bund comme de l'« avant-garde du prolétariat russe ». Et de fait, alors que les partisans de Lénine, rassemblés autour du journal l'*Iskra* (« L'Étincelle ») étaient encore isolés, ce mouvement comptait déjà dans ses rangs des milliers d'ouvriers et d'artisans.

Mais il y avait un hic : le Bund demandait que soit reconnue la spécificité du travail d'éducation et d'agitation qu'il effectuait en direction d'un prolétariat juif dont la culture (yiddish) et les difficultés (discriminations, persécutions) appelaient une politique particulière : « Cela, parce que les travailleurs juifs ne souffrent pas seulement en tant que travailleurs, mais aussi en tant que Juifs », avait déclaré l'un des pères fondateurs du Bund, Arkady Kremer[1]. Ses militants réclamaient donc l'instauration d'un système fédéraliste au sein du parti social-démocrate russe, s'opposant du même coup au modèle de fonctionnement ultracentralisé voulu par Lénine et ses proches.

Ces débats ne se déroulaient pas dans n'importe quel contexte. Durant les mois qui précédèrent, une flambée de violence antisémite avait embrasé l'Empire russe. Formées avec le soutien du pouvoir en place,

1. Cité par Richard Marienstras dans le dossier que *Points Critiques. Revue de l'Union des Progressistes Juifs de Belgique* a publié à l'occasion du centième anniversaire du Bund, n° 62/63, décembre 1998-janvier 1999, p. 16.

les Centuries Noires pillaient, violaient, tuaient sans limites. Au cri de « Cogne les Juifs, sauve la Russie ! », ces milices chrétiennes et ultranationalistes organisèrent plusieurs pogroms, notamment dans la ville de Kichinev, située en Moldavie. Après leur passage, on releva près de cinquante morts, ainsi que six cents blessés. Et ce n'est qu'à la suite de ce carnage que les militants bundistes se résolurent à mettre sur pied leurs propres milices d'autodéfense[1]. Car les autres tendances du mouvement ouvrier, et le parti de Lénine et de Trotski en particulier, n'en semblaient guère préoccupées. Or en 1903, c'est bien ce silence-là que les représentants du Bund auraient voulu voir rompu par leurs camarades. Au lieu de quoi ils n'eurent droit, du début à la fin, qu'à une irréductible indifférence, dont se souvinrent longtemps tous ceux qui avaient assisté à ce fameux congrès ; et en particulier à la séance du 18 août, à l'issue de laquelle les délégués du Bund se retirèrent, leur départ étant accueilli par un grand silence...

De ce refoulement inaugural, dont les conséquences seront incalculables, il convient de souligner deux aspects. D'abord, le retrait de l'organisation bundiste, qui coïncidait avec celui d'une autre tendance (dite « économiste »), allait constituer l'acte de naissance véritable du « bolchevisme ». Désormais, Lénine et ses alliés se retrouvaient majoritaires au sein du parti social-démocrate. Mais il y a plus important encore : c'est à Trotski lui-même, surnommé le « gourdin de Lénine », qu'il était revenu de mener bataille contre les prétentions « autonomistes » et le « chauvinisme »

1. Dans *Rouge c'est la vie*, Thierry Jonquet écrit : « Révoltés par le pogrom de Kitchinev, certains délégués bundistes qui arrivaient à Bruxelles pour débattre avec Lénine [...] avaient une question à poser, une petite question, pas théorique, mais bien concrète. Une question à cent kopecks : les pogromistes n'étaient-ils pas, par hasard, en partie recrutés parmi les travailleurs sociaux-démocrates russes avec lesquels les bundistes espéraient édifier un monde fraternel ? » (*op. cit.*, p. 27).

du Bund[1]. Or, pour la circonstance, Trotski avait choisi de prendre position non seulement comme militant communiste, mais aussi, pour la première fois, *en tant que Juif*[2]. Et en intervenant ainsi, pour la première et la dernière fois, *en tant que Juif*, Trotski aura surtout fixé les contours d'une posture appelée à un bel avenir : celle du militant révolutionnaire juif à l'égard du nom dont il se trouve porteur. Un nom dont on peut résumer, à présent, les trois possibles déclinaisons, telles que le militant trotskiste en dispose.

– En tout premier lieu, bien sûr, *le nom muet.* C'est la solution idéale. Du nom juif, on ne parle pas. Et de l'antisémitisme, le moins possible. La question sera réglée par la lutte finale, celle du prolétariat mondial, et le vrai crime serait de diviser cette globalité-là.

– Ensuite, *le nom-mission.* S'il faut vraiment évoquer la question, on optera pour une exhortation généreuse, qui sonne comme un rappel à l'ordre, sur le modèle du discours adressé par Trotski aux « travailleurs juifs de France ». C'est là qu'intervient le joker messianique : souvenez-vous de votre glorieuse vocation. Elle s'appelle révolution. Si vous lui tourniez le dos, il pourrait bien vous arriver des bricoles. Ne venez pas ensuite pleurnicher (« complaisance », « nombril », etc.).

– Enfin, *le nom-massue.* Il n'est qu'une circonstance, et une seule, dans laquelle un militant pourra se résoudre à prendre la parole, à argumenter, à se mani-

1. Pendant le congrès, Lénine fit passer à Trotski cette note privée : « Trotski, pourriez-vous prendre la parole *après* Martov, pour une petite déclaration à propos de la résolution que vous avez signée [sur le Bund] et souligner que les Juifs qui l'ont signée sont *aussi* des représentants du prolétariat juif ? », demandait-il. « Trotski s'était exécuté sans états d'âme », précise Jean-Jacques Marie dans *Trotsky. Naissance d'un destin*, Paris, Autrement, 1998, p. 167.

2. « Il s'engage à fond contre le Bund [...] et le fait en tant que militant juif – c'est assez rare pour être souligné », note Pierre Broué dans son *Trotsky*, *op. cit.*, p. 76.

fester en tant que Juif : c'est lorsqu'il s'agit de s'opposer au « particularisme », à l'« esprit de clocher » juifs. Car là, tout est permis. Quand un révolutionnaire s'avance et dit : « Je suis juif », c'est en général qu'il y a urgence. Urgence à dire non. Non au nom juif.

Certes, ces diverses figures d'un mutisme volontariste, ces trois gestes visant à taire, à raturer le nom juif, se retrouveraient aisément dans d'autres familles du mouvement ouvrier [1]. Ce qui distingue la tradition trotskiste, c'est surtout, ici encore, la continuité du silence, et la persévérance troublante avec laquelle des militantes et des militants l'ont enduré, génération après génération. Avant comme après la Shoah, hier et jusqu'à aujourd'hui, ils s'y sont tenus. Ils se sont tus.

Pour le vérifier, mettons à l'épreuve notre typologie (nom-*muet*, nom-*mission*, nom-*massue*) en l'appliquant à l'itinéraire de celui qui est sans doute actuellement la figure la plus emblématique de ce que certains ont baptisé le « judéo-trotskisme » : Daniel Bensaïd, cofondateur de la JCR/LCR [2]. D'origine algérienne, on s'en souvient, son père avait été garçon de café puis employé d'une boîte de nuit, à Oran, avant d'émigrer en France pour y tenir un petit bistrot à la sortie de Toulouse. Raflé en décembre 1943, il fut emmené au camp de Drancy. Contrairement à ses frères, qui en

1. Deux exemples. Dans son *Autocritique*, le sociologue Edgar Morin fait retour sur ses années d'engagement au sein du PCF, qu'il a rejoint pendant la guerre, comme jeune résistant. Évoquant cette « mentalité sacrificielle », ce « complexe messiano-masochiste », il écrit : « Si je n'avais pas été juif, j'aurais réagi dès les débuts de l'occupation contre l'immonde antisémitisme, du moins je l'espère » (Paris, Julliard, 1959, p. 28). Idem, plus tard, au sein de la mouvance maoïste : « Personnellement, j'aurai *tout* fait intellectuellement pour éviter d'être juif, pour éviter la réponse juive à la question universelle que je vivais », s'est souvenu Benny Lévy, ancien dirigeant de la Gauche prolétarienne (*Être juif*, Lagrasse, Verdier, 2003, p. 25).

2. « Pourquoi ne parle-t-on pas yiddish au bureau politique de la LCR ? demandait une blague fameuse de l'après 1968. – Parce qu'il y a Bensaïd », telle était la réponse...

sont partis pour ne plus jamais revenir, il y était demeuré jusqu'à la Libération, grâce à des certificats de baptême que sa femme avait miraculeusement obtenus. Après la guerre, cet ancien champion de boxe se montra intraitable quant à l'antisémitisme. Dans le tiroir-caisse du café familial, Haïm Bensaïd gardait toujours à portée de main l'étoile jaune des années noires. Au moindre propos antijuif, il la posait sur le comptoir et sortait l'indélicat – à coups de poing. Sans être religieux, il n'en portait pas moins une chaînette ornée d'une étoile de David autour du cou : « Malgré la proximité du génocide, mes parents n'ont jamais songé à m'épargner la marque d'un nom juif », a noté Daniel Bensaïd.[1].

Comme celle de Roland Szpirko, l'enfance de Daniel Bensaïd fut bercée par le récit des résistants de la MOI. Cela se passait dans les années 1950. Au bar des Amis, l'ambiance était « PC-popu » (remise des cartes, pastis et accordéon...), et les héros du maquis côtoyaient anciens des Brigades internationales, réfugiés espagnols, antifascistes italiens ou cheminots rouges. Derrière le comptoir se tenaient les parents : maman, fille de communards et républicaine intransigeante ; et papa, donc, Juif d'Oran et rescapé. Comme celle de Szpirko, aussi, la famille Bensaïd avait été décimée par les déportations. Comme à Szpirko, la question juive ne se pose jamais à Bensaïd que pour être aussitôt ouverte sur la généralité d'une épopée militante et universaliste. Comme Szpirko, enfin, le théoricien de la LCR n'est que rarement sorti du code de conduite défini par Trotski et ses héritiers directs. Voyons voire de plus près.

– Nom-*muet* : sur la question juive, Bensaïd se fit longtemps discret, s'en tenant à un silence prudent.

– Nom-*mission* : ce n'est qu'assez tardivement qu'il

1. Daniel Bensaïd, *Une lente impatience*, *op. cit.*, p. 382.

s'intéressa à un aspect précis de la question, à savoir les supposées « affinités » entre judaïsme et révolution. C'est le joker du messianisme sécularisé. Depuis le début des années 1980, en effet, c'est-à-dire depuis que la mémoire de la Shoah est revenue hanter pour de bon la conscience du temps, les trotskistes ont renoué avec une vieille idée : celle qui, liant prophétie et utopie, rédemption religieuse et résistance sociale, fait du judaïsme l'autre nom de la Révolution[1]. D'où leur engouement récent pour un penseur allemand comme Walter Benjamin, dont le curieux matérialisme, moins dialectique que théologique, permet de faire d'une pierre deux coups : d'un côté, on reconnaît la réalité d'une « culture » juive ; mais de l'autre, on déjoue la tentation « identitaire » en rabattant d'emblée cette culture sur une pure promesse politique – l'émancipation du genre humain. Dans ces conditions, le Talmud sera envisagé comme un véritable « matériel explosif », pour paraphraser le même Benjamin, et on n'hésitera pas à convoquer les rabbins de la Kabbale afin de réinventer un marxisme

1. Voir Daniel Bensaïd, *Walter Benjamin, sentinelle messianique*, Paris, Plon, 1990. Dans un petit ouvrage de synthèse, Bensaïd fit même du trotskisme tout entier une affaire d'« outsiders à la nuque raide », allant jusqu'à assimiler cette étiquette politique, par la stigmatisation et la violence qu'elle suscitait, à « une sorte d'étoile jaune »... Voir Daniel Bensaïd, *Les trotskysmes*, Paris, PUF, 2002, p. 6-9. Et aussi Michael Löwy, *Rédemption et utopie*, Paris, PUF, 1988. Chez certains théoriciens trotskistes, le thème des « correspondances » judéo-révolutionnaires est devenu quelque chose comme une tarte à la crème. Si l'on veut bien se souvenir de l'usage que Trotski lui-même fit de la rhétorique « messianique », on comprendra que, pour les Juifs, cette tarte-là ait le goût (amer) d'une sévère assignation : soit vous êtes des bolcheviks de fer, soit vous reniez le principe espérance dont votre tradition est dépositaire... Dans cet hommage insistant aux virtualités rebelles de la sensibilité juive, on pourrait d'ailleurs repérer une version inversée de ce vieux mythe raciste qu'est le « judéo-bolchevik ». D'hier à aujourd'hui, en effet, l'imaginaire antisémite n'en finit pas de ruminer le fantasme du Juif qui a la subversion dans le sang. Mais, quelle que soit sa coloration, révolutionnaire ou réactionnaire, ce cliché fige la judéité dans une vocation unique : miner l'ordre établi. Les uns s'en félicitent, pour saluer la contribution des Juifs aux mouvements de libération sociale ; les autres s'en servent, au contraire, pour justifier l'antisémitisme, voire, rétrospectivement, la Shoah : ces trublions l'avaient bien cherché...

moins dogmatique, plus mélancolique, paradoxalement rajeuni par l'énergie d'un messianisme profane [1].

– Nom-*massue* : à l'instar d'Ernest Mandel, Bensaïd est l'auteur de nombreux ouvrages, articles de revues et tribunes d'opinion. On a pu le lire sur Jeanne d'Arc et Karl Marx, sur 1789, Mai 68 et la Révolution des Œillets, sur l'intervention de l'OTAN en ex-Yougoslavie ou encore sur l'actuel redéploiement de la résistance sociale à l'échelle planétaire, de Seattle à Porto Alegre. Mais si l'on met à part les réflexions déjà évoquées concernant les fameuses « affinités électives » entre horizon utopique et « prophétie hébraïque », pas un texte ne se penche sérieusement sur l'identité juive ; pas un non plus n'aborde de front le problème de l'antisémitisme ; pas un, enfin, ne prend véritablement acte de la Shoah.

Mais il est possible d'établir ceci : la toute première fois où Daniel Bensaïd est intervenu publiquement comme Juif, la première fois où il a brandi son patronyme, ce ne fut ni pour penser cette identité, ni pour protester contre tel ou tel acte antisémite, mais pour se démarquer d'autres porteurs du nom juif, et récuser leur prétention à « parler au nom de tous les Juifs du monde ». En octobre 2000, en effet, il signa un appel collectif intitulé, précisément, « En tant que Juifs... », qui visait à dénoncer « le chantage à la soli-

1. Il y aurait beaucoup à dire, ici. Contentons-nous d'une prudente mise en garde : que l'idéal révolutionnaire trouve l'une de ses sources dans l'espérance religieuse, et notamment dans celle qu'élabore le prophétisme juif, cela ne fait aucun doute. Encore faut-il préciser qu'on pourrait dire exactement la même chose du millénarisme chrétien ou du messianisme musulman, par exemple ; et que, réciproquement, la foi juive en une délivrance future ne conduit pas automatiquement, loin s'en faut, sur la voie d'un engagement révolutionnaire. Ainsi Gérard Bensussan a-t-il montré l'incompatibilité profonde entre l'historicisme marxiste, d'un côté, et la conception du temps tel que l'expérimente le prophétisme juif, de l'autre. Voir par exemple *Questions juives*, Paris, Osiris, 1988. Pour une réflexion d'ensemble sur « les recyclages modernes de l'enthousiasme messianique », on lira Pierre Bouretz, *Témoins du futur. Messianisme et philosophie*, Paris, Gallimard, 2003.

darité communautaire » du gouvernement israélien[1]. En apposant sa signature au bas de ce texte, Bensaïd exprimait la sensibilité d'un judaïsme critique vis-à-vis de la politique israélienne, sensibilité qui est loin d'être marginale, et qui est née en même temps que l'État d'Israël lui-même.

Par ailleurs, et contrairement à d'autres signataires de ce texte, Bensaïd s'inscrit également dans une tradition distincte, radicalement hostile, elle, non pas à telle ou telle option du gouvernement israélien, mais au projet sioniste en tant que tel. Beaucoup plus ancienne, cette opposition de principe fut du reste longtemps majoritaire parmi les Juifs du monde entier, avant la création de l'État d'Israël (1948), et par exemple au sein des masses ouvrières du « Yiddishland » ou dans les populations assimilées d'Europe occidentale. Pour Daniel Bensaïd comme pour l'ensemble du mouvement trotskiste, cette prise de position procède en bonne logique d'un idéal marxiste et internationaliste qui n'a jamais envisagé d'autre avenir pour les Juifs qu'une totale dilution.

Dans sa jeunesse, on l'a vu, Trotski avait tablé sur une « disparition » de l'identité juive. Aujourd'hui encore, Daniel Bensaïd ne semble pas avoir d'autre souhait. Ainsi, lors d'un débat organisé en avril 2004 au Musée d'Art et d'Histoire du judaïsme (Paris), et alors qu'on lui demandait ce que la Shoah avait changé pour la pensée marxiste, sa réponse fut sans ambiguïté. Pour lui, le génocide avait surtout créé un regrettable délai : *« Avant, on misait sur le dépérissement de la question juive par assimilation à l'universalité. Ce qui a changé, avec la Shoah, c'est une révision des échelles de temps. On peut toujours parier sur une extinction, mais à tellement long terme qu'on ne peut pas se permettre de faire l'impasse sur les configurations et les réalités présentes, au*

1. *Le Monde*, 18 octobre 2000.

nom d'une grande fraternisation universelle qui, hélas, paraît aujourd'hui assez lointaine... », a-t-il soupiré.

Car tel était l'espoir, hier, et tel il demeure : quant au fait juif, un vœu d'extinction. Pour les révolutionnaires, l'horizon n'a pas changé ; leur mot d'ordre demeure l'absolue assimilation. Pas n'importe laquelle, bien sûr. Celle que promet l'émancipation universelle des opprimés. Au début du XXe siècle, déjà, c'est en son nom que les travailleurs « bundistes » avaient été stigmatisés. Socialistes et internationalistes, ils étaient certes fermement opposés au projet sioniste. Mais ils n'en réclamaient pas moins, pour leur culture propre, un droit de survie. Lénine et Trotski n'eurent pas de mots assez durs pour condamner une telle manifestation de « séparatisme » : pourquoi s'entêter à militer en yiddish, alors que ce « jargon », et tout le « folklore » qui lui était attaché (littérature, théâtre...), seraient bientôt appelés à se fondre dans la culture générale de l'humanité enfin délivrée ?

On s'en doute, le verdict fut encore moins tendre en ce qui concerne les pionniers du mouvement sioniste. Ces derniers avaient tenu leur premier congrès à Bâle (Suisse), en 1897, l'année même où le Bund voyait le jour. Ils prétendaient créer un espace-refuge pour les victimes de l'antisémitisme. Dans sa plus simple expression, l'idée avait été formulée par un journaliste viennois, Theodor Herzl, dont le manifeste fondateur, intitulé *L'État des Juifs*, martelait cette seule certitude : « On ne nous laissera pas en paix [1] ».

1. À un journaliste parisien qui l'interrogeait, Herzl avait déclaré : « Je veux donner aux Juifs de toutes les nations un coin du monde où ils puissent vivre en paix, non plus traqués, honnis et méprisés. » Voir l'édition de *L'État des juifs* proposée par Claude Klein (Paris, La Découverte, 2003, p. 131). Herzl avait longtemps cru à l'idéal assimilateur. « Viennois jusqu'au bout des ongles », dandy au sourire ironique et à la plume rêveuse, il prit peur devant le nouvel antisémitisme qui proliférait en Europe. Correspondant d'un journal autrichien à Paris, le fondateur du sionisme avait vu de ses yeux la dégradation du capitaine Dreyfus, en 1895. Les manifestations de haine dont il fut témoin, il les interpréta comme les signes d'une

Herzl est mort en 1904, sans avoir pu assister à la naissance d'Israël, en 1948. À cette date, la Shoah semblait avoir amplement vérifié ses craintes : même et surtout assimilés, les Juifs pouvaient à tout moment se retrouver discriminés, persécutés, assassinés. Sous la botte nazie, des femmes, des hommes et des enfants de toutes nationalités et de toutes conditions avaient été exterminés, pour ce simple fait qu'ils étaient nés juifs. Riches ou pauvres, laïcs ou religieux, politisés ou non, récemment immigrés ou installés dans leur pays depuis des siècles... ils sont morts par millions, les tueurs n'ayant guère fait de distinction. Partout où ils avaient cru pouvoir dissoudre leur identité, soit, pour la majorité d'entre eux, dans les nations dont ils étaient citoyens, soit encore dans les espérances universalistes et sans frontières, les Juifs avaient été rattrapés par les mêmes rafles, le même tri.

Le cas français, ici, est à la fois exceptionnel et exemplaire. Exceptionnel, d'abord, car il y eut peu de pays où la perspective de l'assimilation avait suscité autant d'espoirs. Émancipés par la Révolution de 1789, les Juifs de France avaient construit leur histoire dans un corps-à-corps passionnel avec l'idéal républicain. Fiers de leur citoyenneté, attachés à un État rationaliste et laïque qui refuse toute discrimination, ils s'étaient véritablement jetés dans les bras de Marianne. Pour preuve de cette tendresse sans limites, ils avaient été nombreux à appeler de leurs vœux la disparition de tout particularisme juif dans l'espace public[1].

---

catastrophe à venir qui rendait désormais dérisoire toute quête de normalisation : « C'est parce qu'il personnifiait lui-même l'idéal assimilationiste que Herzl put s'imposer avec une telle force comme le dirigeant des victimes de l'antisémitisme », écrit Carl E. Schorske dans *Vienne fin de siècle. Politique et culture*, Paris, Le Seuil, 1983, p. 150.

1. Sur l'histoire du « franco-judaïsme » et des « épousailles » entre Marianne et les Juifs de France, voir Pierre Birnbaum, *Les Fous de la République. Histoire politique des Juifs d'État de Gambetta à Vichy*, Paris, Fayard, 1992.

Mais si le cas français est également exemplaire, c'est que la déception des Juifs à l'égard de la République fut à la mesure de l'amour éperdu qu'ils avaient éprouvé pour elle. Ils eurent beau protester de leur fidélité, de leur constant dévouement, rappeler les sacrifices passés, exhiber, même, leurs uniformes et leurs médailles d'anciens combattants, c'était désormais peine perdue : sous l'Occupation, les Juifs furent exclus de la citoyenneté nationale, avant d'être expulsés de l'existence humaine. Abandonnés, traqués, livrés à la mort par l'État français. Inconcevable et brutale à la fois, cette trahison allait marquer au fer rouge la mémoire des survivants. L'antisémitisme tel qu'il fut mis en œuvre sous Vichy fut perçu comme la ruine d'une longue tradition. Dans le secret des consciences, la fin d'un rêve qui a pour nom assimilation.

Celle-ci devait conserver, cependant, quelques partisans enthousiastes. Et, parmi eux, les militants trotskistes ne furent pas les moins audacieux. Au lendemain de la guerre, ils avaient bien quelques raisons d'être déçus : contrairement à ce que le « Vieux » avait prédit, la guerre mondiale ne s'était pas muée en révolution. C'était un souci. Mais, pour le reste, tout était en ordre, et le programme demeurait intact. En effet, eux, qui n'avaient jamais nourri la moindre illusion quant aux républiques soi-disant universelles, quelles qu'elles soient, n'avaient aucune raison de déchanter.

En tant que marxistes, d'abord, ils n'avaient pas accordé le moindre crédit aux prétentions émancipatrices de la république « bourgeoise ». En France plus qu'ailleurs, celle-ci s'était avancée, dès l'origine, au nom de l'Humanité en général. Mais Marianne avait beau se draper dans une rhétorique égalitariste et universaliste, elle n'en représentait pas moins le régime d'une classe particulière et tyrannique. La démocratie qui lui était associée restait pauvre, purement formelle, et pour tout dire illusoire. Qu'un tel régime ait conduit à la pire dictature, et qu'à la feinte générosité d'un Blum ait succédé la sauvagerie ouverte d'un Pétain, cela n'avait rien de surprenant. Au contraire, il fallait y voir la confirmation que Marx avait raison : par-delà les frontières, seul le communisme donnerait le signal de la vraie libération.

Et quant à la république soi-disant « soviétique », les trotskistes en avaient depuis longtemps dénoncé l'imposture. Une fois la génération d'Octobre éliminée, la mafia stalinienne avait montré son vrai visage, celui d'une caste réactionnaire, cynique, démente. De là les massacres, les purges, et même l'alliance avec Hitler. Ceux qui tombaient des nues en découvrant l'ampleur du désastre étaient au mieux des naïfs, au pire des complices. Là encore, il n'y avait guère à s'étonner que la rhétorique antisémite fût l'une des figures imposées de la calomnie bureaucratique et, dès l'époque des procès de Moscou, les mots « traîtres », « trotskistes », « sionistes », ou encore « bundistes » avaient été synonymes dans la bouche des zélateurs du Kremlin[1]. Dans ces conditions, les militants des divers partis communistes avaient quelque raison de douter que la haine des Juifs avait disparu en URSS.

Mais les trotskistes ? Plus que jamais, leur ligne demeurait la même. Tant que le socialisme mondial n'avait pas été instauré, leur théorie ne pouvait être

1. Très tôt, Trotski a saisi le « caractère ouvertement antisémite » de la chasse dont furent victimes ses partisans et les membres de sa famille (attaques sur les patronymes, accusations de « complot », d'empoisonnement...) : « Le mot d'ordre "il faut écraser l'opposition" avait souvent la résonance de l'ancien mot d'ordre "il faut écraser les Juifs pour sauver la Russie" », écrit-il au moment des Procès de Moscou. À ce moment, il se retrouve même obligé de se défendre à son tour contre le péché de judéocentrisme : « Des soi-disant "pontifes" m'ont accusé de soulever "tout à coup" la "question juive" et d'avoir l'intention de créer une sorte de ghetto pour les Juifs. Je ne puis que hausser les épaules de pitié. J'ai vécu toute ma vie en dehors des milieux juifs. J'ai toujours travaillé au sein du mouvement ouvrier russe [...], la question juive n'a jamais été au centre de mon attention »... (« Thermidor et l'antisémitisme », février 1937, cité in Léon Trotski, *Sur la question juive et le sionisme*, n° 12, Paris, François Maspero, coll. « Classique rouge », 1974, p. 41-44).

invalidée. Sur la question juive, donc, pourquoi auraient-ils varié ? Leur république à eux restait à construire, et c'est en son sein que la fameuse « question » devait trouver sa solution. Si bien qu'au lendemain de la Seconde Guerre mondiale, y compris lorsqu'ils sont eux-mêmes rescapés des camps, ces militants ne veulent toujours rien dire de l'antisémitisme, ni rien prononcer sur le génocide. En revanche, on pouvait compter sur eux pour traquer le « particularisme » et l'« esprit de clocher » juifs. Aussi refuseront-ils d'emblée non pas telle ou telle politique menée par Israël, mais l'existence même de cet État. Comment auraient-ils admis que les (autres) survivants de la Shoah envisagent de rejoindre la « Terre sainte » ? À leurs yeux, le devoir des Juifs, *en tant que Juifs,* était plus que jamais d'actualité : eux qui avaient été les victimes de la fureur nationaliste seraient les mieux à même de faire triompher la liberté sans frontière. Leur tâche était donc de reprendre le combat internationaliste là où il avait été laissé, et de s'y consacrer tout à fait, « dans un esprit de sacrifice sincère », pour reprendre les mots de Trotski. Telle était alors la position des militantes et des militants de la IVe Internationale. Et, aujourd'hui encore, c'est celle qu'ils maintiennent, en vertu d'une doctrine dont Janette Habel atteste ici la pérennité :

> *« La création de l'État d'Israël a été totalement condamnée. On était pour la destruction de l'État d'Israël, assimilé à un État colonialiste. Ce qui est vrai, mais on ne reconnaissait pas pour autant qu'après l'Holocauste, les Juifs avaient droit à l'autodéfense, et donc à un État et à une armée. Or ce droit-là, qui pour moi est absolument imprescriptible, n'était pas reconnu, à l'époque. Et il ne l'est toujours pas. Quelle était la solution pour les Juifs, après la Seconde Guerre mondiale ? D'un côté, il y avait l'*Exodus[1],

1. En juillet 1947, un an avant la proclamation de l'État d'Israël, les forces navales anglaises font feu sur l'*Exodus*, un bateau transportant quatre mille cinq cent réfu-

et de l'autre, quand ils arrivaient en Pologne, il y avait un pogrom. Où pouvaient-ils aller ? Que pouvaient-ils faire ? Quand on discute avec certains trotskistes et qu'on leur pose la question, ils répondent : "Il fallait se battre pour ouvrir les frontières." Une réponse typiquement trotskiste... »

Un jusqu'au-boutisme de l'assimilation : voici la formule qui se propose pour délimiter, chez les héritiers de Trotski, les raisons d'une interminable aphasie. D'emblée, leur course à la révolution n'avait été qu'une ruée vers la majuscule Humanité. Et si la Shoah aurait pu sinon la briser, du moins la ralentir, elle ne fit en réalité que la précipiter, transformant l'élan en fuite en avant, et la passion du général en mutisme ardent. D'où la surenchère dans le silence, l'empressement à taire tout ce qui pourrait perturber la mécanique universaliste en sa grandiose harmonie. Tant et si bien que, des origines à nos jours, le raisonnement est resté à peu près le même. Il vise toujours à la dissolution de l'identité juive, et il prend la forme d'une pétition de principe à deux temps : on commence par nier ce que la rage antisémite a de spécifique ; puis on disqualifie toutes les stratégies visant à s'en protéger comme autant de dérives « particularistes » et « chauvines ». Et on ne comprend rien aux enjeux actuels, rien aux débats contemporains qui agitent, en la matière, l'ensemble de l'extrême gauche, et, au-delà, le mouvement dit « altermondialiste », si l'on ne prend pas en compte cette donnée fondamentale : ce qui s'est transmis, via la tradition marxiste révolutionnaire, c'est une interminable rature, un geste consistant à biffer le nom juif, dès l'instant où celui-ci ne tend pas de lui-même vers son propre effacement.

---

giés juifs, pour la plupart rescapés des camps nazis, et qui était parvenu à atteindre les côtes de la Palestine. Arrêtés puis entassés dans des navires-prisons, les immigrants seront reconduits jusqu'en Allemagne.

Pédagogie du refoulement : à leurs enfants dispersés, les grands anciens du trotskisme ont eu à cœur d'enseigner la passion du souvenir. La Commune de Paris, Octobre 1917, le Front populaire, la guerre civile espagnole, ou encore les soulèvements anticolonialistes : comme rarement dans une communauté politique, ils ont légué le souci d'une fidélité charnelle au passé. L'exigence d'un hommage rendu, vécu à tout instant, comme un salut aux camarades sacrifiés. Dans ce foisonnement mémoriel, un espace est demeuré vide. En ce lieu délaissé, ils auront préféré transmettre, non un devoir de mémoire, mais une injonction d'extrême oubli. *Autour du nom juif, quant à sa tragédie, un désert de mots.*

Conclusion

Nul n'échappe au désert. Pas tout de suite, pas tout seul, en tout cas. La sortie, s'il y en a une, se cherche collectivement, au vif du réel, sous les signes du désir et du délai. Pour demeurer active, la promesse exige d'être tout ensemble vécue et colportée, collectivement endurée et enseignée, d'un seul élan. Servitude bravée, mémoire maintenue : l'émancipation, c'est d'abord cette parole donnée en partage, ce récit de loin en loin escorté.

Le désert, nous étions partis de là. À l'origine de cet essai, une éclipse dans la narration : après avoir hérité de cette histoirc, disions-nous, certains aînés avaient décidé de la garder pour eux. Dans leur bouche ricanante, la quête de liberté s'était muée en épopée narcissique, en aventure vitrifiée. Égoïsme ou simple inconséquence ? Quoi qu'il en soit, le lien était rompu. Dans ce paysage vidé de tout espoir, la jeune génération s'avançait, un peu paumée, et soupçonnant que son errance y avait été préméditée. Aux portes du désert, les « soixante-huitards » (ou assimilés) montaient la garde, factionnaires tristes et triomphants. Décidément, ils ne voulaient rien céder. Avec eux, le dialogue était difficile.

Il a fallu les contourner. Les court-circuiter, plutôt, en allant chercher une parole venue de plus loin, chez des hommes et des femmes qui n'avaient souvent pas grand-chose en commun – si ce n'est le souci de passer le témoin. Qu'ils se disent encore révolutionnaires ou qu'ils aient depuis longtemps changé d'idées, que leur enthousiasme soit intact ou qu'il ait cédé la place au doute, voire à une sourde culpabilité, tous avaient à cœur de partager leur expérience, et d'en prodiguer les leçons. Si quelques-uns avaient à peu près mon âge (vingt-huit ans au moment des entretiens), bien plus nombreux étaient ceux qui auraient pu être mes grands-parents. Entre les uns et les autres, l'espérance (même déçue) avait fait continuité.

J'ai encore leurs visages en tête. J'entends leurs voix, surtout. Certaines se sont éteintes, depuis, mais elles n'ont jamais cessé de m'accompagner, par la grâce des bandes sonores où elles demeurent préservées. En les faisant défiler, j'ai pu vérifier à quel point ces rencontres ont été intenses. À l'écoute, on perçoit clairement les moments de complicité, les joyeuses digressions, et même quelques fous rires impossibles à endiguer. Mais on discerne aussi les silences gênés, la méfiance au bord des lèvres, les fins de non-recevoir abruptement signifiées.

Au fil de ces lignes, page après page, on aura retrouvé cette tendresse et ces tensions. Tout au long de ce compagnonnage, en effet, j'ai voulu garder au livre un ton de distance respectueuse. Mais je ne pouvais prétendre à une illusoire neutralité. Et selon les périodes ou les questions abordées, l'empathie a alterné avec la déception, une manière de révolte pouvant se mêler à la nécessaire compréhension. La raison en est simple. Je n'écrivais pas une histoire académique des trotskistes français : je m'appuyais sur leur discours pour faire émerger, peu à peu, une pédagogie souterraine de l'espérance. J'essayais simplement de m'expliquer avec eux, ne visant ni à l'exhaustivité ni à une quelconque objectivité. Sans certitude ni assurances, j'improvisais une recherche en filiation, je leur faisais une scène d'héritage.

Au creux de leur discours, certains thèmes se faisaient insistants. De mon côté, bien sûr, il y avait plus d'un point, et plus d'un événement, que j'aurais aimé les voir aborder, et qu'au final ils auront à peine effleurés. Mais l'archive était souveraine, et après plusieurs dizaines d'entretiens, il restait à s'incliner devant elle, à suivre son rythme, à respecter ses lacunes comme ses trop-pleins. Et ce qui se profilait, au miroir de ces itinéraires rebelles, c'était d'abord un modèle éducatif : la précocité d'une décision (quatorze ans, l'absolu commencement), la quête de continuité, la fidélité charnelle à ceux qui sont tombés, la passion des textes imprimés, le rôle primordial des coups de foudre individuels.

Chacun de ces motifs a été souligné pour tenter de cerner comment une telle tradition éducative a survécu, malgré tout, jusqu'à aujourd'hui. Faut-il préciser qu'au-delà d'un courant spécifique baptisé « trotskisme », ils habiteront encore longtemps l'imaginaire classique de la gauche, de toutes les gauches ? Nous l'avons dit d'entrée : cela vaut pour la France en particulier. Car les militants que nous avons rencontrés ont plus d'un trait commun avec les maîtres de l'école laïque, avec ces hussards héritiers de 1789, qui propagèrent jadis les valeurs des Lumières et répandirent la « panoplie symbolique » de la République, pour la faire passer « de drapeau rouge en drapeau rouge [1] »...

1. Voir Maurice Agulhon, *Histoire vagabonde*, t. III, Paris, Gallimard, 1996, p. 137. Voilà une façon bien nationale, voire « cocardière », d'envisager les choses, dira-t-on. C'est oublier que, jusqu'à aujourd'hui, aucun mouvement d'émancipation n'a réussi à s'affranchir vraiment des ancrages nationaux. Même les acteurs les plus high-tech des luttes « altermondialistes », qui tentent de « penser global » afin de se jouer des frontières, demeurent encore des « cosmopolites enracinés », selon l'expression du politologue américain Sydney Tarrow. Voir « Cosmopolites et enracinés », de Boris Gobille et Aysen Uysal, in *Radiographie du mouvement altermondialiste*,

À leur manière, et à travers les épreuves, les révolutionnaires ont conservé les accents et les gestes propres à ces professeurs d'antan, dont la foi universaliste était indissociablement pédagogique et politique.

De cette foi, fallait-il pointer d'emblée la part d'ombre, et commencer par signaler que chacune de ces figures (l'écoute des aînés, la passion du texte...) peut déboucher sur le pire (l'obéissance servile, la violence, la grimace doctrinaire...) ? J'ai considéré que non, et qu'il fallait d'abord comprendre à travers quels vecteurs la révolte se perpétuait en s'organisant. Or, jusqu'à preuve du contraire, elle ne passe pas *seulement* par la volonté de puissance, le ressentiment, l'imposture. C'est uniquement après avoir saisi son impulsion première que l'on pouvait repérer ses courants les plus obscurs, et exhiber leur tumultueuse confluence dans la conscience du militant.

Aussi convenait-il de résister à deux partis-pris aujourd'hui envahissants, et qui se complètent en s'opposant. Pour les uns, tout révolté est par essence un despote virtuel : au temps du Front populaire, en Mai 1968 et jusqu'à aujourd'hui, c'est la soif de domination qui fait courir les gavroches, et ce qui importe *avant tout*, au fond, c'est leur goût de la violence, leur vocation *totalitaire*. Pour les autres, au contraire, quiconque use de ces mots-là (« totalitaire », « totalitarisme »...) est au mieux un niais, au pire un réactionnaire invétéré.

Contre la suspicion systématique des premiers, j'ai maintenu l'hypothèse selon laquelle le révolté s'engage de bonne foi, en vertu d'un soulèvement de l'âme qu'on appelle indignation. Contre l'aveugle-

---

sous la direction de Éric Agrikoliansky et Isabelle Sommier, Paris, La Dispute, 2005, p. 123.

ment des seconds, qui refusent de tirer le bilan du siècle, j'ai décidé de conserver la référence au lexique « antitotalitaire »[1], pour décrire les dérives possibles ou avérées, d'autant plus significatives qu'elles naissent ici au sein de collectifs militants minuscules et impuissants, condamnés à reproduire les pulsions autoritaires qu'ils prétendent combattre. En leur sein, ces pulsions se déploient à même l'abri de la rhétorique démocratique, et au nom de l'extrême égalité à instaurer, selon un schéma avant-gardiste qui ronge de l'intérieur tout système de délégation politique : la minorité éveillée des « porte-parole » sait ce qui est bon pour le corps collectif, les docteurs du social connaissent les traitements qui sauveront l'humanité (médication, opérations). Dans ces conditions, l'avant-garde doit commencer par garantir sa propre intégrité (extirpation, épuration). Voilà pourquoi, fatalement, elle en vient à décider en lieu et place de ceux qu'elle prétend représenter (action, substitution)... Or « cet idéal de prophylaxie sociale qui régit la politique totalitaire » ne hante par seulement telle ou telle tendance en particulier, mais toutes les politiques de l'absolu[2].

Est-ce une fatalité ? Là encore, je me suis bien gardé de trancher. J'ai seulement marqué un élan et quelques errements, où tour à tour se plie et se déplie

1. Rappelons qu'avant d'être utilisé pour dire n'importe quoi, ce lexique fut inventé, dès les années 1920, par des militantes et des militants qui, loin d'avoir renoncé à l'idée de justice, cherchaient à nommer les menaces de l'époque : l'avènement de tyrannies inédites, ancrées dans la terreur de masses, où le Parti allait tenter d'absorber la société tout entière pour expérimenter l'anéantissement de l'individu en tant que tel. Sur la généalogie et les ambiguïtés de l'idée « totalitaire », voir par exemple Enzo Traverso, *Le Totalitarisme. Le XXe siècle en débat*, Paris, Le Seuil, 2001.

2. Claude Lefort, *L'invention démocratique*, Paris, Fayard, 1981, p. 21. Dans un autre ouvrage, le même auteur a montré combien la grille de lecture révolutionnaire a longtemps été partagée par toute la gauche socialiste. Cette gauche non stalinienne « était *trotskyste* à son insu », a-t-il écrit. Voir *Éléments d'une critique de la bureaucratie*, Paris, Gallimard, 1979, p. 361.

l'espérance révolutionnaire, dès lors qu'elle tente de s'inscrire au cœur du réel et de ses contradictions. Sur ce point, comme sur d'autres, je me suis efforcé de délimiter l'espace d'un héritage : un ensemble de questions qui ont structuré l'exaltation du siècle, et que ne peuvent évacuer ceux qui veulent continuer à en méditer les leçons. Car il n'y a rien de plus révolutionnaire que l'angoisse devant l'archive, devant cette archive anachronique et explosive que Jacques Derrida nommait l'« anarchive ». Celle qui est livrée à l'avenir, qui permet le passage du témoin, là où est à l'œuvre « une politique de la mémoire, de l'héritage et des générations [1] ». Décidément, les paroles recueillies ici ne renvoient pas aux seuls motifs de la tradition consignée, de la mémoire accumulée. À l'horizon de cet essai, il y a moins la commémoration, le ressassement, que l'urgence d'un legs à interroger. À la sortie du désert, l'impatience d'une transmission.

1. Jacques Derrida, *Spectres de Marx*, Paris, Galilée, 1993, p. 15.

Remerciements

Ce livre trouve son point de départ dans une série d'émissions diffusées sur France Culture à l'été 2002. C'est Laure Adler, alors directrice de la station, qui en avait eu l'initiative, et c'est encore elle qui m'a permis d'en utiliser la matière pour écrire le présent ouvrage. Qu'elle en soit ici vivement remerciée, ainsi que sa directrice adjointe, Laurence Bloch.

Ma reconnaissance va également à toute l'équipe de réalisation qui s'était mobilisée afin de mener à bien cette série radiophonique : Rémy Fessart, Éric Villenfin, Myriam Encaoua et Djébrine Belleili, et tout spécialement Brigitte Bouvier, sans la compétence et l'enthousiasme de laquelle ce travail n'aurait pas pu être mené à bien.

De même, je voudrais remercier la direction et le personnel de la Bibliothèque de Documentation Internationale Contemporaine (BDIC), et d'abord Geneviève Dreyfus-Armand, Martine Lemaître, Jean-Jacques Compain et Alexandra Gottely.

J'ai une dette particulière, enfin, à l'égard de Sophie Dreyfus, Alexis Spire, Nicolas Offenstadt et Jérôme Gautheret, dont la généreuse et vigilante érudition a escorté la rédaction de cet ouvrage.

Table des matières

DANS LA MÊME COLLECTION

BAUSSANT, Michèle, *Pieds-noirs mémoires d'exils*, 2002.

BENSAÏD, Daniel, *Une lente impatience*, 2004.

BONNAIN, Rolande, *L'Empire des masques*, 2001.

BOUJOT, Corinne, *Le Venin*, 2001.

BROUGÈRE, Gilles, *Jouets et compagnie*, 2003.

HEYMANN, Florence, *Le Crépuscule des lieux*, 2003. *Un juif pour l'Islam*, 2005.

JULLIEN, Vincent, *Sciences agents doubles*, 2002.

JULLIER, Laurent, *Hollywood et la difficulté d'aimer*, 2004.

LAÉ, Jean-François, *L'Ogre du jugement*, 2001.

LAPIERRE, Nicole, *Pensons ailleurs*, 2004.

LÖWY, Michael, *Franz Kafka rêveur insoumis*, 2004.

PLENEL, Edwy, *La Découverte du monde*, 2002.

ROBIN, Régine, *Berlin chantiers*, 2001. *La Mémoire saturée*, 2003.

SEGALEN, Martine, *Vie d'un musée, 1937-2005*, 2005.

STORA, Benjamin, *La Dernière Génération d'octobre*, 2003.

WARSCHAWSKI, Michel, *Sur la frontière*, 2002

Ce volume a été composé par
I.G.S.-C.P. à L'Isle-d'Espagnac (16)

Achevé d'imprimer en septembre 2005
sur presse Cameron
par ***Bussière***
à Saint-Amand-Montrond (Cher)
pour le compte des Éditions Stock
31, rue de Fleurus, 75006 Paris

Imprimé en France
N° d'édition : 62820 – N° d'impression : 053414/4
Dépôt légal : septembre 2005
54-07-5807/0
ISBN : 2-234-05807-4